JN232510

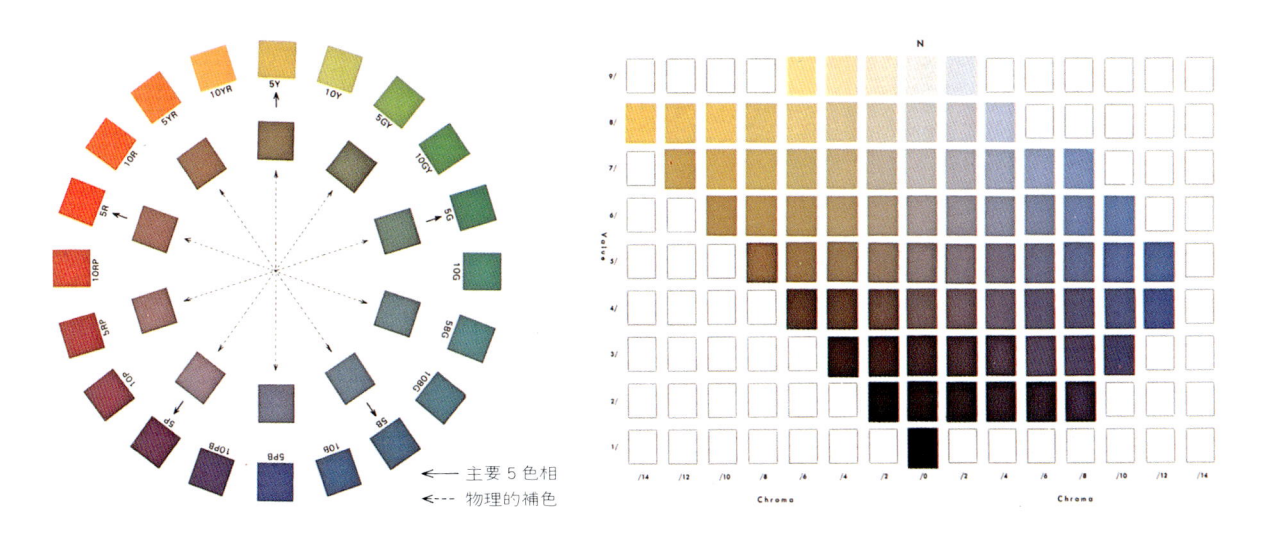

マンセル色体系の色相環と明度・彩度

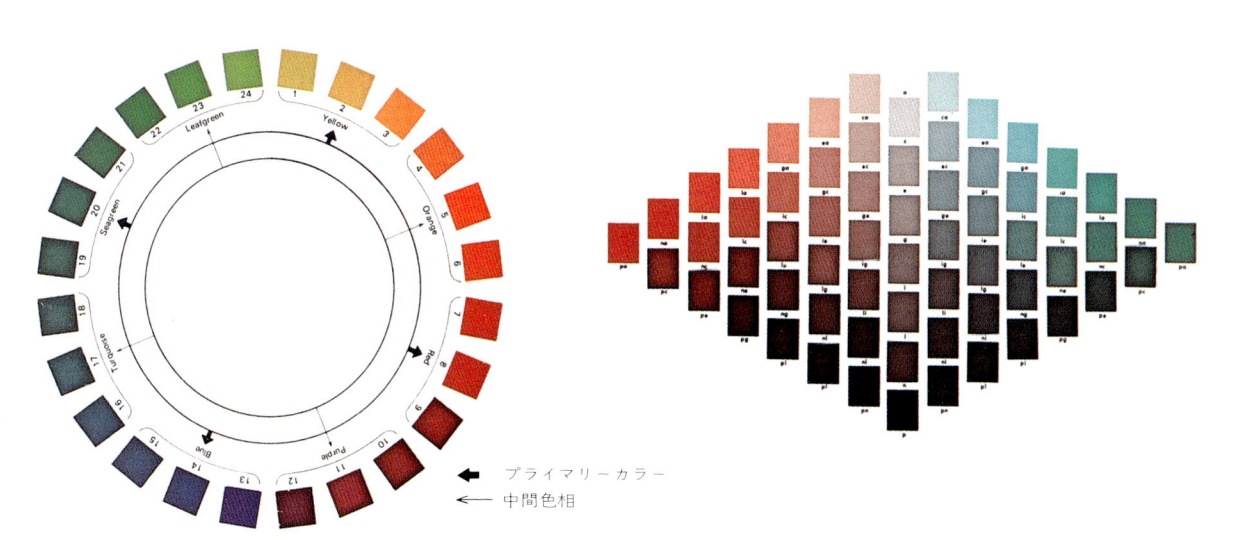

オストワルトの色体系の色相環と等色相三角形

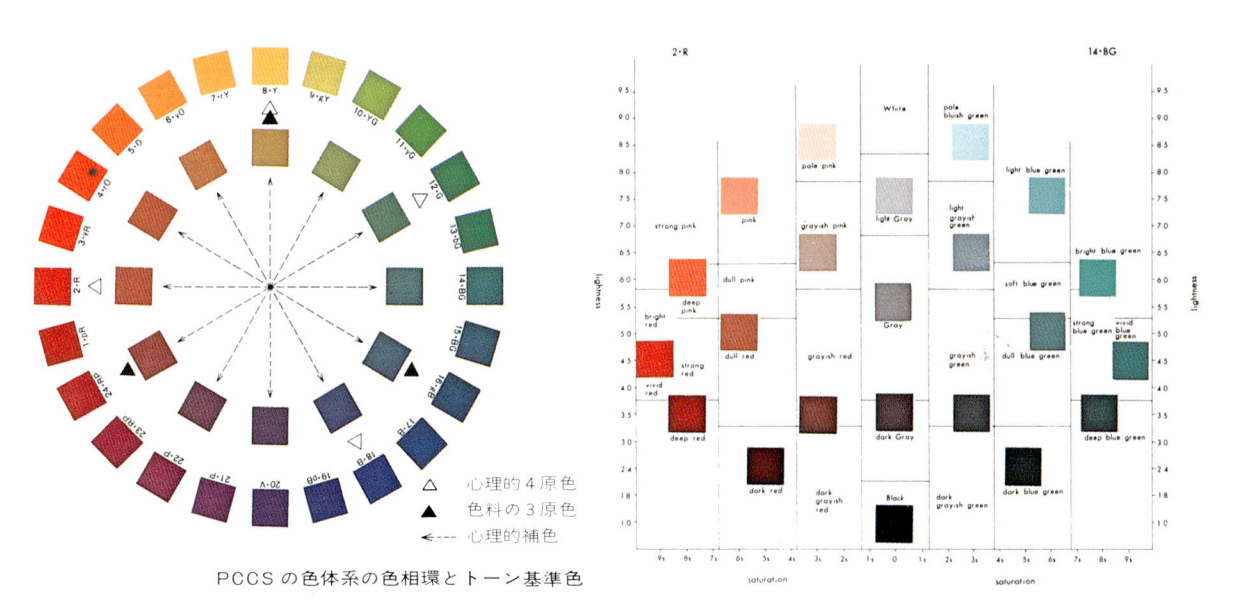

PCCS の色体系の色相環とトーン基準色

(日本色研事業(株)発行『カラー・システム』より。印刷では正確な色の再現は困難なので大体の傾向を理解されたい)

明度対比 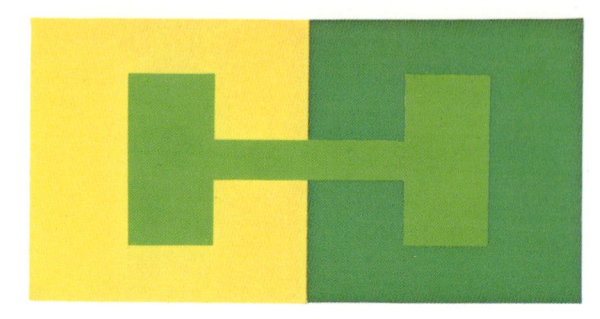　　　　　　　　　　　　　　　色相対比

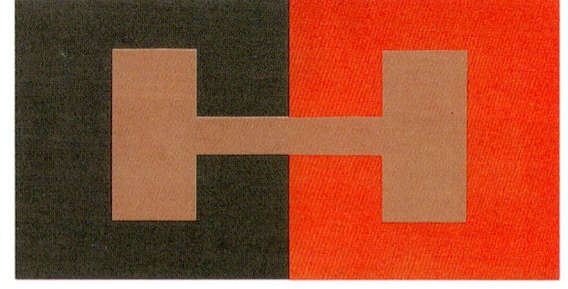

彩度対比 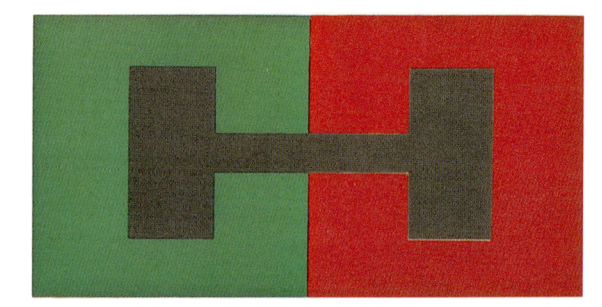　　　　　　　　　　　　　　　補色対比

色の対比現象

春 　　　　　　　　　　　　　　　　　　夏

秋 　　　　　　　　　　　　　　　　　　冬

配色による四季感の表現（生徒作品）

ポスター（コシダ・アート）　　　　　　　　　　　　　　　　　展覧会のポスター（西脇友一）
写真製版の技術を生かしたもの．

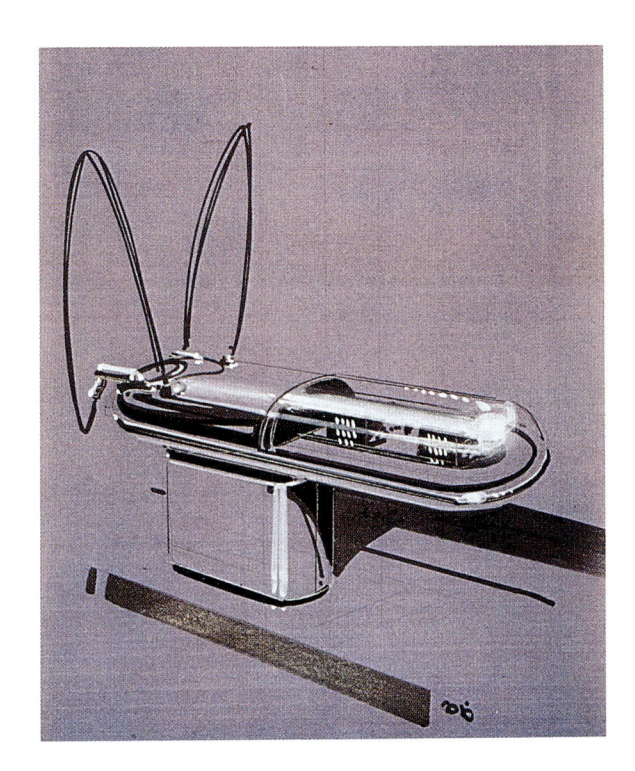

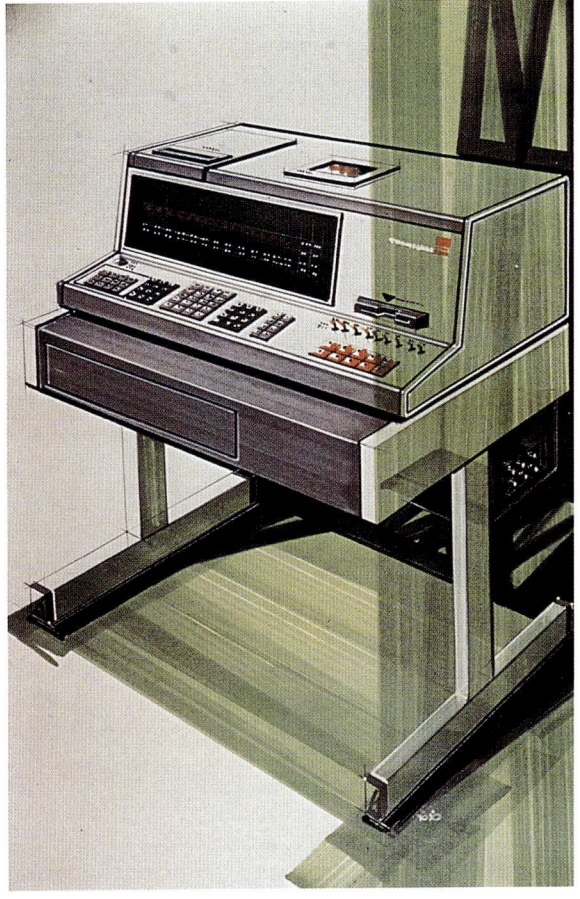

工業デザインのラフスケッチ（広井成男）マーカー・サインペン・絵の具によるもの．

七宝『蝶』(藤浦康子)

照明器具(ブロンズ・鋳造)(日野永一)

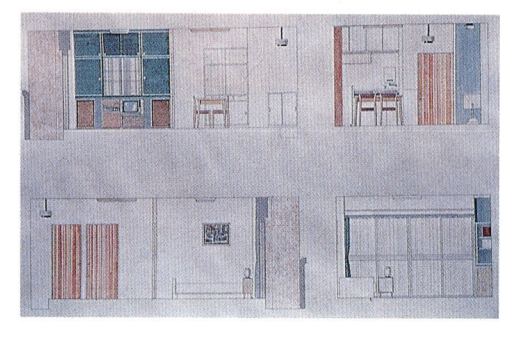

透視図および壁面展開図（高校生作品）

透視図（大阪デザインセンター附設研修所生徒作品）

技術シリーズ

デザイン

日野永一著

朝倉書店

まえがき

　デザインについて知りたい，学びたいという人が増えてきました．社会でデザインを職業としている人達も少なくありません．それだけにその内容も専門化し，他の分野のデザインについては良くわからないといった場合も応々にしてみられます．また専門の図書も多数出版されてはいますが，そのいずれもが専門化された内容で，初心者にとってはその選択に迷うことと思います．

　幸いにして私は，東京都立工芸高校・京都教育大学・インテリアセンタースクール・大阪デザインセンター附設研修所・京都府工芸技能者デザイン講座などの指導の中で，私の専門とする工業デザイン・基礎デザインばかりでなく，他の分野の教育にも直接・間接にたずさわってきました．その都度私は，初心者にとって必要な基礎的知識や技術は何かということを考えてきました．

　今回，朝倉書店から機会をいただき，一冊にまとめることになりましたが，上述の意味で工業高校・専修学校・短大・大学などでこれからデザインを学ぶ人，一般の方で仕事の上からそれを必要とする人などを対象として，最初の一冊となることを意図してまとめました．

　実際に使いやすい本とするため，各項目は各ページの中に納めるようにしましたが，その部分についてさらに深く研究を進めたい人のために，各章ごとに，私が目を通した中から入手しやすいものを中心に，参考図書を挙げました．これ以外にも優れた本が刊行されることと思います．参考作例の図版も，単行本という性格上，最新の事例を追うことは困難です．この本では基礎的・基本的なものを中心に，できるだけ私の身近にいる若手・中堅の方々の作品を招介させていただくようにしましたが，デザインの優れた作品も次々に生まれてきますので，新らしい作例を実際のデザインや雑誌などで補なって下さい．

　またデザインは単に技術だけでなく，その考え方も大切ですので，各章の初めに簡単にふれておきましたが，これも深める機会を得るようにして下さい．

　足の遅い私を長いあいだ引きずって，どうやらゴールにまでたどりつかせていただいた朝倉書店編集部の方々に感謝いたします．

　この本の図版などに関して，下記の方々にご協力いただきました．名を記してお礼申しあげます．（順不同，敬称略）
　　北端信彦，越田英喜，駒田楊子，鴫原淳子，寺崎邦彦，西脇友一，
　　日野正之，広井成男，藤浦康子，松下香住．
　　大阪デザインセンター附設研修所および東京都立工芸高校デザイン科の卒業生諸氏，
　　日本色研事業株式会社．

1981年9月

日　野　永　一

目　　次

デザインとは　(1)

1. 造形の過程 …………………………………1
2. デザインの語源 ……………………………1
3. デザイナーの出現 …………………………1
4. デザインの分野 ……………………………2
5. 社会とデザイン ……………………………3

I. 形と色の基礎知識　(5)

1. 目の構造 ……………………………………6
2. 立体視 ………………………………………6
3. 物の見え方 …………………………………7
   - 3.1 図と地，形のまとまり ………………7
   - 3.2 錯視 ……………………………………7
4. 点・線・面・立体・空間 …………………8
   - 4.1 形の分類 ………………………………8
   - 4.2 点から立体へ …………………………8
5. 幾何図形の性質 ……………………………9
   - 5.1 円錐曲線 ………………………………9
   - 5.2 式と図形 ………………………………9
   - 5.3 リサージュの図形 ……………………10
   - 5.4 黄金分割・フィボナッチの級数 ……10
   - 5.5 うずまき ………………………………11
   - 5.6 メビウスの帯 …………………………11
6. 構造 …………………………………………12
   - 6.1 組積式構造 ……………………………12
   - 6.2 架構式構造 ……………………………12
   - 6.3 一体式構造 ……………………………13
7. 光と色 ………………………………………14
   - 7.1 どのように色を感じるか ……………14
   - 7.2 人間の目と色の感じ方 ………………15

8. 色の3属性 ……………………………………………………………16
   8.1　色の名前 ……………………………………………………16
   8.2　色の3属性 …………………………………………………16
   8.3　一般色名 ……………………………………………………16
9. 混　色 ………………………………………………………………17
   9.1　3原色 …………………………………………………………17
   9.2　加法混色 ……………………………………………………17
   9.3　減法混色 ……………………………………………………17
   9.4　併置混色 ……………………………………………………17
10. 色の知覚 ……………………………………………………………18
   10.1　順応と恒常 …………………………………………………18
   10.2　色の対比 ……………………………………………………18
   10.3　色の進出と後退 ……………………………………………18
   10.4　膨張色と収縮色 ……………………………………………18
   10.5　色の視認性 …………………………………………………18
11. 色の感情効果と象徴 …………………………………………………19
   11.1　暖色・寒色 …………………………………………………19
   11.2　軽い色・重い色 ……………………………………………19
   11.3　明るい色・暗い色 …………………………………………19
   11.4　派手な色・地味な色 ………………………………………19
   11.5　陽気な色・陰気な色 ………………………………………19
   11.6　軟らかい色・硬い色 ………………………………………19
   11.7　色の連想 ……………………………………………………19
   11.8　色の象徴 ……………………………………………………19
12. 比　色 ………………………………………………………………20
   12.1　視感比色方法 ………………………………………………20
   12.2　刺激値直読方法 ……………………………………………21
   12.3　分光測色方法 ………………………………………………21
13. マンセルの色体系 ……………………………………………………22
   13.1　色の表し方と標準色票 ……………………………………22
   13.2　マンセルの表色系 …………………………………………22
   13.3　マンセルの色立体 …………………………………………22
   13.4　ムーン-スペンサーの配色理論 ……………………………23
14. オストワルトの色体系 ………………………………………………24
   14.1　オストワルト色体系の原理 ………………………………24
   14.2　オストワルトの色立体 ……………………………………24
   14.3　オストワルトの配色調和論 ………………………………25
15. PCCSの色体系 ………………………………………………………26

15.1　PCCS とは……………………………………26
　　15.2　PCCS の体系…………………………………26
　　15.3　トーンの表し方………………………………26
　　15.4　配色の考え方…………………………………27
16.　配色の計画……………………………………………28
　　16.1　図形色と地色…………………………………28
　　16.2　全体色調………………………………………28
　　16.3　配色のバランス………………………………28
　　16.4　配色のアクセント……………………………29
　　16.5　配色のリズム…………………………………29
　　16.6　配色に用いる技法……………………………29
17.　構成の原理……………………………………………30
　　17.1　バランス………………………………………30
　　17.2　プロポーション………………………………30
　　17.3　リズム…………………………………………30
　　17.4　動　き…………………………………………31
　　17.5　調　和…………………………………………31

II.　デザインの用具と表現技法　　　　　　　　　（33）

1.　紙…………………………………………………………34
　　1.1　紙の種類…………………………………………34
　　1.2　紙の大きさ………………………………………34
　　1.3　紙の表裏と紙の目………………………………34
　　1.4　紙の厚さ…………………………………………34
　　1.5　板　紙……………………………………………34
2.　鉛筆・筆・ペン………………………………………36
　　2.1　鉛　筆……………………………………………36
　　2.2　スケッチ用鉛筆…………………………………36
　　2.3　消しゴム…………………………………………36
　　2.4　羽ぼうき・製図用ブラシ………………………36
　　2.5　デザイン用筆……………………………………36
　　2.6　その他の筆・刷毛類……………………………37
　　2.7　ペ　ン……………………………………………37
3.　烏口・定規……………………………………………38
　　3.1　烏　口……………………………………………38
　　3.2　デバイダー………………………………………38
　　3.3　比例コンパス……………………………………38

- 3.4 テクニカルペン ………………………………………………………39
- 3.5 定規類 …………………………………………………………………39
4. ポスターカラー …………………………………………………………………40
- 4.1 ポスターカラーの混色 ………………………………………………40
- 4.2 平塗りの技法 …………………………………………………………40
- 4.3 白抜きの技法 …………………………………………………………40
- 4.4 塗り分けの技法 ………………………………………………………41
- 4.5 筆洗・絵の具皿 ………………………………………………………41
- 4.6 ガッシュ ………………………………………………………………41
- 4.7 水張りの技法 …………………………………………………………42
5. その他の色材 ……………………………………………………………………42
- 5.1 透明水彩絵の具 ………………………………………………………42
- 5.2 アクリル絵の具 ………………………………………………………42
- 5.3 色鉛筆 …………………………………………………………………42
- 5.4 パステル ………………………………………………………………43
- 5.5 マーカー ………………………………………………………………43
6. 転写レタリング・トーン類 ……………………………………………………44
- 6.1 転写レタリング ………………………………………………………44
- 6.2 カラートーン …………………………………………………………44
- 6.3 スクリーントーン ……………………………………………………44
- 6.4 インスタンテックス …………………………………………………44
- 6.5 カラーテープ …………………………………………………………44
- 6.6 補助的な用具・材料 …………………………………………………45
7. スプレイ類 ………………………………………………………………………45
8. さまざまな表現技法 ……………………………………………………………46
- 8.1 スクラッチボード ……………………………………………………46
- 8.2 プリンティング ………………………………………………………46
- 8.3 フロッタージュ ………………………………………………………47
- 8.4 コラージュ ……………………………………………………………47
- 8.5 モンタージュ …………………………………………………………47
- 8.6 霧吹き …………………………………………………………………47
9. オートマチックパターン ………………………………………………………48
- 9.1 墨流し …………………………………………………………………48
- 9.2 デカルコマニー ………………………………………………………48
- 9.3 ドリッピング …………………………………………………………48
- 9.4 にじみ …………………………………………………………………49
- 9.5 ウォッシング …………………………………………………………49
- 9.6 撥水性の利用 …………………………………………………………49

- 10. 感光材料を利用した技法 ……………………50
  - 10.1 ハイコトラストフォト ………………50
  - 10.2 フォトグラム ……………………………50
  - 10.3 フォトペンジュラム …………………51
- 11. マウントの方法 ……………………………51
- 12. 紙の加工法 ……………………………………52
  - 12.1 紙の表面加工 ……………………………52
  - 12.2 紙の切断・折り曲げ …………………52
  - 12.3 ペーパースカルプチュア ……………52
- 13. アクリル板の工作 …………………………53
  - 13.1 切　断 ……………………………………53
  - 13.2 折り曲げ …………………………………53
  - 13.3 接　合 ……………………………………53
  - 13.4 研　磨 ……………………………………53
- 14. 石こう模型の作り方 ………………………54
  - 14.1 石こうの溶き方 …………………………54
  - 14.2 直付けの技法 ……………………………54
  - 14.3 型取りの技法 ……………………………55
  - 14.4 テンプレートによる方法 ……………57
  - 14.5 石こうの接合 ……………………………57
  - 14.6 仕上げ・塗装 ……………………………57

III. 造形発想の基礎　　　　　　　　　　(59)

- 1. 新しい形の発見 ………………………………60
- 2. 単純化 …………………………………………60
- 3. 組み合わせ ……………………………………61
- 4. ポジとネガ ……………………………………61
- 5. 繰り返し ………………………………………62
- 6. 分　割 …………………………………………62
- 7. 変　形 …………………………………………63
- 8. 移　動 …………………………………………63
- 9. 偶然の利用 ……………………………………63
- 10. 転　移 …………………………………………64
- 11. 技法による変化 ………………………………64
- 12. 類似物への転化 ………………………………64
- 13. 変　換 …………………………………………65
- 14. 運　動 …………………………………………66

| **IV. 製図の基礎** | **(69)** |

- 1. 製図用具 ··· 70
- 2. 平面図形の描き方 ··· 72
- 3. 投　影 ·· 74
  - 3.1 投影図の種類 ··· 74
  - 3.2 正投影 ·· 74
  - 3.3 斜投影図法・等角投影図法 ·· 74
- 4. 線・尺度 ··· 76
  - 4.1 線の種類と用途 ·· 76
  - 4.2 線の引き方 ·· 76
  - 4.3 破線の引き方 ··· 76
  - 4.4 図の尺度 ··· 76
- 5. 断面の表し方 ··· 78
  - 5.1 断面の表示 ·· 78
  - 5.2 破断面の形状表示 ··· 78
  - 5.3 薄物の断面表示 ·· 79
  - 5.4 断面図示をしないもの ··· 79
  - 5.5 ハッチング ·· 79
  - 5.6 階段断面 ··· 79
- 6. 寸法の記入 ·· 80
  - 6.1 寸法線と寸法補助線 ·· 80
  - 6.2 寸法数字と文字 ·· 80
  - 6.3 長さ・角度の表し方 ·· 80
  - 6.4 寸法記入上の諸注意 ·· 81
  - 6.5 狭い個所の寸法記入の方法 ·· 81
  - 6.6 半径の寸法記入の方法 ··· 81
  - 6.7 寸法に付記される記号 ··· 82
  - 6.8 引き出し線 ·· 82
  - 6.9 寸法数字の向き ·· 82
- 7. 慣用図と省略図 ·· 83
  - 7.1 角部の丸み ·· 83
  - 7.2 中間部の省略 ··· 83
  - 7.3 隠れた線の省略 ·· 83
  - 7.4 多数の同一穴の省略 ·· 83
  - 7.5 対称図形の省略 ·· 83
  - 7.6 ネジの略図 ·· 83
- 8. 図の大きさ・標題欄・部品表 ·· 84

8.1　図の大きさ …………………………………84
　　8.2　標題欄 ……………………………………84
　　8.3　部品表 ……………………………………84
　9.　製図の順序 ……………………………………84
　　9.1　準備段階 …………………………………84
　　9.2　作図段階 …………………………………84
　　9.3　完成段階 …………………………………85
　　9.4　墨入れの場合の順序 ……………………85
　10.　透視図の原理 …………………………………86
　　10.1　消点と透視図 ……………………………86
　　10.2　点の透視 …………………………………87
　11.　平行透視図法 …………………………………88
　　11.1　平行透視図の描き方 ……………………88
　　11.2　1点透視室内透視図法 …………………89
　12.　2点透視図法 …………………………………90
　　12.1　45°-45°の2点透視図 …………………90
　　12.2　60°-30°の2点透視図 …………………91
　13.　円の透視・その他の図法 ……………………92
　　13.1　円の透視 …………………………………92
　　13.2　拡大図法 …………………………………92
　　13.3　図の増加と分割 …………………………93

V.　視覚伝達デザインの基礎　　　　　　　　　　(95)

　1.　視覚伝達デザインの意味 ………………………95
　　1.1　表現と伝達 …………………………………95
　　1.2　印刷術の出現 ………………………………96
　　1.3　応用美術から商業美術へ …………………96
　　1.4　商業デザインから視覚伝達デザインへ …96
　　1.5　視覚伝達デザインの分野 …………………97
　2.　視覚伝達デザインの構成要素 …………………98
　　2.1　サイン・シンボル・マーク ………………98
　　2.2　写真・イラストレーション ………………99
　　2.3　レタリングⅠ―和文字 ……………………100
　　2.4　レタリングⅡ―英文字 ……………………102
　　2.5　タイポグラフィ ……………………………104
　　2.6　カリグラフィ ………………………………104
　　2.7　レイアウト …………………………………104

- 3. 広告デザイン ……………………………………………105
  - 3.1 ポスター ……………………………………………105
  - 3.2 新聞広告 ……………………………………………106
  - 3.3 雑誌広告 ……………………………………………107
  - 3.4 ノベルティ …………………………………………107
  - 3.5 広告制作の方法 ……………………………………107
- 4. 編集デザイン ……………………………………………108
  - 4.1 書 籍 ………………………………………………108
  - 4.2 雑 誌 ………………………………………………109
  - 4.3 パンフレット類 ……………………………………109
- 5. 図表のデザイン …………………………………………110
  - 5.1 統計図のデザイン …………………………………110
  - 5.2 絵地図のデザイン …………………………………111
  - 5.3 説明図 ………………………………………………111
- 6. パッケージデザイン ……………………………………112
  - 6.1 パッケージの機能 …………………………………112
  - 6.2 パッケージの材料・構造 …………………………112
  - 6.3 パッケージの視覚的表現 …………………………113
- 7. ディスプレイデザイン …………………………………114
  - 7.1 店舗ディスプレイ …………………………………114
  - 7.2 博覧会・展覧会・展示会 …………………………115
  - 7.3 屋外広告 ……………………………………………115
- 8. 印刷による文字 …………………………………………116
  - 8.1 活字の書体 …………………………………………116
  - 8.2 活字の大きさ ………………………………………116
  - 8.3 字間・行間 …………………………………………117
  - 8.4 写真植字 ……………………………………………117
- 9. 印刷の版式 ………………………………………………118
  - 9.1 凸 版 ………………………………………………118
  - 9.2 平 版 ………………………………………………119
  - 9.3 凹 版 ………………………………………………119
  - 9.4 特殊印刷 ……………………………………………119
- 10. シルクスクリーン印刷 …………………………………120
  - 10.1 切り抜き法 …………………………………………120
  - 10.2 描画法 ………………………………………………122
  - 10.3 感光法 ………………………………………………123
- 11. 原稿の指定 ………………………………………………124
  - 11.1 文字原稿の指定 ……………………………………124

  11.2 図版原稿 …………………………………………………………124
  11.3 割り付けと校正 …………………………………………………125
 12. 製本の知識 ………………………………………………………………125

VI. プロダクトデザインの基礎 (127)

 1. プロダクトデザインの意味 ……………………………………………127
  1.1 アーツ・アンド・クラフト運動 ………………………………127
  1.2 アール・ヌーボー ………………………………………………127
  1.3 バウハウス ………………………………………………………128
  1.4 工業デザインの発生 ……………………………………………128
  1.5 第2次大戦後の世界のデザイン界 ……………………………128
  1.6 日本の工業デザインの発達 ……………………………………128
  1.7 現代の動向 ………………………………………………………129
  1.8 工業デザインの分類 ……………………………………………129
  1.9 工業デザインの条件 ……………………………………………129
 2. デザインプロセス ………………………………………………………130
 3. 鉛筆スケッチの技法 ……………………………………………………132
  3.1 アイデアスケッチの方法 ………………………………………132
  3.2 形の取り方 ………………………………………………………132
  3.3 陰影と材質感 ……………………………………………………133
 4. レンダリングの技法 ……………………………………………………134
  4.1 形の取り方 ………………………………………………………134
  4.2 パステルの技法 …………………………………………………134
  4.3 ハイライト描法 …………………………………………………136
  4.4 マーカー …………………………………………………………136
 5. 工業デザインのモデル …………………………………………………138
  5.1 形の検討のためのモデル ………………………………………138
  5.2 プレゼンテーションモデル ……………………………………139
 6. 工業デザインの製図 ……………………………………………………140
  6.1 略設計図 …………………………………………………………140
  6.2 外形図 ……………………………………………………………140
  6.3 テクニカルイラストレーション ………………………………141
 7. 人間工学とデザイン ……………………………………………………142
  7.1 人間工学とは ……………………………………………………142
  7.2 人体の動作と知覚 ………………………………………………142
  7.3 環境の条件 ………………………………………………………142
  7.4 疲労と能率 ………………………………………………………142

8. 材料・技術とデザイン …………………………………143
　　9. 金属材料と加工法 ………………………………………144
　　　9.1 金属材料 …………………………………………144
　　　9.2 金属加工法 ………………………………………145
　　10. 合成樹脂の材料と成型法 ………………………………146
　　　10.1 合成樹脂の種類 …………………………………146
　　　10.2 合成樹脂の成型法 ………………………………146

VII. クラフトデザインの基礎　　　　　　　　　(149)

　　1. 金属工芸 …………………………………………………150
　　　1.1 金属の基本的な工芸技法 ………………………150
　　　1.2 金属板のレリーフ ………………………………150
　　　1.3 金属板の加工 ……………………………………152
　　　1.4 ろう付け …………………………………………153
　　2. 七　宝 ……………………………………………………154
　　3. 焼きもの …………………………………………………156
　　4. 木　彫 ……………………………………………………158
　　　4.1 木　材 ……………………………………………158
　　　4.2 糸のこ ……………………………………………158
　　　4.3 彫刻刀 ……………………………………………158
　　　4.4 木彫の順序 ………………………………………159
　　5. 染　色 ……………………………………………………160
　　　5.1 染　料 ……………………………………………160
　　　5.2 型染め ……………………………………………160
　　　5.3 ろう染め …………………………………………161
　　　5.4 ブロックプリント ………………………………161
　　6. 文　様 ……………………………………………………162
　　　6.1 モチーフ …………………………………………162
　　　6.2 モチーフの表現 …………………………………162
　　　6.3 文様の構成 ………………………………………162
　　　6.4 さまざまな文様 …………………………………163

VIII. インテリアデザインの基礎　　　　　　　　(165)

　　1. インテリアデザインの考え方 …………………………165
　　2. 室内の計画 ………………………………………………166
　　　2.1 住居の構成 ………………………………………166

- 2.2 動線の検討 …………………………………………………167
- 2.3 間仕切り ………………………………………………………167
3. 家具の計画 ……………………………………………………………168
   - 3.1 椅子・ベッド類 ……………………………………………168
   - 3.2 机・テーブル・台類 ………………………………………168
   - 3.3 収納家具 ……………………………………………………169
4. 室内の材料と構造 ……………………………………………………170
   - 4.1 床 ……………………………………………………………170
   - 4.2 壁 ……………………………………………………………170
   - 4.3 天　井 ………………………………………………………171
   - 4.4 幅木・見切り ………………………………………………171
   - 4.5 建　具 ………………………………………………………171
   - 4.6 カーテン ……………………………………………………171
   - 4.7 敷き物 ………………………………………………………171
5. 家具の材料と構造 ……………………………………………………172
   - 5.1 木　材 ………………………………………………………172
   - 5.2 その他の材料 ………………………………………………172
   - 5.3 椅子の構造 …………………………………………………172
   - 5.4 テーブル類の構造 …………………………………………173
   - 5.5 収納家具の構造 ……………………………………………173
6. 色彩計画・照明計画 …………………………………………………174
   - 6.1 色の計画 ……………………………………………………174
   - 6.2 部屋の機能と配色 …………………………………………174
   - 6.3 各面の色彩 …………………………………………………174
   - 6.4 採　光 ………………………………………………………175
   - 6.5 照明計画 ……………………………………………………175
   - 6.6 照明器具 ……………………………………………………175
   - 6.7 配線計画 ……………………………………………………175
7. 家具の製図 ……………………………………………………………176
8. 室内の平面図 …………………………………………………………177
9. その他の図面 …………………………………………………………178
   - 9.1 インテリアの図面 …………………………………………178
   - 9.2 壁面展開図 …………………………………………………179
   - 9.3 模型による表現 ……………………………………………179
10. 透視図と彩色 …………………………………………………………180
    - 10.1 レンダリングの技法 ………………………………………180
    - 10.2 透明水彩レンダリング ……………………………………180

索　引 ………………………………………………………………………183

デザインとは

1. 造形の過程

人が物を作ろうとするとき，そこには物を必要とする「要求」が生じている．たとえば自分の部屋に棚が欲しい，人から本立てを作ることを頼まれた，というように．

そこでその物をどのように作ろうかという「計画」を立てる．寸法・材料・製作技術・費用などを考えて，最初の要求によって生じた目的を満足させる具体的な形を考案するわけである．ときにはスケッチ・図面・模型などによって表示することも必要となろう．

次にその計画に従って「製作」をする．材料取り・加工・組み立て・塗装といった工程を道具と技術を使いこなして作るわけだが，市販の材料の寸法，自分のもつ技術の限界，加工の順序など計画の段階で十分検討しておかないと，時間や材料のむだを生じ，ときには製作不可能ということにもなりかねない．

完成ののちこれを使用するわけであるが，その使い方・手入れ・修理などの方法も，計画の段階で想定しておかないと，後から失敗に気づくことがある．

この要求—計画—製作—使用という過程は人間が物を作る行為（造形活動）に必然的につきまとう過程であるが，この第2段階，造形の計画を立てることがデザインなのである．

したがって原始時代に，人間が道具を作り始めて以来，デザインという行為は，人間にとって欠くことのできない行為なのである．

2. デザインの語源

英語のデザイン design という語は，ラテン語のデシグナーレ designare （しるし：sign で表す）という語からきたもので，フランス語のデッサン dessein と同じ意味である．下絵を描く，計画を立てるなどの意味があり，機械の"設計"にも用いられており，陰謀を企てるという意味さえある．このように幅広い語義をもつ言葉であるが，現在では「デザインする」という動詞的な使い方だけでなく，もっと狭義の「デザインされたもの」つまり建築物・広告印刷物・工業製品などの実用性をもつと同時に美的な存在である一連の分野について用いるのが一般的になっている．

3. デザイナーの出現

デザインの本来の意味からいえば，原始人が石器に適当な石をさがしたり，土器を作ったりするときに，すでにデザインの意識の芽生えがあった．社会生活の進展とともに，自分の生活に必要なものを作るだけでなく，人から注文を受けたりして，他人のために物を作り，それで生活する職人が生まれたが，彼らの仕事は自分でデザインし自分で作ることが多かった．こうした手工業の世界では，職人の良心が良質で美しい品々を生み出す支えとなっていた．

産業革命はこうした様相を一変させた．機

2　デザインとは

ニューマイヤー『ブラジリア』 　　　イームズ『椅子』 　　　ドレイフス『電話機』

械は同一の形，同一の品質の製品を大量に作り出す．そのため，物を作る作業は分業化されていく．職人においては同一人が行っていたデザインと製作とが分離され，デザイナーという新しい職業が成立するようになってくる．

　デザイナーが発生した初期には，画家ロートレックがいくつものポスターを描いたように，美術家がデザイナーを兼ねていた場合も少なくなかった．そのため応用美術という概念で扱われたこともあった．また当初は，機械製品であっても，手工芸品と同じように外面に装飾を施し，製品の美的価値を高めようという誤った考えによって作られたものが多かった．

　やがてバウハウスをはじめとする新しいデザイン運動のなかで，機械には手では作りえない新しい美を作り出せる力があることや，装飾によって美を加えるのでなく，機能を追求することによって生じる形態の美しさが認識され，現在では多くのデザイナーが20世紀の新しい美を創り出しているのである．

4. デザインの分野

　デザインに対する社会の関心が深まるにつれ，デザインの対象は拡大し，またデザイナーの専門も細分化される傾向にある．しかしあらゆる分野にひろがっているデザインの領域も，その目的から考えてみると，次のように分類できよう．

1) 住むためのデザイン：人間が生活を行うための空間を構成するデザインで，環境デザインとよばれることもある．室内の空間を構成するインテリアデザインをはじめ，住宅・商店・公共建造物など建物の設計を行う建築の分野，さらには造園・道路・橋などから都市計画までの大きなひろがりをもっている．

2) 使うためのデザイン：人々が生活のなかで使用する道具のデザインを行う分野である．プロダクト（製品）デザインとよばれることもある．機械による大量生産を基盤とし，口紅から機関車までといわれるほど広い領域を対象とする工業デザイン，陶磁器・金工・漆工などの伝統的な手仕事の技を中心とした工芸（クラフト）デザインなどを含んでいる．

3) 伝えるためのデザイン：人々に視覚を通してさまざまな情報を伝えるためのデザインで，視覚伝達（ビジュアルコミュニケーション）デザインともよばれる．広告印刷物，出版物，展示（ディスプレイ），映像（テレビ・映画など），包装（パッケージ）など，数多くの視覚情報の伝達媒体をその対象としている．

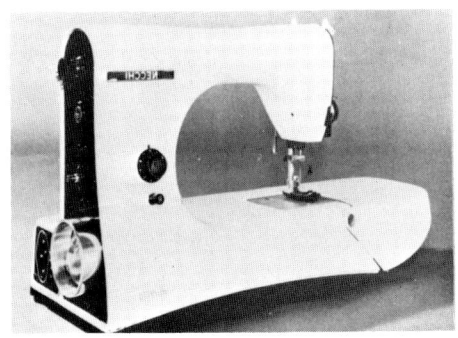

ニッツォーリ『ミシン』

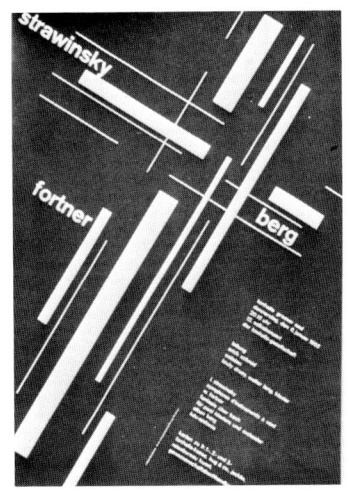

ミューラー・ブロックマン『音楽会』

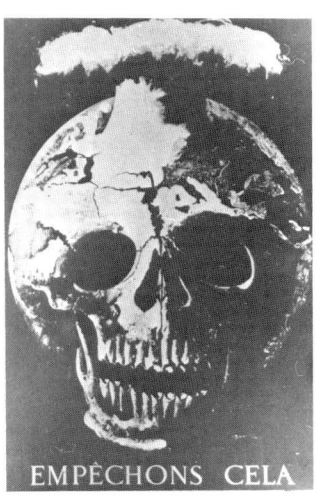

エルニ『原爆反対』

　このようにデザインの分野は3つに大別できるが，実際にはその境界は明確なものではない．たとえば家具のデザインは環境を構成する一要素としてインテリアデザインのなかでも大きな位置を占めているが，一方人間によって使われる製品でもあり，工業製品としての家具も多い．また商店建築・博覧会のような大規模な展示などは，環境を形成するデザインであると同時に視覚伝達をも目的としている．

　現実のデザイナーの姿としては，上の3つの分野がさらに専門化・細分化され，なかには商店建築を専門とする建築家，合成樹脂製品を扱う工業デザイナー，広告のイラストレーターというような狭い領域にその活動が限定される傾向すらみられる．これは，それぞれの分野において深い専門的な知識と技能とが要求され，またそのデザイナーの得意とする才能を発揮できるという利点もあるが，ややもすると全体的な視点が失われる危険がある．異なる分野のデザイナーによる協同作業や，新しい視点からの対象領域の見直しなど新しい試みも積極的に行われている．

5. 社会とデザイン

　現代社会のなかでデザインが重要な地位を占めてくるに従って，社会に対するデザインの影響も大きくなってくる．またデザイナーの社会に対する責任も，それだけに増大してくるのである．

　一般にデザイナーは作り手，つまり企業の側の組織に立って，デザインを行うことが多い．企業の宣伝や製品のデザインを行うというように．その意味で企業に対し責任をもつことは当然である．しかし一方で消費者・使用者に顔を向けていることを忘れてはならない．誇大広告・過剰包装・欠陥商品は社会的に許されないが，これに加担したり，自己の表現欲を過度に満足させるために「用」を犠牲にし消費者・使用者に迷惑を与えることも避けるべきである．

　さらに1歩進めて考えるならば，企業の利潤対象からはずされ，デザインの恩恵にあずからない人々，たとえば身体障害者・病人・子供・老人あるいは開発途上国の人々まで，デザインという手段を通してそれらの人々により人間的な生活を味わってもらおうという「弱者のためのデザイン」が考えられる．自己の利益を度外視して，こうした研究に打ち込んでいるデザイナーも決して少なくないのである．

　デザインの様相は時代とともに変わっていくが，いつの時代でも"人間のためのデザイン"であることが忘れられてはならないのである．

[参考図書]

〈デザインの考え方全般に関するもの〉
川添・加藤・菊竹監修『現代デザイン講座』風土社
 （1「デザインの思想」，2「デザインの環境」，3「デザインの創造」，4「デザインの領域」，5「デザインの方法」，6「デザインの未来」）
勝見監修『現代デザイン理論のエッセンス』ぺりかん社
HB研究会編『デザインの創造』鳳山社
嶋田厚『デザインの哲学』潮出版社（潮新書），講談社（講談社学術文庫）
大智・佐口『デザイン概論』ダヴィッド社
川添登『現代のデザイン』三一書房
川添登『デザイン論』東海大学出版会
秋岡芳夫『デザインとは何か』講談社（講談社現代新書）
河本敦夫『現代造形の哲学』岩崎美術社
阿部公正『デザイン思考』美術出版社
小池新二『デザイン』保育社（カラーブックス）
パイ（中村敏男訳）『デザインとはどういうものか』美術出版社（美術選書）
マンフォード（生田勉訳）『芸術と技術』岩波書店（岩波新書）
マンフォード（生田勉訳）『技術と文明』美術出版社

〈デザイン全般の歴史に関するもの〉
文部省編『デザイン史』実教出版
ペヴスナー（白石博三訳）『モダン・デザインの展開―モリスからグロピウスまで―』みすず書房
ペブスナー（小野二郎訳）『モダン・デザインの源泉―モリス/アール・ヌーヴォー/20世紀―』美術出版社
勝見勝『現代デザイン入門』鹿島出版会（SD選書）
川添・高見『近代建築とデザイン』社会思想社（現代教養文庫）
ダヴィッド社編『日本デザイン小史』ダヴィッド社
鍵和田・君島・田中・羽生・日野『デザイン史』実教出版
ペヴスナー（鈴木博之・鈴木杜幾子訳）『美術・建築・デザインの研究』鹿島出版会

〈その他〉
宮下孝雄編『新版デザインハンドブック』朝倉書店
宮下・豊口・塚田・明石編『リビングデザイン大系1～3』朝倉書店
福井晃一編『デザイン小辞典』ダヴィッド社

I. 形と色の基礎知識

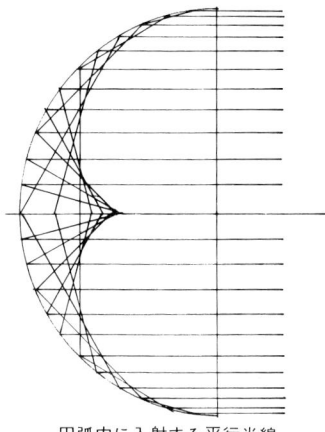

円弧内に入射する平行光線
(エピサイクロイドの包絡線)

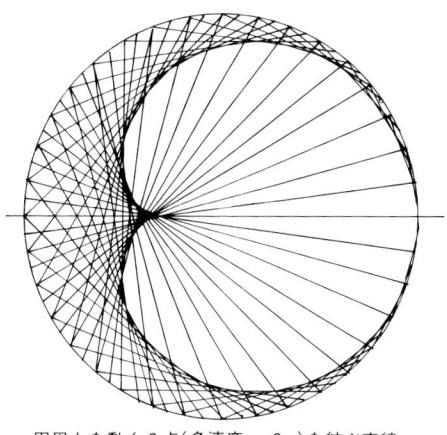

円周上を動く2点(角速度 $a, 2a$)を結ぶ直線
(カーデオイドの包絡線)

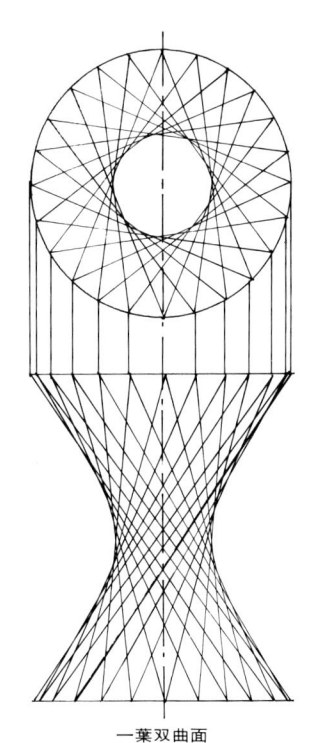

一葉双曲面

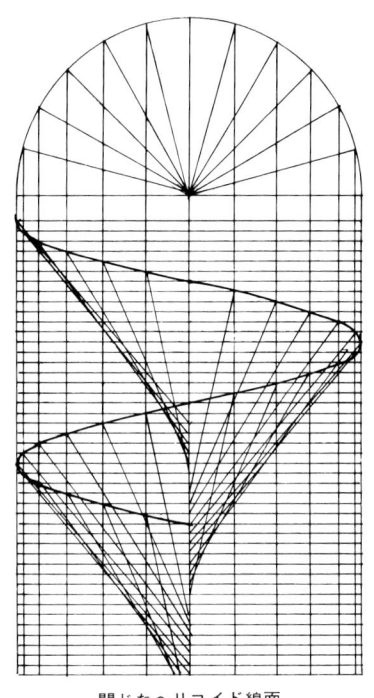

閉じたヘリコイド線面

　人間の目に見える物は，たとえば四角の白い紙・三角の赤い布というように，形と色と材質という3つの属性をもっている．デザインが，物の機能をふまえて，視覚的な美しさを構成しようとする以上，まずこれらの性質についての基礎的な理解をもつことが必要であろう．

　ここでは形や色のもつさまざまな性質について述べていく．

I. 形と色の基礎知識

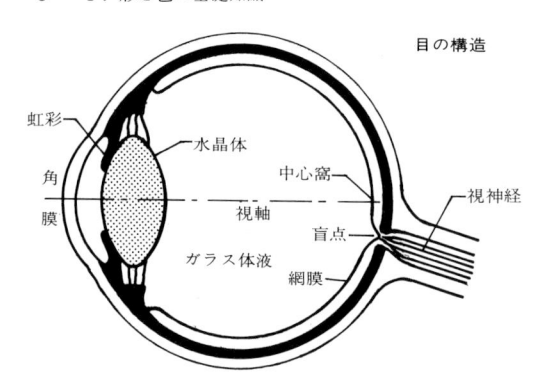

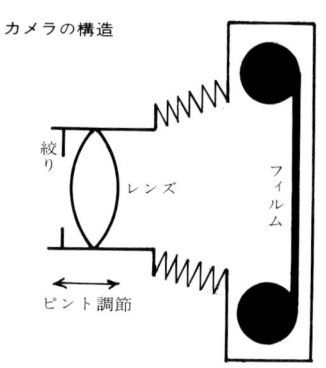

目の構造

カメラの構造

立体写真（中央に紙を立て左右それぞれの目で写真を見る）

1. 目の構造

　人は，どのようにして物を見るのであろうか．

　人が物を見るための器官として目がある．人の目はよくカメラと比較される．

　目に入る光の量を調節するのが虹彩で，カメラの絞りと同じ役目を果たす．暗い所では瞳孔を大きくし，明るい所では小さくする．

　レンズの役目をするのが水晶体である．ただカメラのレンズはピントを合わせるため前後に移動するが，水晶体は，その形を変えてピントを合わす．つまり近くの物を見るときは厚くなって屈折度を増し，遠くを見るときは偏平となる．これらは瞬時の間に無意識に行われる．

　水晶体を通った光はガラス体液を通って網膜の上にピントを結ぶ．網膜上の光に感じる1億3千万の細胞（柱状体および錐状体）が，光を神経的信号に変え，視神経を通って大脳へ伝えられ，はじめて色や形が認識されるのである．

2. 立体視

　人は網膜に映った2次元的な像から，人の住む3次元的空間を認識している．それは次のようないくつかの手がかりを通して形を判断しているからである．

　距離と大きさ　近くの子供は遠くの大人より大きく見えるが，人は経験的に遠い物が小さく見えることを知っている．

　重なり　形が重なりあった場合，近くのものが遠くの形をかくすことから，前後の判断をする．

　陰影　白い円も正しく影を付けると立体に見える．通常は上からの光で物を見なれているので，それを手がかりとして立体を判断している．

　視差　近くの物を見るとき，右の目と左の目との見え方が少し異なっている．この2つの像が脳で1つに合成されて立体感を感じるのである．この原理を利用して，立体写真を作ることもできる．

反転図形（レビンのつぼ）

左右の線は同じ長さ

水平線と垂直線は同じ長さ　　平行線

錯視図形

A　　B

錯視の修正

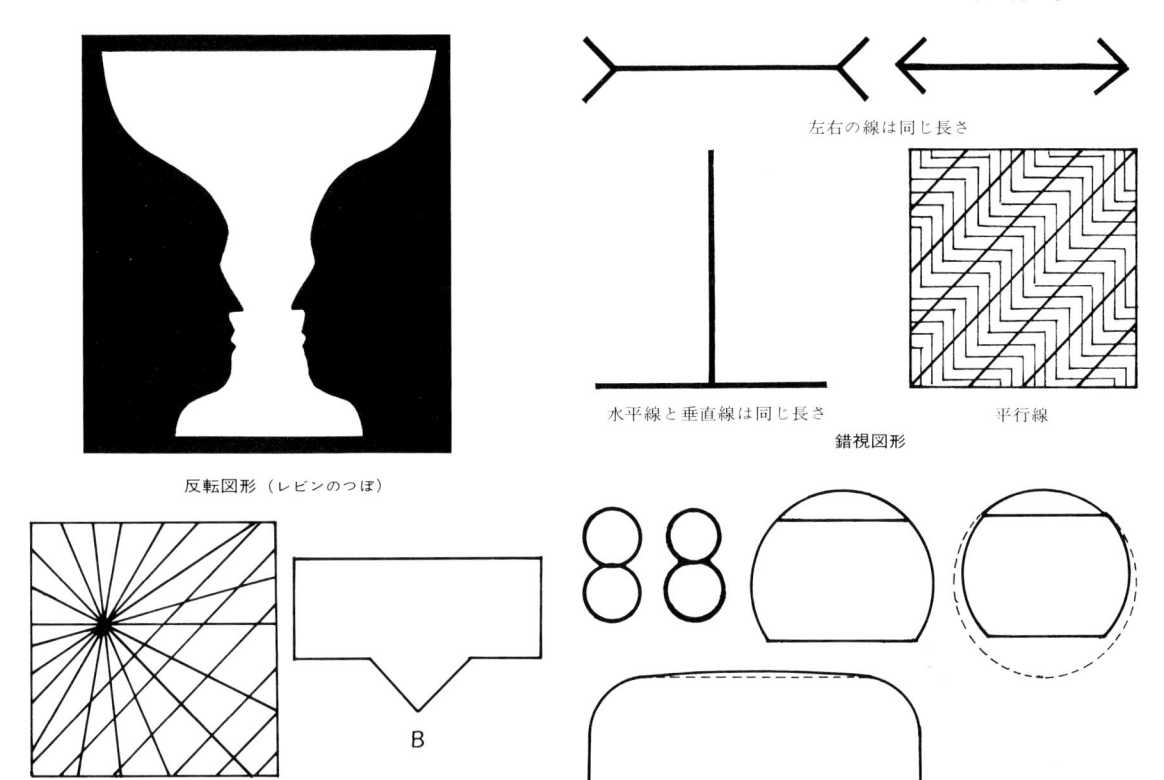

3. 物の見え方

3.1 図と地，形のまとまり

人は物を見るとき，目に入る数多くの背景（地）から必要なもの（図）だけを浮かびあがらせて見ている．本を読むときは，紙が地で文字が図となっているのである．

面積が小さく，閉じた形であり，まとまりをもったものが図となりやすい．しかし図と地の強さが相半ばする形は，図と地が交互に入れ替わって見える．こうした図形を反転図形とよんでいる．

また人は，ばらばらな部分を見ても，より簡潔で規則的なものとして見ようとする傾向をもっている．接近しているもの，閉じ合おうとする形のものなどは，まとまりをもって感じられる．また複雑な形であっても，単純な形の組み合わせとして見ようとする傾向がある．左下A図のなかからBの形を見つけだすことがむずかしいのも，こうした理由による．

3.2 錯視

人は物を常に正確に見ているとはかぎらない．周囲の影響などで，形をゆがめて見てしまう現象を錯視とよぶ．実際のデザインに当たっては，錯視がおきる形を修正しなければならない．パルテノンの宮殿も錯視を修正するさまざまな工夫がなされている．デザインの場でおきやすい錯視の問題を二，三あげてみる．

・上下の中心は，実際の中央よりやや上に感じられる．
・8・3・Bなどの文字は，上下を同じ大きさにすると，上の方が大きく見える．
・円の一部を切ると，正しい円に見えない．
・同じ長さでも，縦と横では長さが異なって見える．
・大きい円弧を直線で結んでも，直線に見えない．

こうした錯視を修正するだけでなく，逆にこれを利用して興味ある図形を作ることも，デザインや絵画の分野で行われている．

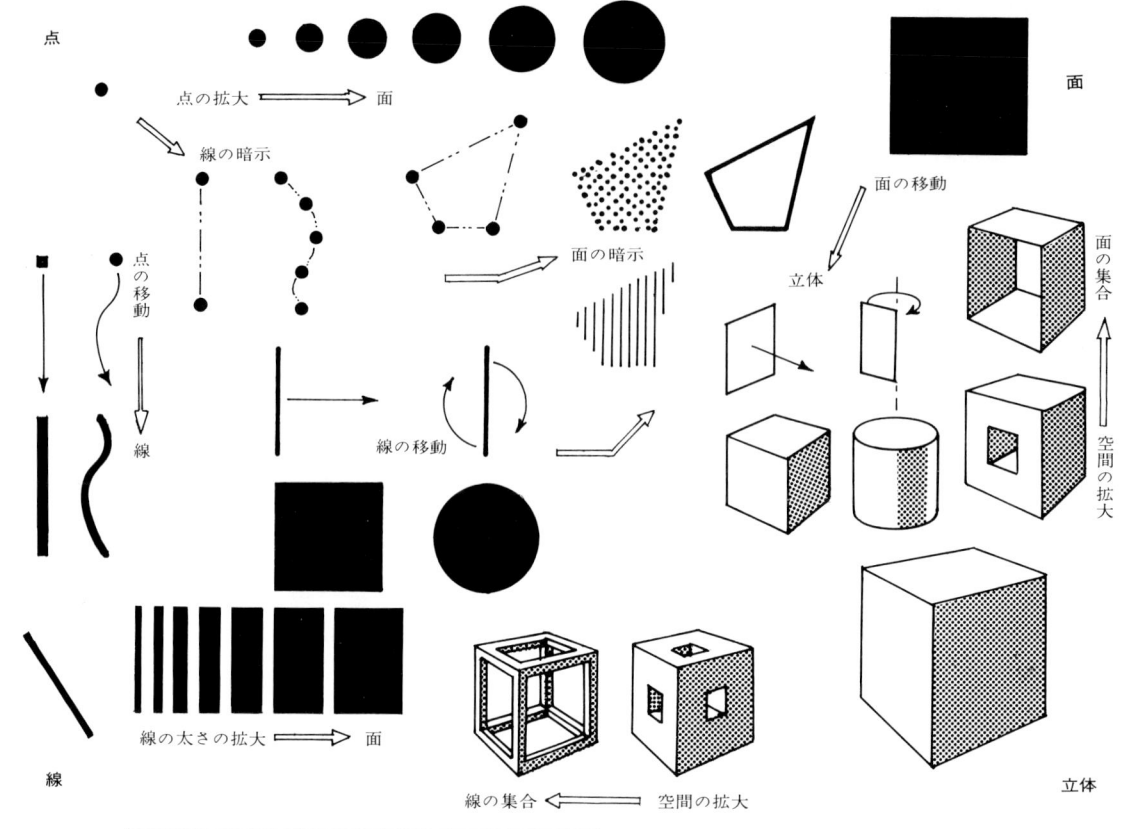

4. 点・線・面・立体・空間

4.1 形の分類

人の目にふれる形にはさまざまなものがある．これを色彩のように体系化しようとする試みもあるが，まだ完全な解答は見いだしてはいない．

常識的には次のように考えられる．

形態 { 自然形態　具象形態（ただし巨視・微視などの世界では抽象的様相を示す）
　　　 人工形態
　　　 幾何形態 } 抽象形態

4.2 点から立体へ

デザインにおいては，点・線・面などを要素として構成を行う場合が多い．幾何学上の点は位置だけあって面積を持たないが，デザインの点は大きさを持ち，また形もさまざまである．したがって大きさを増せば面となってしまう．

線は点の移動した軌跡である．これも幾何学的には幅を持たないが，デザイン的には太さがある．やはり同様に太さを増せば面となってしまう．線は点の移動の跡だけに，そこに動きが感じられる．とくに太さの変化がある場合には，運動の速度までも暗示させることができる．

線の軌跡によって面ができる．また閉じた線によっても面が示される．また点や線の集合によって面としての形を暗示することもできる．

立体は面の移動で作られる．われわれの世界は3次元空間であるので，ネガティブな立体が空間として認識される．

こうした見方とは逆に，立体の限界（表面）が面であり，面の限界（周辺）または交差の跡が線であり，線の限界（両端）または交差が点であるという見方もできる．

実際の点・線・面・立体・空間は，これらの相互関係のなかで見ていくことが必要で，それらの関係のなかで，これらの要素の性格や表情を読み取らねばならない．

円　　$x^2+y^2=r^2$

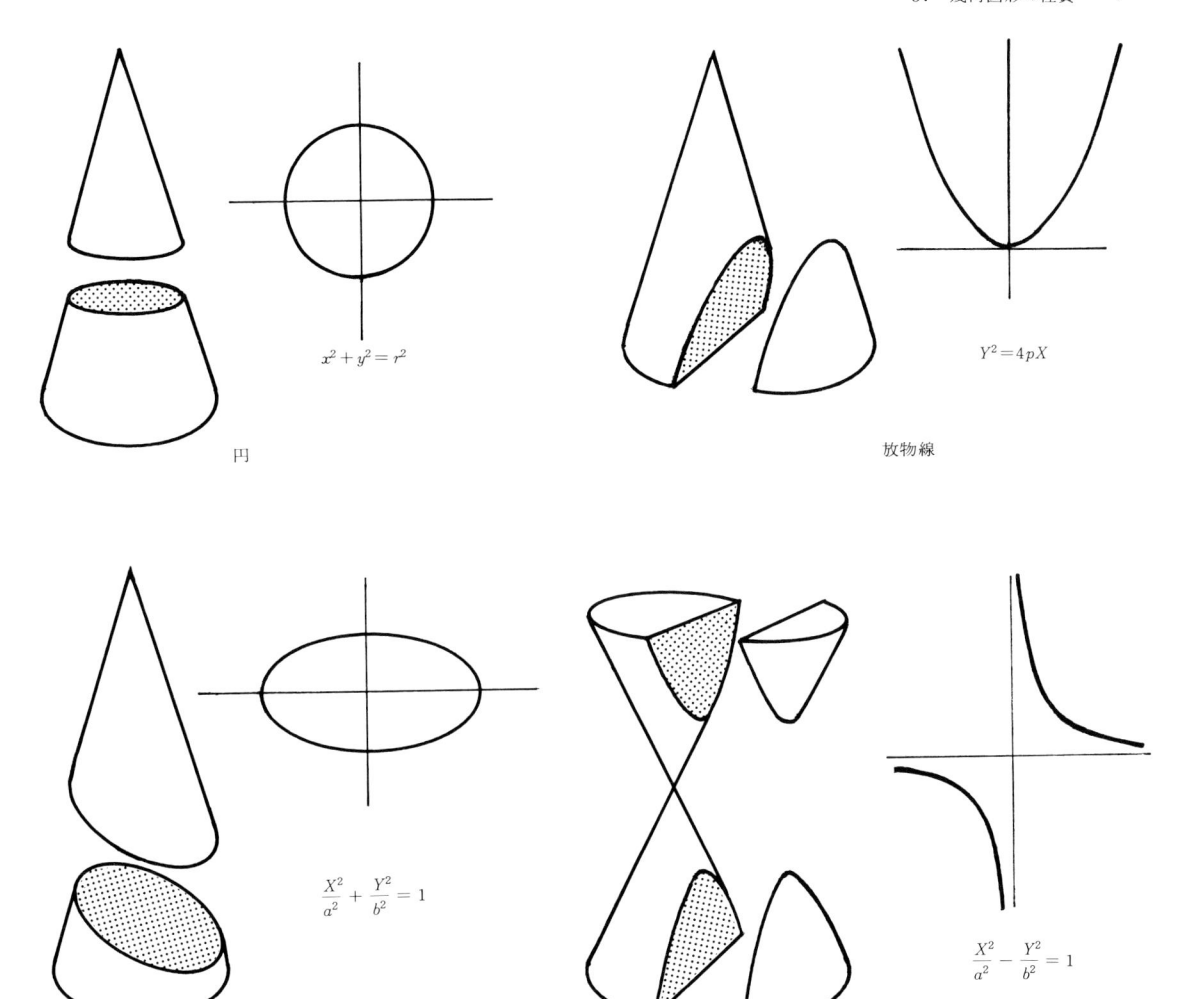

放物線　　$Y^2=4pX$

楕円　　$\dfrac{X^2}{a^2}+\dfrac{Y^2}{b^2}=1$

双曲線　　$\dfrac{X^2}{a^2}-\dfrac{Y^2}{b^2}=1$

円錐曲線

5. 幾何図形の性質

デザインにおいても，幾何図形を利用することが多く，数学的な知識についても理解しておかねばならないことが少なくない．ここでは，断片的ではあるが，二，三の事項について述べておきたい．

5.1　円錐曲線

ギリシャの数学者アポロニウスは，円・楕円・放物線・双曲線が，円錐形を平面で切断することによってできることを解明した．

これらの曲線は，自然現象や人工物のなかにもしばしば見られる．地球をはじめとする遊星は，太陽を1つの焦点とする楕円軌道を描く．人工衛星も初速度の速さによって円・楕円となり，速すぎれば放物線・双曲線となり無限に遠ざかる．また高い鉄塔・ダム・城の石垣などは構造的に下部を大きくする必要があるが，双曲線を利用したものが多い．

5.2　式と図形

図をグラフ座標を用いて表す方法は，哲学者デカルトによって考え出された．そして前記の円錐曲線も方程式で表せることを証明した．解析幾何学とよばれるこうした研究の発展によって，幾何学的図形と方程式の関係が明らかにされ，いくつもの新しい数学的曲線が作り出されている．

$(x^2+y^2)^2=2a^2(x^2-y^2)$
ベルヌイのレムニスケート

$x^3+y^3=3axy$
デカルトの正葉線

$(x^2+y^2-bx^2)=a^2(x^2+y^2)$
パスカルのかたつむり

$(x^2+y^2)^3=na^2x^2y^2$
グランデのバラ ($n=4$)

A, B, C, D は正方形 AF=AD/2
AB：AG=φ
黄金比の長方形

黄金分割を利用した構成例

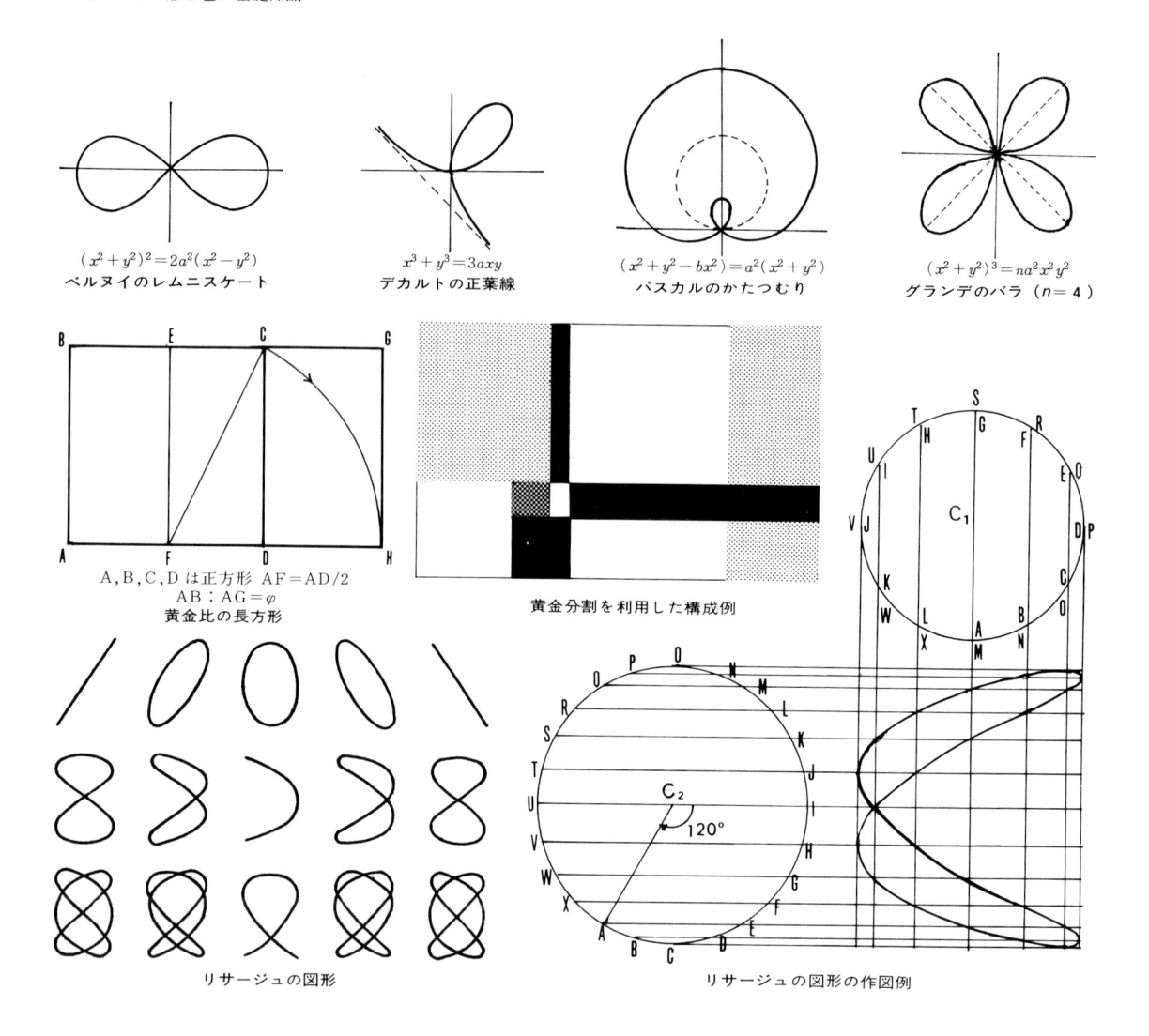

リサージュの図形

リサージュの図形の作図例

5.3 リサージュの図形

振り子の運動を組み合わせると単振り子の場合と異なり、複雑な図形が生まれる。この振り子の軌跡を利用したものが、p.51に述べるペンジュラムである。いまY字形に張った振り子を振らせると、種々の条件を変化させることによって図のような軌跡が得られる。これらの図は、これを研究したフランスの数学者の名にちなんで、リサージュの図形とよばれる。

5.4 黄金分割・フィボナッチの級数

1本の線を大小に2分割したとき、小：大＝大：全体の長さとなる分割法を黄金分割、そのときの比の価 ϕ（ファイ）を黄金比とよぶ。黄金分割はギリシャの時代から建築・絵画などに用いられてきたし、現在でもフランスの建築家コルビュジエはこの比を用いてモジュロールという基準尺度を考案している。

0, 1, 1, 2, 3, 5, 8, 13, 21, 34, ……というように、その前にある2つの項の和によって次の項を作ったものがフィボナッチの級数である。そして隣り合う2項の比は、$(1+\sqrt{5})/2 \fallingdotseq 1.618$……に近づいていく。この価は前述の黄金比 ϕ に当たるのである。

このほかにも、たとえば日本やドイツでは紙の仕上がり寸法を $1:\sqrt{2}$ の比に定めて、2つ折りにしてもその比が変わらないという性質を利用するなど、各種の数値が造形的に

5. 幾何図形の性質　11

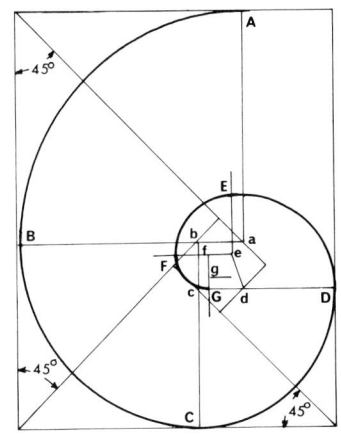

イオニアのうずまき
（アルキメデスのうずまきは
p.73 参照）

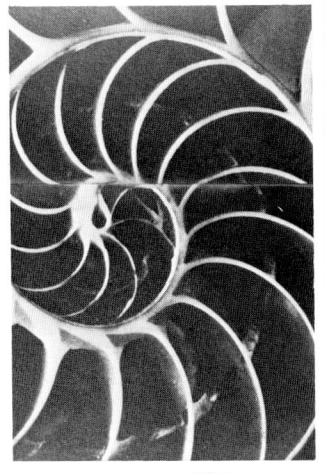

オウム貝の断面

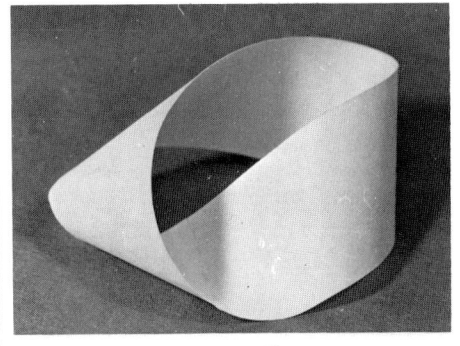

メビウスの帯

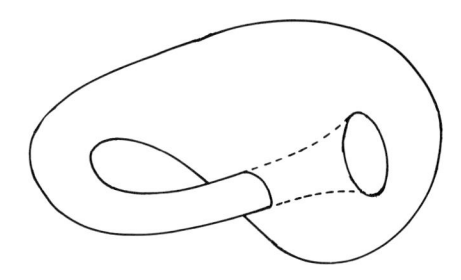

対数うずまきを利用した構成

対数うずまき
（等角うずまき）

クラインのびん

松かさ

も利用されている．

5.5　うずまき

　ひまわりの花・巻き貝・象の牙など，自然のなかに思いがけないうずまきを見ることがある．

　おうむ貝の断面は等角うずまきを示している．うずまきの曲線は，半径の延長線と常に一定の角度で交差している．

　パイナップル・松かさなどをよく観察すると，右まわりと左まわりの両方のうずが見られる．これらは対数うずまきで，松笠は 5：8，パイナップルは 8：13 と，フィボナッチの数に対応している．

　回転するレコードの中心から外周の１点へ向かって，虫が一定の速度で歩くと，虫はアルキメデスのうずまきを描く．この渦巻きは，一様な回転運動を一様な直線運動に変える性質があるので，カムやピストンなどにも応用されている．

5.6　メビウスの帯

　紙テープの一端を 180° に半回転させ，他の端に接着すると表と裏の境目がない輪ができる．この縁もまた１本である．この輪は中央からハサミを入れて２つに裂くように切っても，ねじれた１つの輪となる．この輪をメビウスの帯という．またこれと同様に表裏のないクラインのびんも考えられている．

12　I．形と色の基礎知識

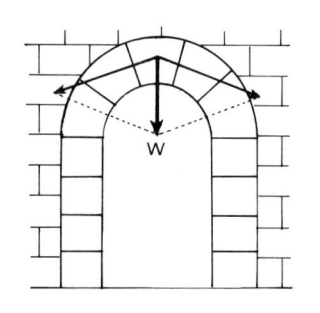

アーチの原理
（石の重さを左右の力に分散する）

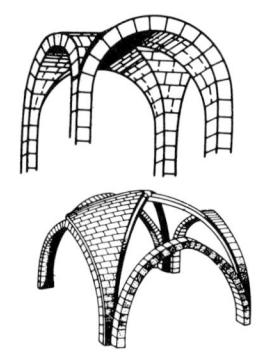

アーチの発展

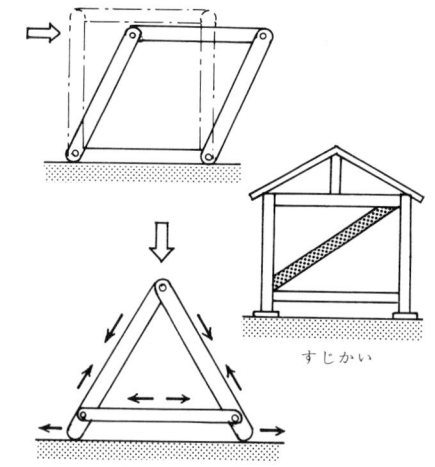

すじかい

トラス構造

組積式の構造

架構式の構造

6. 構　造

建築や建造物では，なるべく少ない材料で大きな空間や高い塔などを作ることが要求される．実際には高度な数学を用いた構造計算によって設計が行われるが，ここではその基本の考え方のみを述べることとする．

6.1　組積式構造

石・レンガなどの塊の材料を用いて構造物を組み上げる方法である．ピラミッド，城の石垣などもそうであるが，この方法によって空間を作る試みは古代オリエントのアーチに始まる．トンネルなどの発展も見られるが，西欧建築の歴史のなかで交差ボールトやドームなどへの展開によって芸術的な教会建築を造りあげてきた．高く天国へのあこがれを表すゴシック寺院では，構造上横へひろがろうとする力を支えるため，大会堂の周囲に回廊（ギャラリー）などが作られるなどの工夫がなされている．

現在では，この方式では材料を多く使用するため，またとくに日本では地震の問題もあるため，ほとんど用いられなくなっている．

6.2　架構式構造

柱と梁を中心とした，線材による構造である．この構造では角の接合部がゆがみやすいので，四角に組んだものでは平行四辺形につぶれてしまう．そのため木造建築などでは斜めにすじかいを入れるが，これは三角形に組んだものでは変形しないからである．高い鉄塔，大鉄骨建築など，この三角形を基本として組んだものが少なくない．

さらにこの三角形に対する力のかかり方を分析すると，圧縮の力がかかる部材と，引っ張りの力がかかる部材とがある．一般に材料は圧縮より引っ張りに対して強いので（針金を押した場合と引いた場合を考えてみよ），引っ張りの力がかかる部材は材料を節約できる．吊り橋は，こうした引っ張りの材料をう

吊り橋

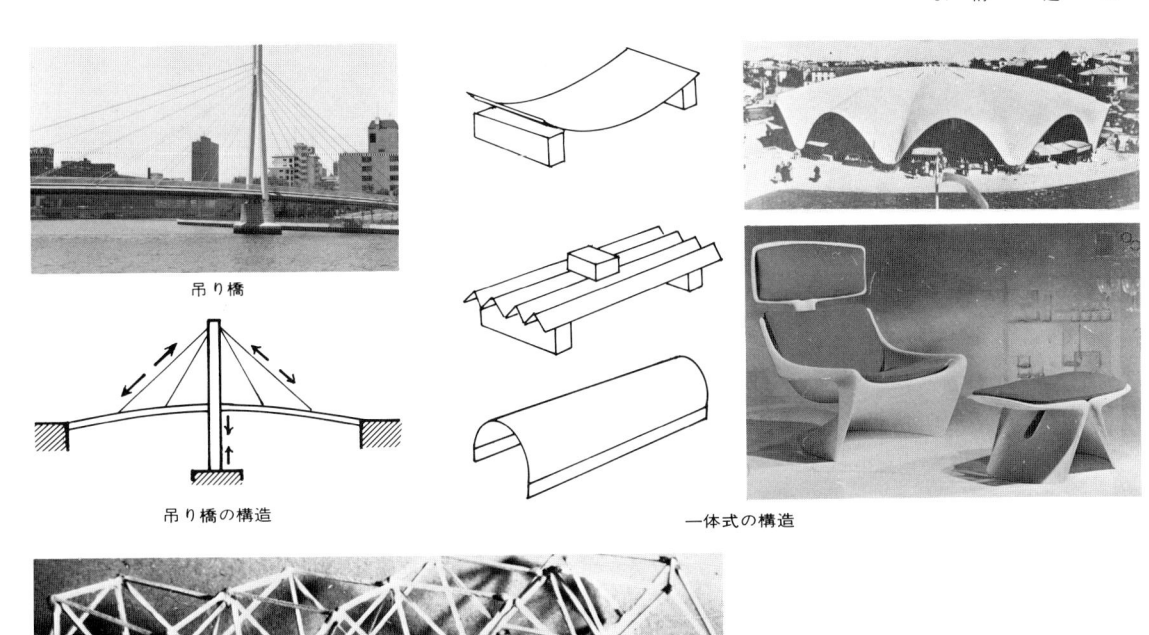

吊り橋の構造

一体式の構造

まく利用している．

コンクリート造りの場合は，接合部にゆがみが生ずることがないが，梁は柱に近い部分に力がかかるので，両端が太く作られている場合も多い．

6.3 一体式構造

1枚の画用紙を平らにして一端を持つと，画用紙は自分の重さを支えることもできず垂れてしまう．今度はU字型に曲げて持てば，鉛筆など楽に支えられる．同じ材料でも，形を変えるだけで丈夫さが異なる．

一体式構造とは，面材を折り曲げたり，曲げたり，また球状形にしたりして構造体を作る方式である．

折り板構造 鉄骨の建造物などに，断面がL型，U型，H型などの柱が使われているが，板材もこのように折り曲げると丈夫になる（実際には板から作るのではないが）．コンクリートの壁を屏風のように折り曲げて柱の代わりにした建物もある．

本棚なども，柱で構造を保つ昔からの型ばかりでなく，骨組の両面に薄い合板を張った簡易組み立て型のものや，薄い鉄板を折り曲げて作ったものなど，この構造を生かしたものも最近は多い．

曲げ板式構造 板状の材料を曲げて作ったもので，金属のパイプなどがそうである．自然のなかにも竹，麦わらなど，この原理の構造物を見ることができる．

一体式構造 貝がらのような形の構造なのでシェル構造ともよばれる．卵のから，カニ・亀などの甲ばかりでなく，コップ，やかんなど日常品のなかにも多い．自動車も薄い鉄板でできているが，球状に絞って作るので丈夫である．

この構造は2次曲面をもつので，紙などでは作れないが，紙を折り曲げてドームやパイプなどの一体式構造を作る試みも，基礎デザインの学習においては大切なものである．

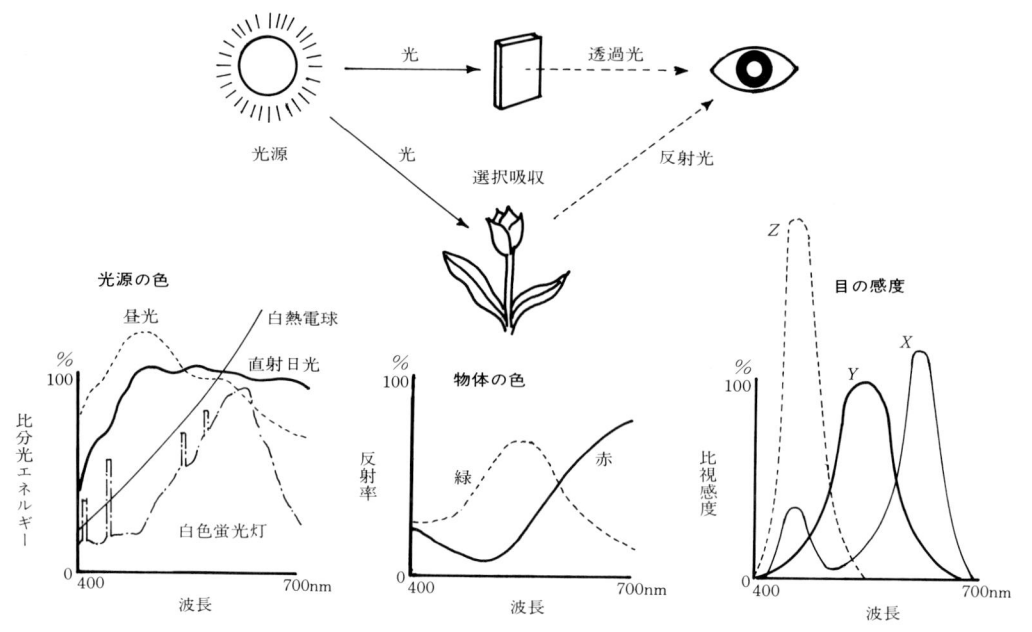

光と色（グラフは概略の傾向を示すもので正確なものではない）

おもな光源の色温度

光　　源	色温度	光　　源	色温度
ろうそくの炎	約1,900 K	太　陽　光	5,000〜6,000 K
家庭用電球	約2,800 K	晴天の日陰	
写真用電球	約3,200 K	曇天・雨天	約7,000 K
朝夕の屋外	約4,800 K		

7. 光と色

7.1 どのように色を感じるか

われわれが色を感ずるためには，光と物と人間の目とが必要である．

暗室のなかでは何も見えないように，光がなければ色は見えない．光は電磁波の一種で大体 700〜400 nm（ナノメーター．1 nm は 1/100万 mm）の波長の電磁波が人間の目に光として感じられるのである．太陽の光は，これらの波長の光をほぼ同じ割合で含んでいる．これに対し電球の光は，太陽光に比較すると，赤い光が多く青い光を少ししか含んでいない．蛍光灯の色も次第に改良はされているが，太陽の色とは異なる．夜，公園の水銀灯の近くの緑が鮮やかなのは，水銀灯の光が緑の波長の光を多く含んでいるからで，この

ように同じ花の色であっても，光源の種類によって異なった色に見える．

蛍光灯の色は輝線スペクトルをもっているため独特の分光分布（分光エネルギー）をもつが，一般には黒体輻射（物質を熱するとその温度によって発する光の分布が決まる．その温度を絶対温度 K＝ケルビンで表し色温度とよぶ）の温度でも示すことができ，温度が高くなるに従って青い光が増してくる．

太陽光のように全部の波長を等しく含んだ光は，無色（白色）と感じられるので白色光とよぶが，同じ白色光を受けても花は赤く葉は緑に見える．これは，花であればすべての波長のうち，他の色を吸収して，赤の波長だけを反射するからである．またすべての光を反射すれば白，吸収すれば黒として感じられる．色はこうした反射光ばかりでなく，色ガラスや色セロファンなどを通った透過光によ

7. 光と色　15

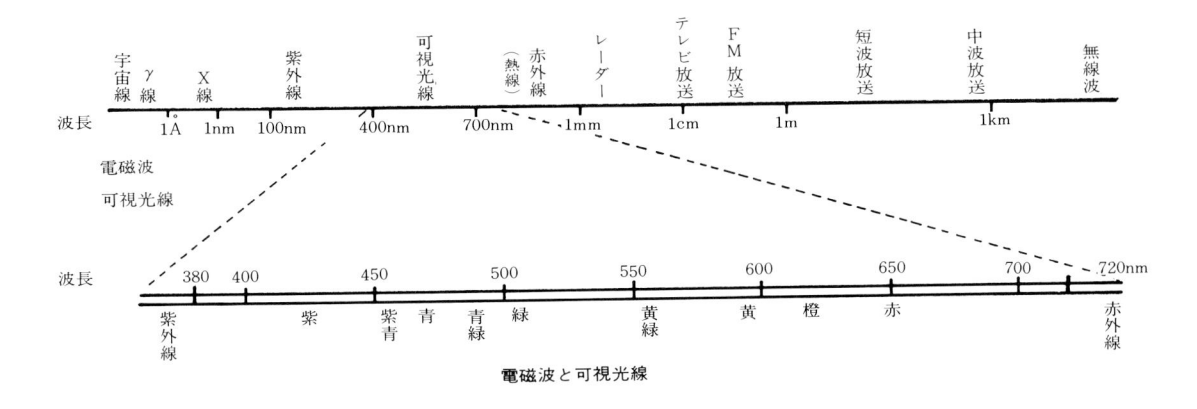

電磁波

可視光線 (上段の波長軸):
宇宙線 / γ線 / X線 / 紫外線 / 可視光線 / 赤外線（熱線）/ レーダー / テレビ放送 / FM放送 / 短波放送 / 中波放送 / 無線波
波長: 1Å　1nm　100nm　400nm　700nm　1mm　1cm　1m　1km

可視光線 (下段):
波長: 380　400　450　500　550　600　650　700　720nm
紫外線 / 紫 / 紫青 / 青緑 / 緑 / 黄緑 / 黄 / 黄橙 / 赤 / 赤外線

電磁波と可視光線

慣用色名の例とその代表的な値　(p.16, p.22, p.26参照)

慣用色名	PCCSトーン記号	JIS色記号	慣用色名	PCCSトーン記号	JIS色記号
鴇（とき）色	lt 1	1R 7.5/6.5	鉄　　　色	dk 14	5BG 2/3
臙脂（えんじ）色	dp 1	1R 3/11	浅葱（あさぎ）色	b 15	10BG 5.5/8.5
茜（あかね）色	dp 2	4R 3.5/11.5	新　橋　色	b 16	5B 5.5/9
サーモン・ピンク	lt 3	7R 7.5/8	納戸（なんど）色	d 16	5B 4.5/6
セ　ピ　ア	g 5	4YR 1.8/2	ラベンダー（藤色）	lt 20	9PB 6.5/7.5
アイボリー	p 6	8YR 9/1.5	古　代　紫	d 22	6P 4/7.5
オリーブ色	dk 9	9Y 4/5	銀　ね　ず	ltGy (7.5)	N 7.5
鶸（ひわ）色	b 10	2GY 7.5/8.5	利休ねずみ	Gy 12	4G 5.5/0.5
エメラルド・グリーン	v 12	4G 5.5/9	チャコール・グレイ	dkGy (2.5)	N 2.5
青　磁　色	d 13	9G 6/4.5	ね　ず　み　色	mGy (5.5)	N 5.5

（JIS色記号はトーン記号の色の値を示す．したがってJISに示された代表値とは多少異なる）

っても感じる．交通信号やステンドグラスの色は透過光である．

7.2 人間の目と色の感じ方

こうして目に入った光は，眼球の一番奥の網膜によって感じられる．網膜には色を感じる錐状体（網膜の中心部に多い）と明暗のみを感じる柱状体（周辺部に多い）の2種の細胞が無数にあり，ここから視神経を通って大脳へ伝えられる．大脳でそれがどのような色であるか認識され，また同時に美しいと感じるのである．

目の網膜はすべての光に同じように感じるわけでない．赤や紫のように光の範囲の両端では感じ方が鈍く，中央の緑色付近にもっともよく感じる．また厳密には個人差もある．

この人間の目の感度は，ヤング-ヘルムホルツの3原色説（人間の目には3つの色光に感ずるそれぞれの視神経があり，それが合わさって種々の色が感じられるという説）に基づいた科学的な色彩学によって，図のような3つの感度が仮定されている．

したがって各波長ごとに，光源の分光分布×物の比反射率（透過率）×目の感度（3種）を求めて，これを積分したものを刺激値とよび，現在の科学的な測色は，この刺激値によって算出されているのである．

このように色を扱う場合，絵の具で塗られた赤や黄の色だけを問題とするのでなく，光源の種類・色の吸収と反射・目の性質の相互関係のなかで考えていかねばならない問題が多い．ただわれわれが平常こうした問題をあまり意識しないですんでいるのは，人間の目には後述するように恒常現象という作用があるからで，カラーフィルムにはこうした作用がないので，写真撮影の場合には十分な研究が必要となる．

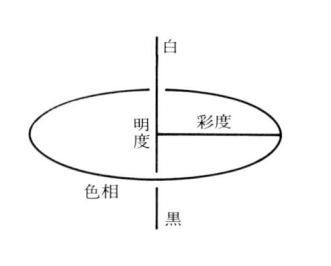

色の3属性

一般色名の表し方

明度および彩度に関する修飾語

(注) ・印を通常用い，必要に応じて他のものを用いる．

8. 色の3属性

8.1 色の名前

赤・黄・青など，いろいろな色がある．適切な条件の下では，人間は500万色を区別できるといわれる．こうした色を区別するために，人は古くからそれらの色に名前を付けてきた．習慣的に用いられてきたこれらの色名（慣用色名）は文学的な香りをもつが，相手がその色名を知らなければ話は通じない．また時代によっても，示す色が異なることもある．そうした日本の色名について，いくつか紹介してみたい．

- 色そのものの名前：赤，青，黒，白．
- 動物の色との類似：うぐいす色，ねずみ色など．
  とき色：ピンクの一種．天然記念物となっているときが翼をひろげて飛び立つのを下から見上げたとき，翼の一部に見える色．
- 植物の色との類似：山吹き色，小豆色，藤色など．
  浅葱色：明るい緑味がかった青．芽を出したばかりのねぎの葉の色．
- 鉱物の色との類似：水色，金色，銀色，灰色など．
- 染料から名付けられたもの：あい，あかねなど．

8.2 色の3属性

慣用色名では，色を正確に伝えることがむずかしい．そこで色を分類し，整理する必要がある．

色は白・灰・黒のように彩りのない無彩色と，緑とか薄紫とかいった彩りのある有彩色に分けられる．

有彩色は赤や黄のように色合いごとに分類できる．この色合いの違いを色相とよぶ．そして色相は，似ている色を順に並べていくと赤・橙・黄・黄緑・緑・青・紫・赤紫そして赤と，輪のように並べられる．

同じ赤でもピンクのように明るい色やえび茶色のように暗い色もある．こうした明るさの度合いを明度とよぶ．無彩色にも明度がある．

有彩色には同じ色相の色でも，鮮やかな色も濁った色もある．このような鮮やかさの度合いを彩度という．

色のもつこの色相・明度・彩度の性質を色の3属性とよび，図のような3次元の関係で示すことができる．

8.3 一般色名

上記のような色の性質を利用して，JIS（日本工業規格）では，基本色名と修飾語とを組み合わせて色を表す方法を定めている．たとえば"青みの暗い緑"，"赤みの明るい灰色"というように．それらの基本色名と修飾語は次のとおりである．

基本色名

- 無彩色：白，明るい灰色，灰色，暗い灰色，黒．
- 有彩色：赤，橙（黄赤），黄，黄緑，緑，青緑，青，青紫，紫，赤紫．

修飾語

- 有彩色に対して：ごくうすい，明るい灰，灰，暗い灰，ごく暗い，うすい，にぶい，暗い，あざやかな，ふかい，さえた．
- 有彩色・無彩色に対して：赤みの，黄みの，緑みの，青みの，紫みの．

修飾語の適用範囲		
修飾語	適用する基本色名	
赤みの	紫～(赤)～黄	無彩色の基本色名
黄みの	赤～(黄)～緑	無彩色の基本色名
緑みの	黄～(緑)～青	無彩色の基本色名
青みの	緑～(青)～紫	無彩色の基本色名
紫みの	青～(紫)～赤	無彩色の基本色名

(注) ( )をつけたものは，たとえば「赤みの赤」などとは用いない．

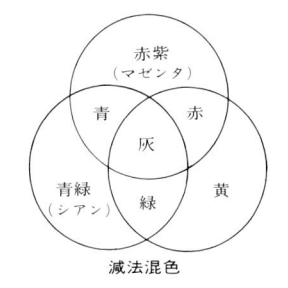

加法混色

減法混色

9. 混 色

9.1 3原色

色を混ぜ合わせることを混色とよぶが，混色によって望む色を作るためには，最低3色の原色を必要とする．これを3原色という．

この3原色は色光を混ぜた場合と，絵の具を混ぜた場合とでは異なる．

色の光の場合は，赤，緑，青紫の3色を適当な割合で混ぜるとほとんどの色ができるので，これらを加法混色の3原色とか光の3原色とかよんでいる．

絵の具の場合には赤紫（マゼンタ），黄，青緑（シアン）の3色がこれに当たり，減法混色の3原色，絵の具の3原色とよばれる．

この加色法と減色法の3原色は，それぞれ補色（混色によって無彩色となる2色）の関係にある．

9.2 加法混色

舞台の上に投じられた赤いスポットライトに，緑のスポットライトを重ね合わせると，そこには明るい黄色が現れる．さらに青紫の光を投射すると白色となる．

色の光は重ね合わせるほど明るさが明るくなるので，こうした混色を加法混色とよぶ．この場合の3原色は前述のように赤，緑，青紫である．カラーテレビを放映中に，そのブラウン管を拡大して見ると，この赤，緑，青紫の色の点が無数に並んでいるのが見える．3つの原色が全部光った場合に，画像は明るく白に輝いて見えるわけである．なお黒色はまったく光らない部分であって，テレビを消したときのブラウン管の色が黒に見える．

9.3 減法混色

異なる2色の色ガラスを重ねて（たとえば青緑と黄）光を通すと，出てくる光は2色の中間の色相となり，明るさは元の色より暗くなる．透明な印刷インクのシアン，マゼンタ，黄の3色を刷り重ねると黒になる．染料の混色も同様である．

絵の具の場合も同様な減法混色の原理に従うわけだが，実際には透明度や不純度の問題があって，混色すると彩度が落ちて濁った色となり，また明度も混合する2色の中間に近く，3原色を混合しても黒ではなく，暗い灰色にしかならない．

9.4 併置混色

織物の縦糸と横糸が異なる場合のように，色が細かく併置されているとき，離れてこれを見ると色が混ざって見える．これを併置混色とよぶ．また回転円板やコマなどで，いくつかの色を組み合わせて回転させても色が混ざって見える．これらの場合，混色でできた色は，もとの色の平均の明るさとなる．

後期印象派のスーラーやシャニックなどの画家は，カンバスの上に小さな絵の具の点を置いていく，いわゆる点描画とよばれる技法で絵をかいた．絵の具の混色によって暗くなったり濁ったりするのを嫌ったからである．

原色版による印刷物をルーペで拡大してみると，減法混色の3原色であるシアン，マゼンタ，黄（実際にはもう1色黒がかかっている）の小さな点が並んでいるのが見える．この場合色が並んでいる部分は併置混色，色が重なり合った部分は減法混色となる．

10. 色の知覚

10.1 順応と恒常

明るい戸外から暗い映画館に入ったときや停電の直後など真っ暗に感ずるが、しばらくすると暗さに慣れて周囲がうっすらと見えてくる。これは目の虹彩が開き、同時に網膜の感度も高まってくるからである。このように生物が環境に慣れることを順応という。

目の順応は明るさに対してだけではない。太陽の光と電球の光とでは光の質が異なるので、色も異なって見えるはずであるが、光に対し目が順応するので同じ色として感じる。また昼の黒板と夜の雪とでは、前者の方が目に入る光の量が多いが、これを白だと感じないのは、環境全体の関係のなかで色を見、また同じ物は異なった条件の下でも常に同じ色に見ようとするはたらきがあるからである。こうした心理現象を色の恒常とよんでいる。

10.2 色の対比

色が他の色の影響によって、単独で見る場合と異なって見える現象を色の対比という。対比には同時に色を見たときにおこる同時対比と、続いて2つの色を見る場合の継続対比とがある。

同時対比には次のようなものがある。

明度対比 同じ灰色でも、黒地の上に置くと明るく、白紙の上に置くと暗く感じる。

色相対比 たとえば橙色は赤地の上では黄味がかり、黄色の上では赤っぽく感じる。色相間の差が大きく感じられるのである。

彩度対比 彩度の高い鮮やかな色と彩度の低い色を並べると、彩度差が大きく感じられ、彩度の高い色は一層鮮やかに、低い色はより灰色に近く見える。

補色対比 赤と緑、黄と青のような補色どうしを並べると、たがいに一層鮮やかに見える。またそれらの色に灰色を置くと、たとえば赤であれば灰色は緑みがかって見えるように、補色に近づいて見える（口絵参照）。

継続対比とは、ある色を見続けたすぐ後に次の色を見ると、前の色の影響であとの色が変わって見える場合を指す。この対比も同時対比と同じように、白を見続けたのちに灰色を見ると一層黒っぽく感じるといった明度対比、黄の次に黄緑を見ると緑がかって見えるといった色相対比、灰色の次に濁った色を見ると彩度が増して見える彩度対比、ある色の次にその補色を見ると一層鮮やかさが増して見えるといった補色対比などがある。

10.3 色の進出と後退

夏の緑の間は遠く見えた山も、秋の紅葉となると近くに感ずることがある。街のネオンサインも同じ距離であるはずながら、赤は近く、青は後ろにあるように見える。このように同じ距離から見ても前に飛び出して見える色を進出色とよび、逆に後ろに引っ込んで見える色を後退色とよぶ。一般に赤・橙・黄など暖色系の色や明るい色は進出して見え、青など寒色系の色や暗い色は後退して見える。

10.4 膨張色と収縮色

進出色は実際よりも大きく見える傾向をもつので膨張色ともよび、後退色は収縮して実際より小さく見えるので収縮色ともいう。

10.5 色の視認性

色の見えやすさは、その色単独で決まるものでなく、周囲の色によって異なる。つまり図の色と地の色の差が大きければ視認性が高く（目立ちやすい）、差が小さければ低い。色相・彩度の差も問題となるが、特に影響の大きいのは明度差である。たとえば赤と緑のように色相差が大であっても明度差が少ない色の組み合わせは、図と地を明確に見分けにくい。一般に黄と黒の組み合わせによる地と図が、もっとも視認度が高いとされている。

	派手な色・地味な色	
	派手な色	地味な色
彩度	高い色	低い色
明度	高い色	低い色
配色	純色を用い、明度差のある対比的なもの	低彩度の色の組み合わせ

色の象徴的な用いられ方の例	
推古天皇11年(603)制定の冠位十二階の色	大徳/小徳 }紫　大仁/小仁 }青　大礼/小礼 }赤　大信/小信 }黄　大義/小義 }白　大智/小智 }白
キリスト教の祝日の色	聖ヴァレンタイン祭(赤)，万聖節前夜祭(橙)，聖パトリック祭(緑)，感謝祭(茶)，クリスマス(赤と緑)，復活祭(黄と紫)
星と曜日の色（ヨーロッパ）	太陽/日曜日 }黄または金　月/月曜日 }白または銀　火/火曜日 }赤　水星/水曜日 }緑　木星/木曜日 }紫　金星/金曜日 }青　土星/土曜日 }黒
方位（中国・日本）	東(青)　西(赤)　南(白)　北(黒)
安全色彩(JIS)	消火・停止(赤)，危険(橙)，明示・注意(黄)，救護・進行(緑)，用心(青)，通路・整頓(白)

11. 色の感情効果と象徴

11.1 暖色・寒色

赤・橙・黄などは，太陽や火を連想させ，見る人に暖かさを感じさせる．反対に，水を連想させる青や青緑は，人に寒さを感じさせる．これを暖色・寒色とよぶ．緑や紫は暖くも寒くもない色なので，中性色とよばれる．ストーブの赤，扇風機の青など，日常生活のなかにも利用されているものが多い．

11.2 軽い色・重い色

色によって軽く感じたり重く感じたりすることがある．主として明度の影響によるもので，明るい色は軽く，暗い色は重く感じられる．同明度では彩度が高いものが軽く感じられる．服装や室内などの配色も，上部を明るく下部を暗くすることによって安定感を得ることができる．服装では動きを表すため，上部を暗く下部を明るくすることもある．

11.3 明るい色・暗い色

明度の高いものは明るく，低いものは暗く感じられるのはいうまでもないが，必ずしも明度に完全に対応しない．赤などは明度が低くても，明るく感じられる．

11.4 派手な色・地味な色

一般に表のような傾向がある．

11.5 陽気な色・陰気な色

明度と彩度が関係する．明るく鮮やかな色は明快で陽気な感じをもたらすし，暗く濁った色は陰気な感じをおこさせる．

11.6 軟らかい色・硬い色

パステルカラーは軟らかい感じがするが，純色や暗い色は硬く感じられる．つまり明るくやや濁った色が軟らかく感じられる．

11.7 色の連想

色を見てその色と関係のある事物を思いおこすことを色の連想とよぶ．これは見る人の経験・記憶・知識によって左右され，民族・性別・年齢などによっても異なる．しかし共通なものも少なくない．一般に幼・少年時代には，身のまわりの動物・植物・食物・服装など具体的な物に結びついた連想が多く，大人になると抽象的観念が多くなってくる．

11.8 色の象徴

色の連想が多くの人々に共通理解され，社会的・歴史的に一般化されてくると，ある色が特定の意味をもって，色による象徴化が行われてくる．これらのなかには世界的に共通なものもあるが，民族の習慣によって異なるものも少なくない．以下主な色の象徴的な用いられ方の例を示すが，宗教や社会のなかでも色を用いて区分したりすることも多い．その一部を表に示す．

赤　[西洋]　火・血・情熱→愛国の精神・革命；濃赤色…嫉妬・暴虐・悪魔；ピンク…健康．[東洋]　慶祝・幸福・長寿．

黄　[西洋]　ユダの着物の色→裏切り・臆病者・俗悪者．[東洋]　太陽→壮麗・偉大・未熟．

緑　[西洋]　草木→自然・生長・平和・安全・未熟．[東洋]　繁栄・若さ・希望・平和．

青　[西洋]　希望・高貴・絶望．[東洋]　若さ．

紫　[西洋]　高貴．[東洋]　高貴・荘重．

白　[西洋]　純粋・平和．[東洋]　神聖・潔白．

黒　[西洋]　不吉・悪・沈黙・地獄．[東洋]　不吉・悪．

20   I. 形と色の基礎知識

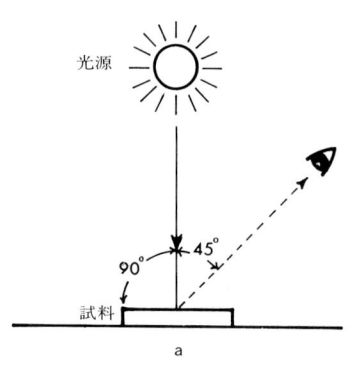

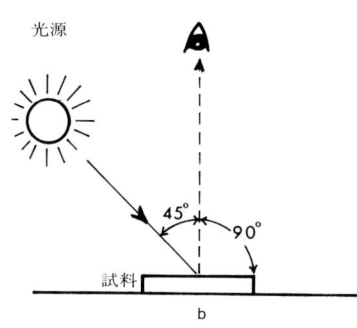

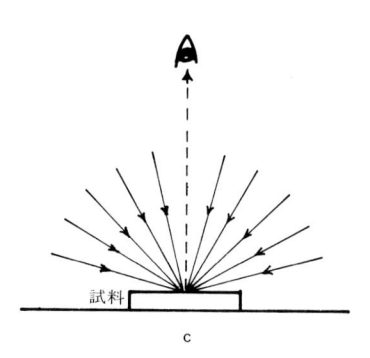

視感比色の照明と観察の方向

光源の標準（標準光源）

	光源	色温度
標準A光源	白熱電球	2,848 K
標準B光源	太陽の直射光線 （白昼太陽光）	4,800 K
標準C光源	太陽の拡散光 （平均昼光，北側 の窓からの光）	6,500 K

視感比色

・試料と標準の色は垂直に並ぶよう隣接
・試料よりもやや暗い無彩色のマスクで周囲をおおう
・マスクの窓は1～5cm程度がよい（試料から30cm離れて見るとして）

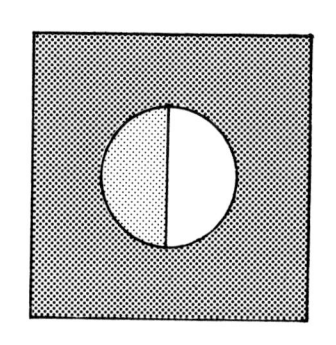

マスクと試料

12. 比 色

　色を見本の色と比較したり測定したりすることは，比色・測色とよばれるが，このときの方法・条件も，その求めようとする精度や条件によって，いくつかの方法がJISに定められている．これを正しく理解するには科学的な知識を必要とするが，実用的な側面から簡単にふれたい．

比色 { 視感比色方法
　　　光電比色方法 { 刺激値直読方法
　　　　　　　　　　分光測色方法

比色方法の分類

12.1 視感比色方法

　見本と試料とが同じ色であるかをくらべるときでも，方法によっては正確に調べられない．次のような方法で比較をするとよい．
① 見本と試料は隣り合わせて左右に並べる．境の線があまり太いと判別しにくい．できれば灰色・黒・白などの紙の中央に2cm程度の穴をあけ，周囲をおおって比較する．
② 照明は標準c光源（青空の光を含む昼光，色温度6,500 K）とされているが，実際には日中の明るい直射日光が当たらない窓ぎわで十分であろう．なお最近の演色性を改善した白色蛍光灯の光でも，実用には差し支えない．
③ 照明の光の方向と見る方向とは，図のような3つの場合が上げられている．目と試料の距離は30cmくらいが適当であろう．
④ 色を見分けるにはある程度の経験や訓練が必要である．また人間は40歳を越えると，目の水晶体が黄変してくる．したがって，20～30代の経験をつんだ人が，色の差を見分けるのにもっとも適当だといえる．

　この肉眼に頼る方法は，設備もとくに必要としないし，もっとも簡単であるが，条件が異なったり観察者が異なったりすると，"同じ"と判定されたものが，ときには"異なる"と判定されることもある．ただ暗い色では，ときには分光光度計より目の感度の方がよいことがある．

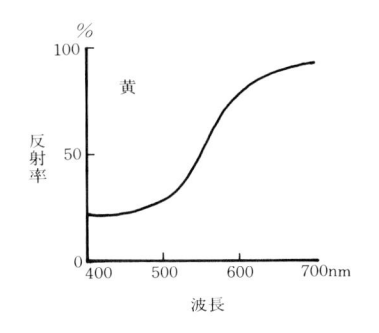

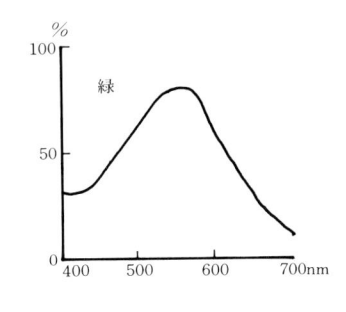

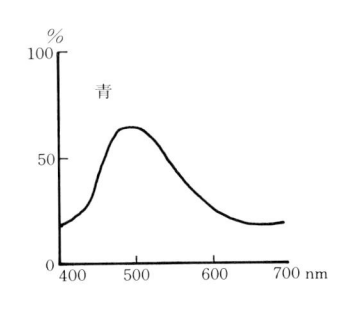

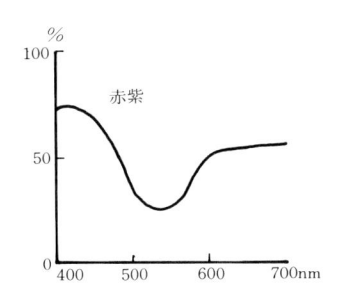

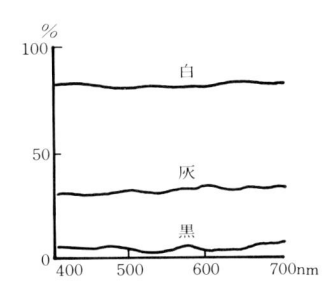

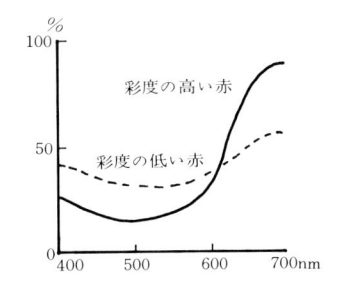

種々の色の分光分布（概略の傾向）

12.2 刺激値直読方法

光電色彩計とよばれる機械を用いて測色する方法である．次の分光光度計に比較すると機械の価格も1/10以下であり，操作も簡便であるが，精度は落ちる．

機械の原理は，試料に当たって反射した光を，フィルター，光電管（光を電気に変える真空管）などで人間の目と同じように調節した装置によって読み取り，刺激値（Y, x, yなど）を表示するものである．最近では小型電子計算機と直結して，数的な計算の便を計ったものもある．

12.3 分光測色方法

一般に光電分光光度計とよばれる機械で測定される．機械の価格も高いし操作も複雑であるが，出た結果はもっとも信頼できる．

機械の原理は，光源から出た光をプリズムを通して分解し，スリットを通った単波長の光（1つの波長だけの光）を試料に当て，その反射を光電管が受光する．一方この光は標準白色板（酸化マグネシウムででき，もっとも白い色）と比較され，その反射率と比較される（比反射率とよばれる）．これを連続的に各波長について求めるのである．機械には自動的にこの比反射率が記録される装置が付いている．分光分布曲線はこの機械によって描かれたものである．なおこの機械にも小型電子計算機が直結されていて，刺激値が読み取れ，マンセル値などが出せるのはいうまでもない．

なお種々の色が，分光分布ではどのように表れるかを図に示した．ただし，これはあくまでも概念的な図であるので，実際のものとは異なる．

また実際には同じ色に見えても分光分布が異なることもある．これを色のメタメル性とよぶ．この場合には光源が変わると（第1項参照）色が異なって見えることが多い．

22　I．形と色の基礎知識

マンセルの色相環

マンセルの色立体（色の木）

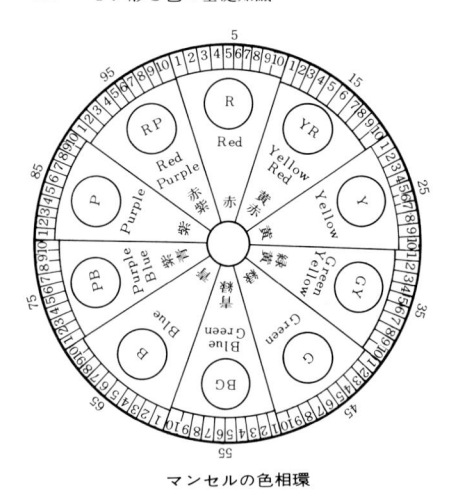

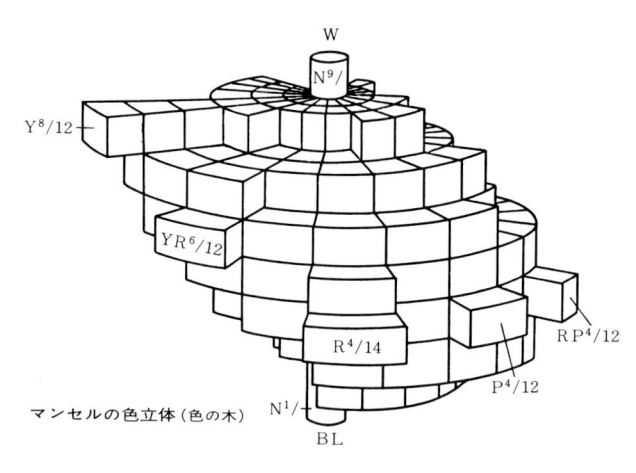

マンセル Book of Color の最も外側の色 （数字は彩度）

色相 明度	5R	5YR	5Y	5GY	5G	5BG	5B	5PB	5P	5RP
8/	4	4	12	8	6	2	4	2	4	6
7/	8	10	10	10	6	4	6	6	6	8
6/	10	12	8	8	6	6	6	8	8	10
5/	12	10	6	8	8	6	6	10	10	10
4/	14	8	4	6	4	6	6	10	12	12
3/	10	4	2	4	4	6	6	12	10	10
2/	6	2	2	2	2	2	2	6	6	6

（最近の JIS などの色票では，顔料の進歩により，もっと彩度の高い色まで用いられている）

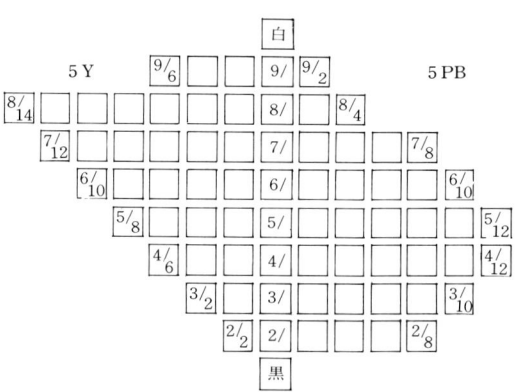

マンセルの色立体の横断面例 （日本色研）

13. マンセルの色体系

13.1 色の表し方と標準色票

　無数にある色すべてに名前を付すことは不可能であるし，また同じ色の名であっても微妙なところでは人により示す色が異なる場合もある．正確に色を記録したり，伝えたりするときには色票が必要となる．そのため3属性に基づき色を体系化し，それにより標準色票が作られている．ただその体系化にはいくつかの方法があり，本書では日本で多く用いられているマンセル，オストワルト，PCCSの3つの体系について述べることとする．

13.2 マンセルの表色系

　米国の美術教育者マンセル（Albert H. Munsell, 1858-1918）によって考えられたもので，彼の死後 Munsell Book of Color として色票が出版された．その後測色学の立場から検討され「修正マンセル色体系」が作られたが，これは現在ではもっとも科学的であることから，JIS（日本工業規格）でも用いられている．したがって現在では単にマンセル系とよんでも修正マンセル系を指すことが多い．

13.3 マンセルの色立体

　この体系では色相 H(hue)，明度 V(value)，彩度 C(chroma) の3つの属性の記号で表す．

　色相　赤R, 黄Y, 緑G, 青B, 紫Pの5色相と，それらの中間の黄赤YR, 黄緑GY, 青緑BG, 青紫PB, 赤紫PRとの10色相からなる．さらにそれぞれが10に分けられるので合計100色相となる．この場合8R, 2BGのように表す．5R, 5YR, 5Y……などの各色相の5番目の色が，それぞれの色相を代表する色とされる．

　明度　黒を0，白を10として，感覚的に等間隔（等歩度）となるような11段階が定

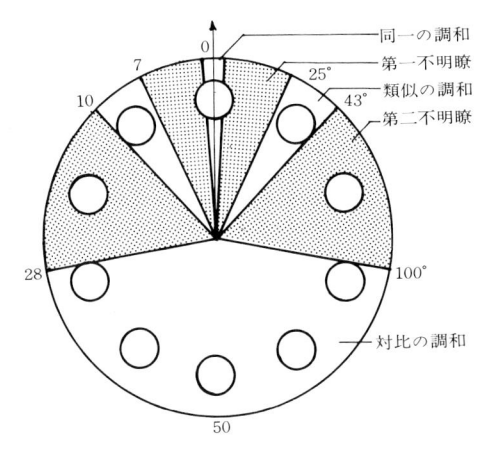

色相だけ変化する場合の調和

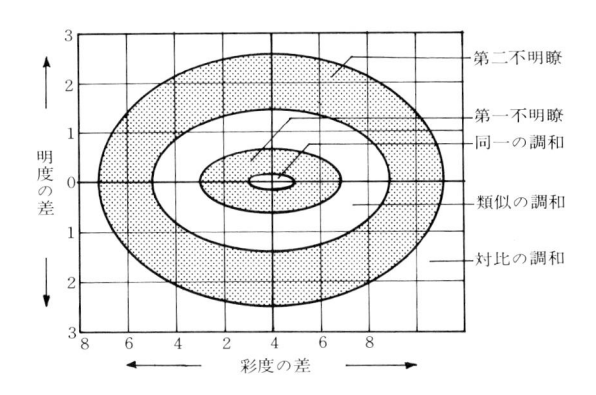

明度と彼度が変化する場合の調和

N5からのモーメント・アーム

明度＼彩度	/0	/2	/4	/6	/8	/10	/12	/14
0と10	40	—	—	—	—	—	—	—
1と9	32	32.1	32.4	32.6	33.0	33.6	34.2	35.0
2と8	24	24.1	24.4	24.8	25.3	26.0	26.8	27.8
3と7	16	16.1	16.8	17.1	17.9	18.9	20.2	21.3
4と6	8	8.25	8.94	10.0	11.3	12.8	14.4	16.1
5	0	2	4	6	8	10	12	14

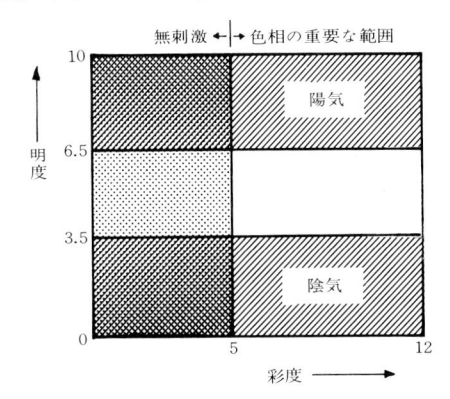

バランスポイントの感情効果

められている．無彩色の場合にはN5，N3のように表す．実際の色標では，白がN9.5，黒がN1の場合が多い．

彩度 無彩色を0として，色の強さが等歩度で増すようになっている．したがって色相によって純色の彩度は異なる．

色の表記は，H V/C（色相 明度/彩度）のように表し，たとえば5R 4/14のように記し，5R4の14と読む．厳密な色の測定の場合など，色相・明度・彩度とも，整数値で表しきれないこともあるが，そのときは小数値を用いてもよい．

実際の色票では，用いられる顔料の関係から，色相・明度によって最高彩度がまちまちである．各色相の最高彩度を表に記すが，これを3次元の色立体にすると，図のように複雑な形となり，木の形に似ていることから，色の木（color tree）ともよばれることがある．

13.4 ムーン-スペンサーの配色理論

この色体系は色の表示を主目的としたもので，実際の配色の便は考えられていない．米国の色彩学者ムーンとスペンサーは，この体系をもとに色彩調和の理論を発表した．その要点は次のとおりである．

① 調和には同一・類似・対比の3種があり，2色間の差が不明瞭でないこと．これを色相だけの変化で見た場合と，同一色相のなかだけで見た場合との関係を図に示す．

② 用いられる色の面積とN5からの色空間内の距離（モーメントアーム）との積（スカラーモーメント）が，すべての色について整数比になるときに調和が得られる．

③ 用いられる色を，その面積比を考慮して混色したとき（回転円板上などで）できる全体色調をバランスポイントとよぶが，これが色相・明度・彩度のどの位置にあるかによって全体の配色の感情効果が異なる．

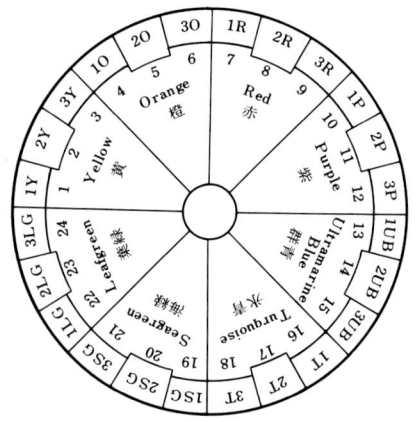

24　I．形と色の基礎知識

オストワルトの色相環

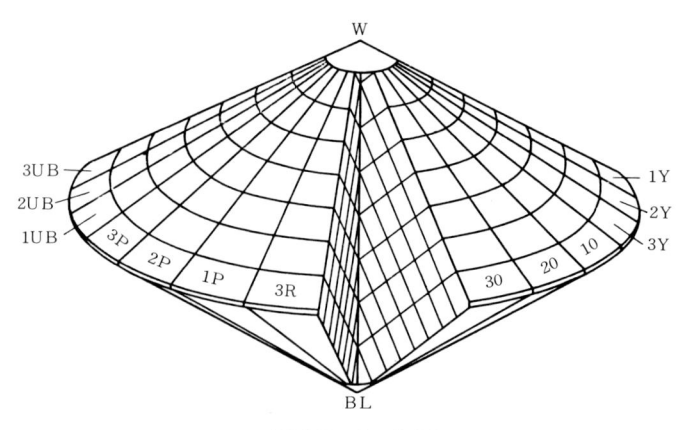

オストワルトの色立体

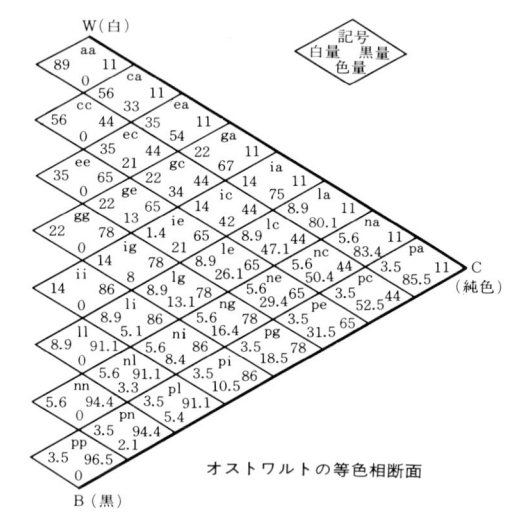

オストワルトの等色相断面

オストワルト記号の白黒量

記号	a	c	e	g	i	l	n	p
白量	89	56	35	22	14	8.9	5.6	3.5
黒量	11	44	65	78	86	91.1	94.4	96.5

14. オストワルトの色体系

14.1 オストワルト色体系の原理

オストワルト（Wilhelm Ostwald, 1853-1932）はノーベル賞を受けたドイツの化学者である．この体系を基礎としたDIN（ドイツ工業規格）の色票も作成されているが，日本では米国で作成されたカラー・ハーモニー・マニュアルが多く用いられている．これは六角形の小さな透明樹脂板に塗料を吹きつけたもので，片面は光沢，裏面は無光沢となっている．後述のようにこの体系では色彩の調和を得るのに便利なので，建築家・デザイナーなどに多く利用されている．

オストワルトの体系では，すべての色は次の関係にあるとされる．

白色量＋黒色量＋純色量＝100（％）

白色量および黒色量は，心理学者フェヒナーの法則「物理的刺激（光）が等比級数的に増減するとき，人間の感覚（目）は等差級数的に増減する」によって，表のような数値が定められている．

14.2 オストワルトの色立体

前期の理論から白・黒・純色を頂点とする等色相三角形が成立するが，白と黒とのあいだの無彩色は表に示したaからpまで8段階である．なおたとえば白を表すaには11％の黒を含んでいるが，これは理論値と実際の色票との差である．黒の場合も同様である．

純色はpaで表されるが，これは最初のpが白色量3.5％，次のaが黒色量11％を意味する．したがって100－3.5－11＝85.5％が純色となる．等色相三角形内は図のように28に分割されているが，このなかもたとえばleは白色量8.9％，黒色量65％，純色（100－8.9－65＝）26.1％であることを示している．

色相は黄Y，橙O，赤R，紫P，青UB，青緑T，緑SG，黄緑LGの8色相がそれぞれ3つに分けられた24色相であり，図に示したように通し番号も付けられている．

各色相ごとにできた等色相三角形を，無彩色を軸に回転させると，ちょうどそろばんの

等白系列調和　　無彩色の調和

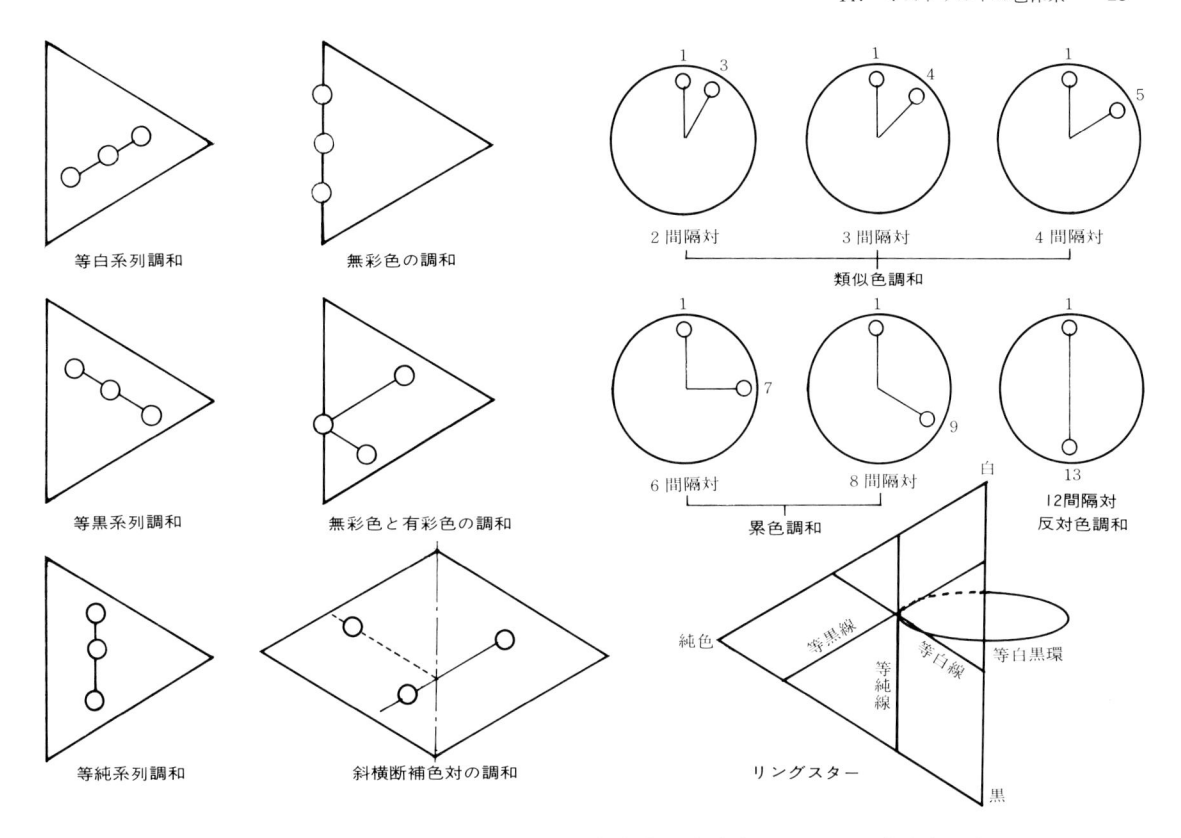

等黒系列調和　　無彩色と有彩色の調和

等純系列調和　　斜横断補色対の調和

2間隔対　　3間隔対　　4間隔対
類似色調和

6間隔対　　8間隔対　　12間隔対
累色調和　　　　　反対色調和

リングスター

たまのような形ができる．これがオストワルトの色立体である．

14.3 オストワルトの配色調和論

オストワルトは彼の色体系に基づき，配色調和の理論をも発表している．その主な点は次のようなものである．

無彩色の調和　3色以上の無彩色は，明度段階を等間隔にとる．

同一色相内の調和　選ばれた色に対し，次の3つの系列内の色は調和する．

・等白系列：白色量が等しい，底斜辺に平行な系列
・等黒系列：黒色量が等しい，上斜辺に平行な系列
・等純系列：純度が等しい，垂直軸に平行な系列

同一記号の色の調和　色相が異なっても同一記号（例 2 ie−6 ie）の色は調和する．

斜横断対調和　他色相の等色相三角形と組み合わせてできる菱形の上で，無彩色を横断してできる，等白，等黒系列の色（記号の1字が等しい）は調和する．

無彩色と有彩色の調和　有彩色の記号の1字に等しい記号の無彩色とは調和する．

色相　24色相のうち，2, 3, 4色相の差をもつものは類似色調和として，6, 8色相の差をもつものが異色調和，12色相の差をもつものが反対色調和となる．

以上のほかにも二,三の調和法則を持つが，以上を整理すると次のようになる．

色立体の等色相三角形のなかのある色（たとえば gc）と，その色を通る等純系列・等白系列・等黒系列および水平に切った円環（等値色環）上の色はいずれも調和する．これを図式化したものをリングスター（輪の星）とよぶ．さらに等純・等白・等黒の系列上のどの位置からも等値色環が引けるので，多くの調和色ができることとなる．

こうして選んだ色が本当に調和するか否かは実際に検討を要することであるが，以上見てきたようにオストワルトの色体系では記号によって調和する色を選べるという特色をもっているので，デザイナーなどに利用されることが多い．

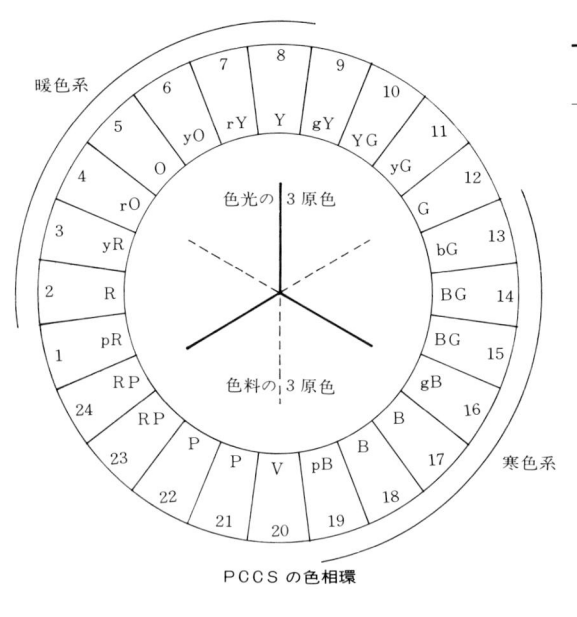

PSSCの色体系

色相記号	系統色名	英名	該当マンセル色相
1 pR	むらさきみのあか	Purplish Red	1.0 R
2 R	あか	Red	4.0 R
3 yR	きみのあか	Yellowish Red	7.0 R
4 rO	あかみのだいだい	Reddish Orange	10.0 R
5 O	だいだい	Orange	5.0 YR
6 yO	きみのだいだい	Yellowish Orange	9.0 YR
7 rY	あかみのき	Reddish Yellow	2.5 Y
8 Y	き	Yellow	5.5 Y
9 gY	みどりみのき	Greenish Yellow	10.0 Y
10 YG	きみどり	Yellow Green	5.0 GY
11 yG	きみのみどり	Yellowish Green	10.0 GY
12 G	みどり	Green	5.0 G
13 bG	あおみのみどり	Bluish Green	10.0 G
14 BG	あおみどり	Blue Green	5.0 BG
15 BG	あおみどり	Blue Green	10.0 BG
16 gB	みどりみのあお	Greenish Blue	5.0 B
17 B	あお	Blue	10.0 B
18 B	あお	Blue	3.0 PB
19 pB	むらさきみのあお	Purplish Blue	6.0 PB
20 V	あおむらさき	Violet	9.0 PB
21 P	むらさき	Purple	2.5 P
22 P	むらさき	Purple	7.5 P
23 RP	あかむらさき	Red Purple	2.5 RP
24 RP	あかむらさき	Red Purple	7.5 RP

PCCS の色相環

15. PCCS の色体系

15.1 PCCS とは

PCCS とは1966年（昭41）に日本色彩研究所が発表した日本色研配色体系 Practical Color Coordinate System の略称で，主として教育の場で利用されることを目的とした色のシステムである．マンセルとオストワルトの両体系の長所を取り，実際的な配色の際に便利なように考えられている．実際の利用のため，各種の色票や資料も用意されている．

15.2 PCCS の体系

色相 心理的原色とされている赤・黄・緑・青の4色と，色料の3原色（黄・シアン・マゼンタ）と，色光の3原色（赤・緑・青紫）が含まれた24色相を標準としているが，各色相間の差は感覚的に等間隔となるよう作られているので，必要によって1つおきの12色相，2倍の48色相としても差し支えない．なお色環上で対向する色相は，心理的補色となるように作られている．

明度 白（マンセルのN9.5に当たる）と黒（同じくN1.0）を含めて9段階を標準としている．この表記はマンセル体系との対応を考えて，N8.5のように同じ記号で表される．

彩度 彩度は各色相の標準となる色を選び，これを9s（s＝saturation）とし，無彩色との間を等間隔になるよう分割している．

15.3 トーンの表し方

この体系のもっとも特色あるところは，トーンによる色の表し方であろう．トーンとは色の明暗や強弱による調子を指す．

同一色相内の色を考えた場合，強い色・淡い色・濃い色など，さまざまな色がある．これを明度・彩度の関係で考えると図のようになる．こうした考えをもとに，有彩色で11種，

15. PCCSの色体系   27

トーンの基本的分類

略記号		英　名	発　音	和　訳
無彩色	w	white	ホワイト	白
	lg	light gray	ライト・グレイ	明るい灰
	lmg	light medium gray	ライト・メディアム・グレイ	やや明るい灰
	mg	medium gray	メディアム・グレイ	中明の灰
	dmg	dark medium gray	ダーク・メディアム・グレイ	やや暗い灰
	dkg	dark gray	ダーク・グレイ	暗い灰
	bk	black	ブラック	黒
有彩色	p	pale	ペール	薄い
	lg	light grayish	ライト・グレイッシュ	明るい灰味の
	g	grayish	グレイッシュ	灰味の
	dg	dark grayish	ダーク・グレイッシュ	暗い灰味の
	l	light	ライト	浅い
	d	dull	ダル	鈍い
	dk	dark	ダーク	暗い
	b	bright	ブライト	明るい
	s	strong	ストロング	強い
	dp	deep	ディープ	濃い
	v	vivid	ビビッド	冴えた

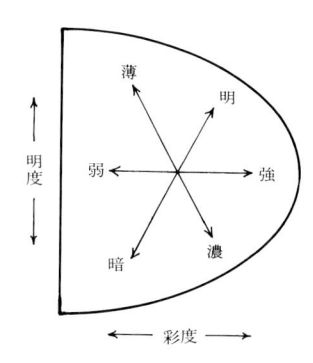

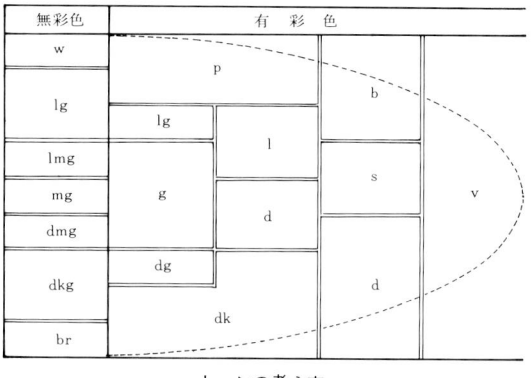

トーンの考え方

無彩色で5種のトーンを定めている．

ただこのシステムでは，明度の考え方も用いられているので，黄色の等色相面と，紫の等色相面とは形が異なりオストワルトの体系のように同一の形というようにはならない．したがって同じトーンであっても，色相によって明るさや範囲は異なっている．

トーンの名称やその範囲については図に記したとおりである．

15.4 配色の考え方

同じトーンの色は調和しやすい．このことからトーンが色の調和に深い関係をもつことが知られている．

この体系での配色は，同系の調和，類似系の調和，対照系の調和と3つの場合が考えられているが，実は色相にもトーンにも，それぞれ同系・類似系・対照系の3つが考えられる．したがってこれらを組み合わせると，次の表のような9種の分類が考えられる．

	同系のトーンの配色	類似のトーンの配色	対照のトーンの配色
同系の色相の配色	──	コントラストの弱い配色	コントラストのある配色
類似の色相の配色	コントラストの弱い配色	コントラストのある配色	コントラストの強い配色
対照の色相の配色	コントラストのある配色	コントラストの強い配色	コントラストの非常に強い配色

上記のような分類によって，配色の計画の目安を立てていくわけだが，実際の配色に当たっては，他のシステムでも同様だが選ばれる色によって配色の感情効果は異なるし（たとえば暖色・寒色，あるいは明るい色・暗い色など），目的に合った配色であるか否か，調和が得られているかどうかは自分の目で確かめていかねばならない．

なお，この体系の配色計画用の色票が市販されているので，それを紙にはって実習を行うことができる．

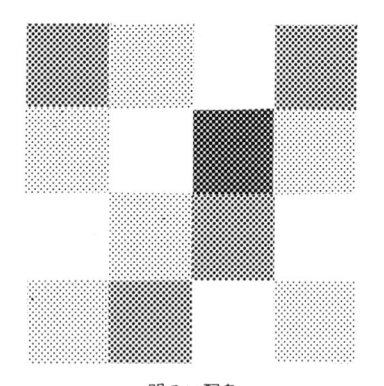

I．形と色の基礎知識

明るい配色 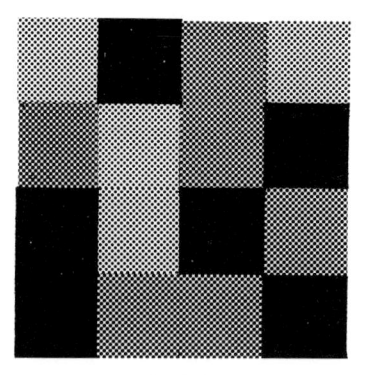　　　　　暗い配色 　　　　コントラストの強い配色

コントラストの弱い配色

16. 配色の計画

実際のデザインに当たっては，そのデザインの目的に応じ，色の配置や面積をどのようにしたら効果を上げられるか十分に計画する必要がある．その計画の際に考慮すべき事項をいくつか述べる．

16.1 図形色と地色

p.7 にも述べたように，形には図と地の関係がある．図となる部分を地色から浮き出させるためには，図がまとまりある形であると同時に，次のような点に考慮する．

① 図の色は地色より，明るく鮮やかな色とする．

② 図の色は面積を小さく，彩度・明度を落とした地の色は面積を大きく．

16.2 全体色調

配色全体から受ける感じである．画面中の大面積を占める色調によって支配されるので，意図して行うことにより，統一感をもたらし，表現効果を高めることもできる．

① 暖色系の色相でまとめれば暖かく，寒色系の色相では冷たい感じとなる．

② 暖色や彩度の高い色を主とすれば刺激的，寒色や低彩度の色を主にすると平静な感じとなる．

③ 高明度中心では明るく軽快に，低明度の色を主にすれば暗く重い感じとなる．

④ 色相や明度の対比的な組み合わせを用いれば活気が出，類似・同等にするとおだやかな感じが得られる．

⑤ 多くの色相の色を用いればにぎやかな感じとなり，少なくすればさびしい感じとなる．

16.3 配色のバランス

色の強い・弱い，軽い・重いといった感覚的な要素から，色の面積や位置を考慮して，画面全体のバランスをとる必要がある．

① 暖色や純色は，寒色や濁色にくらべ小さな面積とした方が強さのバランスがとれる．特に明度が似かよった場合には配慮が必要．

② 赤と緑のように似た明度の純色の組み合わせは，強烈すぎてかえって不調和となる．片方の面積を小さくしたり，彩度や明度を変える必要がある．

③ 明るい色を上に，暗い色を下にすると安定し，逆にすると動感が出る．

リズム感のある配色　　　　　アクセントを生かした配色　　　　グラデーションの配色

16.4 配色のアクセント

全体が融和して弱い感じの配色のときは単調になりやすい．アクセントとしてある部分を強調することにより，全体を引き締めることができる．アクセントは全体の色調に対し，色相・明度など対照的で，しかも強い色を小面積に用いるのが効果的である．全体と調和し，バランスの取れた用い方をしなければならないことはいうまでもない．

16.5 配色のリズム

いくつかの色を並べたとき，その並べ方によってリズム感を生み出すことができる．色相・明度・彩度などを漸進的に変化させたり，色相・明暗などをいくつかごとに繰り返したりすることにより，リズム感を与えることができる．

16.6 配色に用いる技法

配色の効果を高めるために，デザインの際に用いられるいくつかの技法がある．

グラデーション　　色相・明度・彩度などを，少しずつ，段階的に変化させる方法である．3属性のうちの一つ，または二つ以上を漸進的に変化させることによって，独自の美しさが表せる．2色が不調和の場合，中間にこの方法をとることもあるが，それ自身で用いられることも少なくない．奈良時代から仏画などに用いられている繧繝彩色なども，この技法の一種といえよう．

ドミナント・カラー　　画面全体を一つの色調によって支配させ，配色に統一感をもたらす技法で，カラーフィルターをかけてカラー写真を撮ったような効果をもたらす．

方法としては，各色に同じ色相の色を加える，白や黒を加えて類似の明るさとする，灰色を加え全体の彩度を似通わせるなどの技法がある．

セパレーション　　色相や明度・彩度が似すぎ隔和して弱くなりすぎるとか，反対にそれらが対立して強くなりすぎるとき，そのあいだを細い他の色の帯で分離させる方法である．大面積の色を用いるとき，その必要が多い．たとえば高彩度の赤と緑の配色も，中央に無彩色の細い帯を用いると落ち着く．

この目的に用いる色としては，白・灰・黒などの無彩色が無難で，ときには金色や銀色も用いられることがある．有彩色を用いることもできるが，両方の2色と明確に区別される明度の色を用いるのがよい．

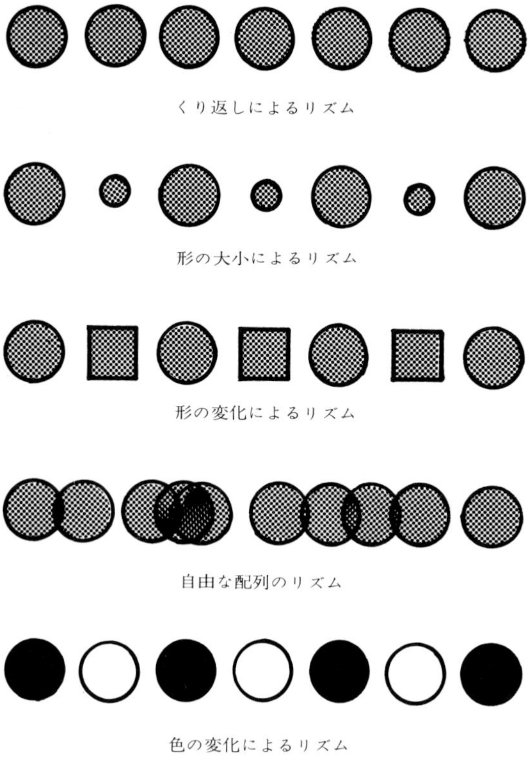

くり返しによるリズム

形の大小によるリズム

形の変化によるリズム

自由な配列のリズム

色の変化によるリズム

リズム感の表現

左右対称のバランス

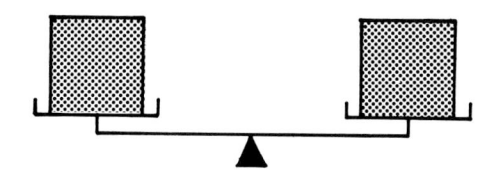

大きさの変化を与えたバランス

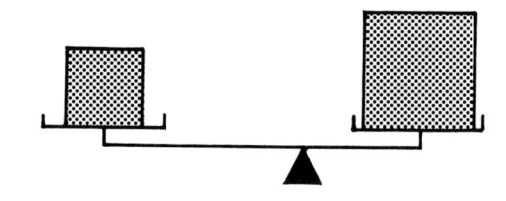

色の軽重を考えたバランス

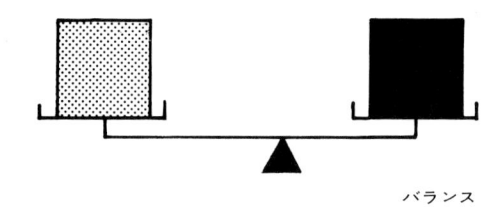

バランス

17. 構成の原理

　美しいデザインを構成するにはどのようにしたらよいか．この美しさの秘密を解く鍵はまだ発見されていない．しかし経験的に，美的な構成を生み出すための原理は明らかにされている．

17.1 バランス

　均り合いのことである．天びんの左右へ同じ重さをのせると，中央の支点でバランスがとれる．形の上でいえば，左右対称なシンメトリーはこれに当たる．

　片方の重さを大きくすると，支点の位置を移動させなければ均り合いがとれない．紙面の上に図形を配置させるときでも同様のことがいえる．視覚的なバランスは，重さのバランスと必ずしも同一ではないが，バランスのとれた配置の場合には，中央近くに重心があることが多い．

　バランスをくずしたときがアンバランスであるが，これによって動きを表すことができる．

　シンメトリー（対称形）は上述のようにバランスがよくとれた形である．一般には左右対称のみが対称形とされやすいが，幾何学的には回転させたり，平行移動させたり，合計17種の存在が証明されている．

17.2 プロポーション

　比例・割合の意味で，主として長さ関係について用いる．8頭身とか建物の高さと幅の比なども，これを指す言葉である．p.10で述べたように，黄金比・$\sqrt{\ }$比などが数学的に研究されているが，あくまでも人間の目にとって均り合いの取れたプロポーションを作り出さねばならない．

17.3 リズム

　リズムは音楽・詩など時間的経過をもつもののなかで，強弱の繰り返しによって生じる感覚であるが，造形芸術の空間的世界のなか

17. 構成の原理

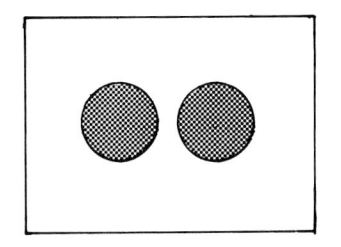

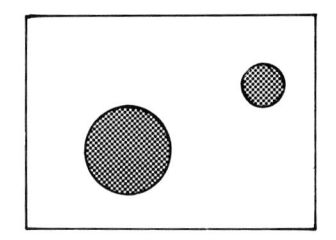

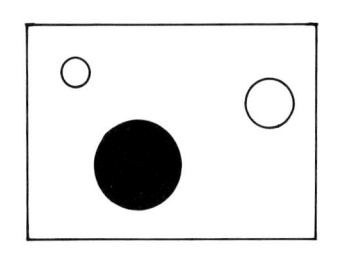

プロポーション
ギリシャ，パルテノン宮殿のプロポーション

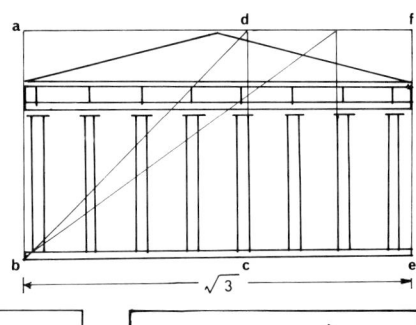

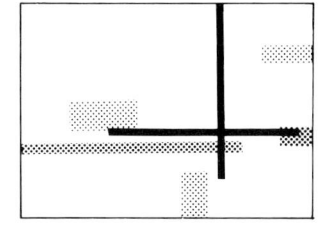

水平線・垂直線による静的な構成　　斜線による動きのある構成

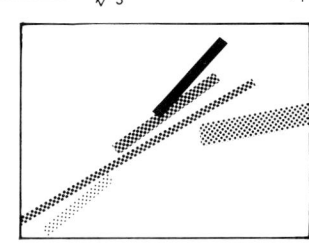

奥行き方向の動きを表した構成　　曲線的な動きを表した構成

でも同様な効果を表すことができる．
　模様などの繰り返しの配列が，こうしたリズム感を生み出すが，これも単純な配列ばかりでなく，さまざまな変化，発展的な表現が取りうる．

17.4 動き（ムーブメント）
　水平あるいは垂直方向の線が強調されるとその方向への動きが感じられる．うずまき，蛇行，奥行きなど，動きには方向がある．その方向を強調することにより動感が生じる．
　また動きは安定感にも関係をもつ．底辺の広い正三角形は安定感があるが，逆三角形は不安定で倒れそうである．
　1本の線にも流れがある．特に曲線では，その流れがスムーズにいかないと動きが停滞する．流れるような美しい曲線とはよく使われる言葉である．

17.5 調和
　調和とは似合っている状態を指す言葉であるが，まったく同質な色や形を集めて構成すると，不調和ではないが，単調なものとなってしまう．かといってまったく対照的なものを持ち込むと不調和になりかねない．
　色や形など造形の要素は，さまざまな性質をもっている．1本の線でも直線・曲線，水平・垂直，太い・細いなどの変化がある．これらの性質のうちあるものは画面を構成する要素のなかに共通にみられ，またある性質は対照的な用い方をされるというように，多様な変化のなかに統一をもたらすことが，美的な調和のとれたデザインを作る場合には必要である．これを「多様の統一」とか「変化と統一」とかよぶ．
　ただこれらの統一をもたらす場合，その要素や性質の変化のうち，いずれを造形的に「主」なるものとして取り上げるか，「従」となるものは何かを明確にしないと，見る者の注意が分断されて，画面の統一感が得られない．この「主と従」の関係も，美的な構成をもたらす一つの原理である．

〔参考図書〕

〈造形の基礎知識について述べたもの〉
山口・塚田『デザインの基礎』光生館
山口正城『造形とは』美術出版社
小池岩太郎『基礎デザイン』美術出版社
郡山正『デザインの基礎』近藤出版社

〈数学的造形に関するもの〉
笹井・長野『造形への数学』近藤出版社
ホルト（西田稔訳）『芸術における数学』紀国屋書店
柳亮『黄金分割（正・続）』美術出版社
伏見・安野・中村『美の幾何学』中央公論社（中公新書）
野口広編『図形あそびの世界』講談社（現代新書）

〈視覚心理に関するもの〉
ミューラー・ルドルフ（田口泖三郎監訳）『光と視覚』パシフィカ（ライフサイエンスライブラリー）
アルンハイム（波多野・関訳）『美術と視覚（上下）』美術出版社
本明寛編『ものを見る心理』，『イメージの世界』日本経済新聞社（別冊サイエンス）
本明寛『造形心理学入門』美術出版社
小林重順『デザイン心理入門』誠信書房
藤沢英昭『デザイン映像の造形心理』鳳山社
藤沢・小笠原『造形とイメージの心理』大日本図書（現代心理ブックス）
白石和也『錯視の造形』ダヴィッド社
バーノン（上昭二訳）『知覚の心理学』ダヴィッド社
アルンハイム（上昭二訳）『芸術心理学のために』ダヴィッド社

〈色彩に関するもの〉
稲村耕雄『色彩論』岩波新書
塚田敢『色彩の美学』紀国屋新書
江森・大山・深尾編『色・その科学と文化』朝倉書店
福田・佐藤『色彩デザイン入門』鳳山社
小林重順『配色センスの開発』ダヴィッド社
川上元郎『色の常識』日本規格協会
小磯稔『色彩の科学』美術出版社
大岡信編『日本の色』朝日新聞社
日本色研『配色カード』日本色研事業
このほか本章およびIII章に挙げたものに多く含まれている．

II. デザインの用具と表現技法

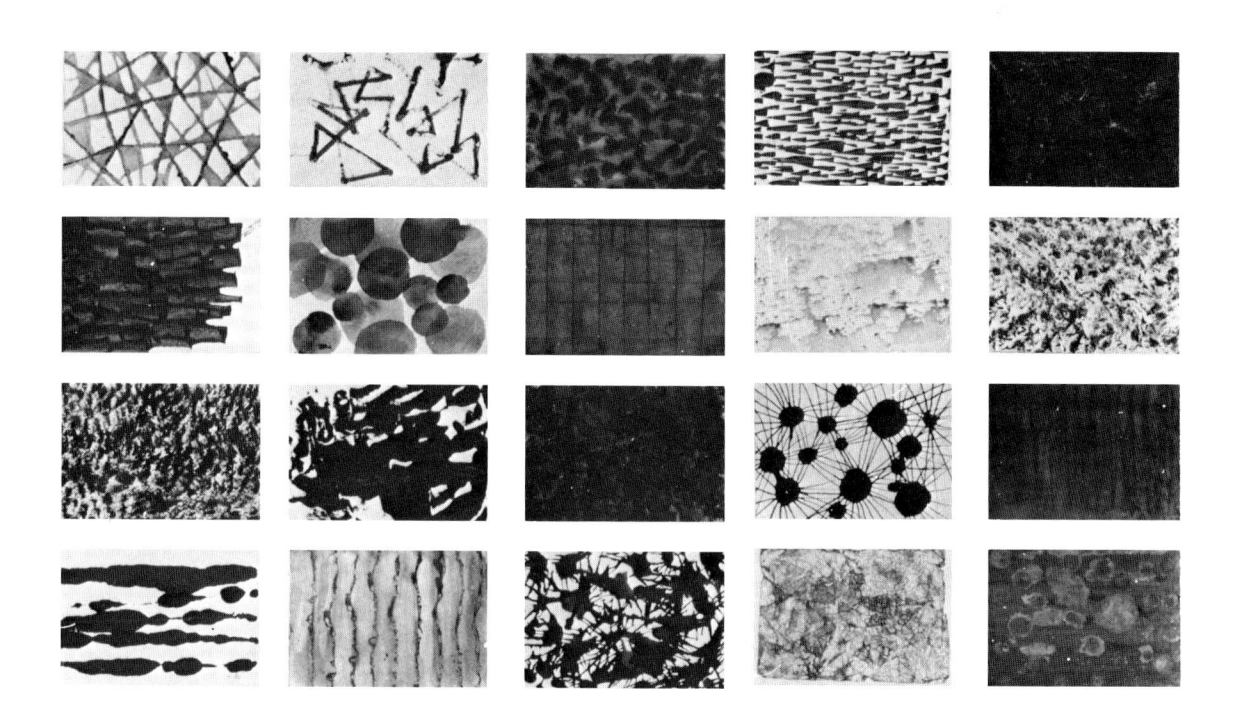

　どのような技術であっても，必要な用具の使い方を正しく知り，基本的な技法をマスターし，さらに習熟して自分の身体の一部のように使いこなすことが大切である．デザインの場合とても例外ではない．

　しかし，デザインにおいては，基本的な使い方をマスターしただけでは十分でない．たとえばポスターカラーを筆で均一に塗るだけでなく，ときにはわざとにじませたり，マッチ棒に付けて描いたりというように，それらの基本をまったく無視した使い方も要求される．これは表現と技法とは密接に結びついたものであり，デザインでは新しい独創的な表現が求められるため，それに応じた新しい技法も，必要に応じて独自の工夫が要求されるからである．上の図は，そうした意味から，1つの色でどのような表現が可能であるかという実験的な試みを行った例である．

　また最近は，デザイナーの作業能率を高めるため，新しい用具・材料も次々と開発されている．もちろんこれらの用具・材料によって能率よく作業が進められるので，その使い方に慣れることも必要であるが，ただそれらの用具・材料も，基本的な技術の未熟さをカバーするために作られたのではない．いっそう効果的な表現を行うために用いるべきものである．

　そうした意味で，基本的な用具や材料について正しい知識をもち，それらを十分に使いこなすようになることが，適確な表現を行うための第1歩となる．

用紙の仕上がり寸法 (JIS)

A 判		B 判	
列	寸法 (mm)	列	寸法 (mm)
A 0	841×1,189	B 0	1,030×1,456
A 1	594× 841	B 1	728×1,030
A 2	420× 594	B 2	515× 728
A 3	297× 420	B 3	364× 515
A 4	210× 297	B 4	257× 364
A 5	148× 210	B 5	182× 257
A 6	105× 148	B 6	128× 182
A 7	74× 105	B 7	91× 128

全判の寸法 (mm)

A列本判	625× 880
B列本判	765×1,085
四六本判	788×1,091
菊 本 判	639× 939

1. 紙

1.1 紙の種類

紙は洋紙と和紙とに分けられるが、デザインでは特殊な効果をねらう場合以外には、洋紙が用いられる。洋紙にも多くの種類があるが、おもなものを表示しておく。

1.2 紙の大きさ

JIS では紙の仕上がり寸法を表のように定めている。これらの寸法の縦横の比は $1:\sqrt{2}$ (約1.4) なので、紙を半分に折っても、その比は変わらない。特殊な用紙ではこの寸法に当てはまらないものも多い。なおケント紙などは四六本判のものが多いので、パネルに張ったり、仕上げ後に周囲を裁ち落とすのに便利である。

表に用紙の大きさを記したが、この1/2、1/4、1/8などの用紙も市販されている。一般に全判、全紙とよばれるのはA列本判、B列本判、四六本判のことで、半裁、四つ切り、八つ切りは、それらの1/2、1/4、1/8を指す。

1.3 紙の表裏と紙の目

機械すきの紙は回転するすき網を用いて作るので、網に接した面はその目の跡が残り、滑らかさが劣る。この面が裏である。一般に表の方が絵の具などの仕上がりが美しい。これを見分けるには、拡大鏡を用いるか、指でなでてみる。滑らかな方が表である。あるいは紙を目の高さ近くで水平に持ち、光沢の度合いで判断する。

水彩画用紙、木炭紙などの荒い目は、画材による効果などを目的に作られているので、網目のある面が表である。

また紙をすくとき、網の回転方向に平行して紙の繊維が並ぶ。この繊維の向いている方向を紙の目とよぶ。湿度によって紙は伸縮する。それは目の方向には比較的小さく、直角の方向には大きい。したがって多色刷りの場合など、目の方向が混ざると色が正確に合わなくなったり、本のように多くの紙を重ねる場合には小口がそろわない。パッケージの場合には、これが強度にまで影響を与える。

これを見分けるには、紙を縦と横から静かに裂いてみて、比較的まっすぐに裂けた方が目の方向である。また丸く切って (最初に元の紙の方向をマークしておく)、水の上に浮かしてみると、目の方向を中心として両側が巻き上がってくる。

1.4 紙の厚さ

同じケント紙でも、厚い紙もあれば薄い紙もある。本判の大きさの紙1,000枚を1連とよび、1連の重量をキログラムで表す。紙には重い紙・軽い紙があり、A判・B判などの種類があるので、慣れないと厚さとキログラム表示の重さとが実感されにくい。

1.5 板 紙

板紙にはボール紙とよばれるもののほかにも数種のものがあるが、ボール紙についてだけ表にかかげる。なお大きさは L判、K判、M判、S判、F判があり、それぞれ大きさが異なる。1連は100枚であり、重さの表示は $1m^2$ の重さをgで表し、$50 g/m^2$ を1号、$100 g/m^2$ を2号というように $50 g/m^2$ ごとに1号ずつ増えていく。したがって同じ号数であっても判によって厚さが異なる。

デザインに用いるおもな紙の種類

名称	特徴	用途	全判寸法（mm）
ケント紙	表面が硬く，ポスターカラーなどののりよい．消しゴムにも毛羽立ちが少ない．細かい網目のある方が裏．	製図，版下，レタリング，イラストレーション，建築パースなど．	788×1,091
水彩画用紙	表面は粗い．吸水性がよい．MO紙，白亜紙，ワトソン紙などの種類がある．	水彩画，コンテ画，イラストレーション，建築パースなど．	MO：570×760 白亜：560×756 ワトソン：788×1,091
画用紙	表面は粗く，吸水性がよい．水彩画用紙より質が落ちるが廉価．	水彩画，クレヨン画，スケッチなど．	788×1,091
木炭紙	目が粗く，木炭ののりがよい．	木炭デッサンなど．	500×650
トレーシングペーパー	半透明で，厚口・薄口がある．湿度による伸縮を防ぐため樹脂フィルムをはさんだものもある．	製図トレース，版下，レタリングの下書きなど．	594×841 841×20,000 （パット型もある）
レイアウトペーパー	半透明．表面は粗くパステルなどののりがよく，油性マーカーもにじまない．消しゴムにも強い．	ラフスケッチ，下書き，レイアウトなど．	B2版以下のパット （規格より大き目）
色画用紙類	色画用紙，色木炭紙，色ケント紙など各種．色数も多い．	各種用途．	788×1,091 その他．
カラープリントペーパー	画材ののりがよい．500色あり，印刷効果の予測が便利．	各種用途．	500×650
艶紙	光沢のある色紙．	パッケージなど．	508×762
上質紙	ザラ紙の上質なもの．クロッキーブックなどに用いられる．廉価．	スケッチなど．	
模造紙	表面が比較的硬い．	大画面の下書きなど．	788×1,091
板紙類	黄ボール，マニラボール，白ボールなど各種ある．	パッケージ，模型，ディスプレイなど．	L，K，M，S，Fの各判がある．
イラストレーションボード	板紙にケント，水彩画用紙，色画用紙などを張ったもの．そらないので水張りの必要がない．	イラストレーション，建築パース，模型など．	各種

印刷用紙・特別用紙のおもな種類

名称	特徴	おもな用途
書籍用紙（上質紙）	上表参照．	一般書籍など．
雑誌用紙（中質紙）	上質紙よりやや質が落ちる．	雑誌など．
ザラ紙（下級紙）	表面粗く耐久力に乏しい．廉価．	新聞・週間誌・広告チラシなど．
グラビア紙	表面平滑でつやがある．少し黒い．	グラビヤ印刷用．
コットン紙	軽く弾力がある．木炭紙に似ている．	文芸書など．
アート紙	鉱物質を塗ったもの．光沢が強い．	原色版・写真版などの印刷用．
インデアン紙	薄く不透明．強い．	辞書など．
クラフト紙	褐色・強い．	封筒など．
パラピン紙	半透明・耐水性あり．強い．	包装など．大きさ 506×758 mm．
セロハン	透明・吸水性あり．色セロハンもある．	包装など．

板紙の種類

名称	特徴	用途	全判寸法（mm）
黄ボール	ワラを原料として作る．黄色．俗に馬フン紙ともよばれる．	本の表紙の芯，箱，紙器など	L判 800×1,100 K判 640×940 M判 730×1,000 S判 730×820 F判 650×780
茶ボール 白ボール	砕木パルプや紙屑が原料．	紙箱など	
マニラボール	パルプ・紙屑が原料．表面にコーティング（表面加工）したコーテッドマニラもある．	タバコ・キャラメルなどの小箱など	
カード紙	マニラボールの両面がサルファイトパルプでできたもの．	カード，小箱など	

面相　白柱　美印　清泉

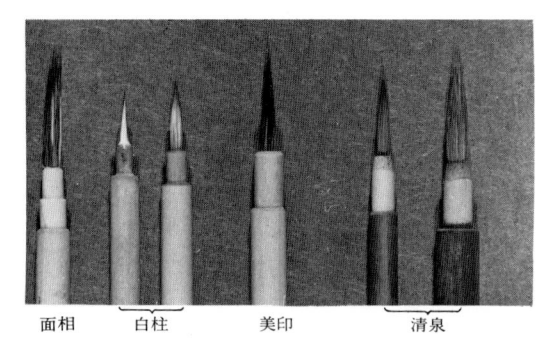

各種の小筆

各種の平筆

削用　彩色

各種の筆

細い線を引く場合　　広い面積を塗る場合

2. 鉛筆・筆・ペン

2.1　鉛筆

鉛筆は硬さによって9H（硬）から6B（軟）まであり，用途によって使いわける．

表面の硬い紙に正確に書くにはH～3H程度の硬い鉛筆を，荒い目の紙に大づかみに書く場合はB～4B程度の軟らかい鉛筆が使いやすく，消しゴムで消しやすい．

鉛筆の持ち方は，ふつうの持ち方以外に，大づかみに書いたり広い面積を塗る場合などには，鉛筆を寝かせて上から覆うように持つと使いやすい．

2.2　スケッチ用鉛筆

チャコール鉛筆，芯が帯状の鉛筆，コンテ鉛筆，太芯の真黒色鉛筆などスケッチのときに便利な鉛筆が市販されている．目的や用途に応じて使いこなすようにする．

2.3　消しゴム

軟質ゴムのほかプラスチック製もある．専門家用として軟らかい鉛筆向き，硬い鉛筆向きなど数種あるが，よく消えるだけでなく，紙面を痛めず油分を残さない良質のものを選ぶように．

2.4　羽ぼうき，製図用ブラシ

紙面の消しゴムかすを払うのに用いる．手で払うと汚したり，紙に油分をつけたりすることがある．

2.5　デザイン用筆

デザイン用筆には各種のものがあり，それぞれ大中小の太さがある．番号で太さをよぶものは，号数の大きいものほど太い．穂先の細くて長い筆は線を引くのに，太く短い筆はぼかしや面を塗るのに適している．いずれも穂先のそろった腰の強いものが使いやすい．

・清泉：線画，彩色など，用途が広い一般的な筆．
・白柱：穂先は細く柔らかい．細い線や文字によい．
・面相：腰が強く，きわめて細密な部分を描くのによい．穂先の短い玉毛面相，長くて柔軟な白狸面相などがある．
・隈取：彩色のぼかしや建築パースなどに用

丸ペン 　　　　　　　　　　ラウンドペン 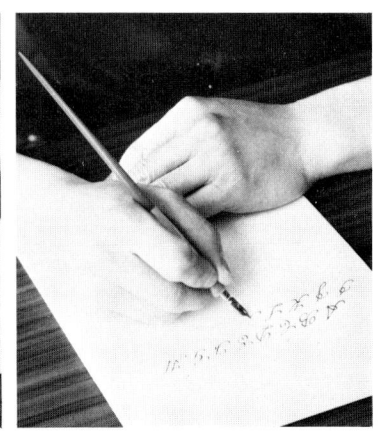　　　　　　　　　Gペン

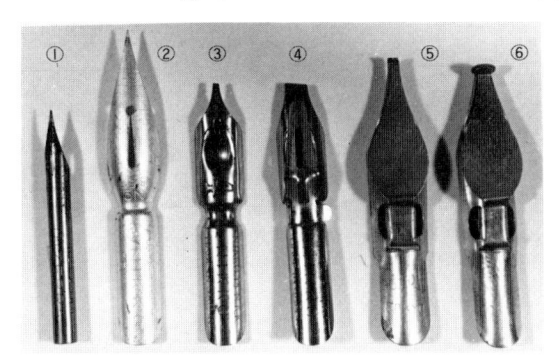

ペン先の種類と使い方
① 丸ペン
② Gペン
③ ⎫
④ ⎬ ルンドペン
⑤ ⎫
⑥ ⎬ ラウンドペン

いられる．
- 削用：穂先が三角なので，滑らかな線や彩色にも使える．
- 彩色：穂が柔らかく腰が強い．彩色に適する．
- 平筆：平塗りのほか，レタリングにも用いる．

　これらの名称はメーカーによって多少異なることもあり，またこれら以外の種類も作られている．

　実際にはこれら全部をそろえる必要もなく，用途によって異なるが，一般には平筆の大1本，中や小を3～4本，丸筆では清泉のような汎用の大や中を3～4本，さらには面相などの小，彩色などの大が各1本あれば間にあう．

2.6　その他の筆・刷毛類
- 水彩筆：水彩画，カラーインク，水性アクリル絵の具などに用いる．セーブルの毛がよい．
- 平刷毛：大小あるが，水張り用に大1本あると便利．
- 摺り込み刷毛：毛の厚い刷毛で，木版，染色，金網によるぼかしなどに使用する．

2.7　ペン
- Gペン：一般的なペンであるが，文字のほかイラストレーションなどにも用いられる．
- 丸ペン：非常に細い線が引ける．製図の寸法数字や細かなイラストなどに効果的である．専用のペン軸が必要．
- アートペン：ペン先の丸い部分が紙面に水平に触れ丸ゴシック文字を書くのに適したラウンドペンをはじめ，何本かの線が一度に描けるラインペン，ペン先が切り放しになったルンドペンなど各種のものがある．幅の広い線の引けるものは，ペンの動かす方向によって太さが変わって書けるので，カリグラフィ（英書き文字）などおもにレタリングに使用される．

　このほか竹ペンや割りばしを削ったものなど，くふうによっておもしろい効果の線が引ける．

溝引き　　　　　　　　　　　　　　テクニカルペン

線，円周の分割は目算で開き，分割
し，その過不足を修正し，繰り返す

長さをとるときは物差しの
中央部に当てて開く

三角定規の長さ

デバイダーの使い方　　　　　　　　比例コンパス

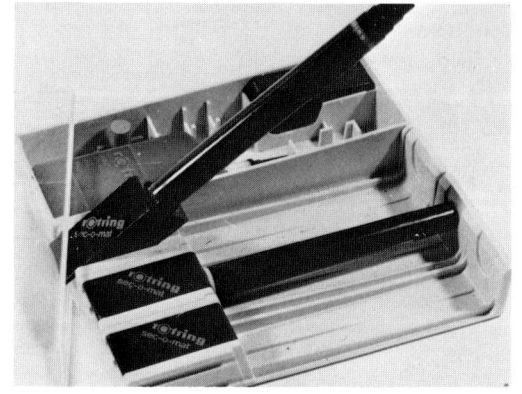

短剣／蝶ネジ／遊標／長剣

3. 烏口・定規

3.1 烏口(からすぐち)

烏口は製図に用いるだけでなく，レタリング，版下などデザインの作業でも使用する機会が多い．つねに手入れを十分しておかないと，きれいな線が引けない．

烏口の砥ぎ方は p. 70 に図とともに述べてあるので参照されたい．

インクやポスターカラーは紙片や小筆で刃の間に 5 mm 程度の高さに差す．最初は表面張力の関係でインクが出にくい．親指のつけ根か軟らかい紙の上でインクが出るのを確認してから，線の太さを整える．

烏口は定規の下端に密着するよう垂直に立て，引く方向にやや傾けて線を引く．細い線の場合はインクがつまりやすいので，ときおり掃除をする．製図器には独式と英式とあるが，烏口は独式の方が口が横にも開くので，掃除をしても線の太さが変わらず，便利である．使い終わったら布などでインクをふきとることを忘れないように．

烏口やテクニカルペンで線を引くときに，インクがたれて，定規の裏ににじみ出ることがある．縁の下端がカットされた定規があるので，それを用いる方が無難である．

3.2 デバイダー

物差しから寸法を移すときにも用いるが，文字の配置などで等分割を必要とする場合にも利用できる．図のように目分量で分割し，過不足を修正し，何回か繰り返して正しい分割を得る．

3.3 比例コンパス

図をある割合に拡大・縮小するときに用いる．中央のネジで必要な倍率の位置を調整し，

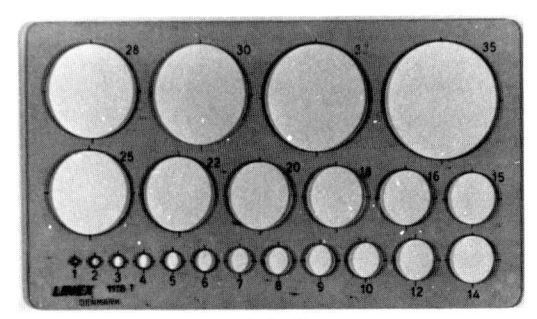

円定規

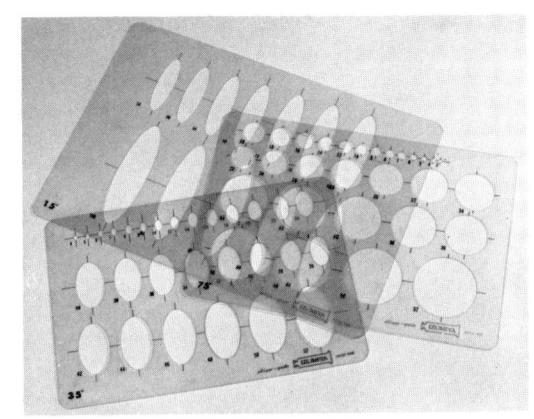

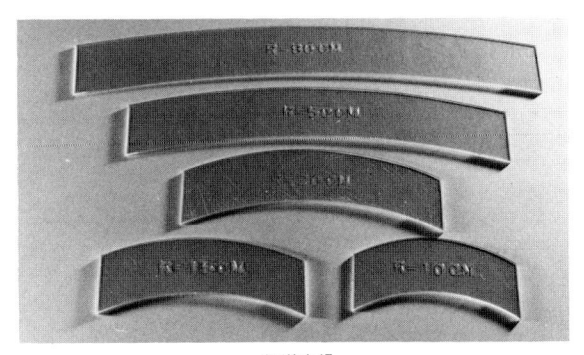

鉄道定規

楕円定規

雲形定規

口を開くと，他端の口が必要な倍率の長さになって示される．

3.4 テクニカルペン（ロットリングなど）

ペン先の変換によって均一な太さの線が引け，製図，版下などの作業に大変能率的であるが，色を使う場合は不便であるし，烏口ほどシャープな線が引けない．

3.5 定規類

直定規と溝引き アクリル製が多く長さはいろいろある．幅方向にも目盛りの入ったものがあり，平行線を引くのに便利である．カッターを用いる場合にはステンレス製がよい．なおカッターで紙を切る場合，机を傷つけないために，ビニール製のカッター用マットを用いるとよい．

直定規に溝の付いているものは，溝引きに利用できる．筆とガラス棒をはしのように持ち，溝にガラス棒を滑らす．筆による直線や平行線が容易に引けるので，レタリング，イラストレーションなどのほか，インテリア，建築などの透視図にも用いられる．線を引く前に，筆を紙に付けないで試し，線の傾きを見るとよい．

三角定規 図に示した辺の長さで大きさをよぶ．30 cm と 15 cm 程度のものが必要．

T定規 製図板上で平行線を引くのに用いる．

楕円定規 円の投影角と長径の違いによってできるさまざまな楕円がセットになっている．投影図や円を透視図で表す場合に用いられる．

円定規 各種直径の円をあけた定規で，コンパスの代わりをなす．なおこれらの穴は大き目にあけられ，鉛筆で書いたときに正しい寸法が得られるようになっている．

鉄道定規 半径が大きい（3 cm～5m）円弧を描くのに用いる．

曲線定規類 雲形定規のように，さまざまな曲線をもった定規．造船定規や自動車用の定規など．各種のものが作られている．

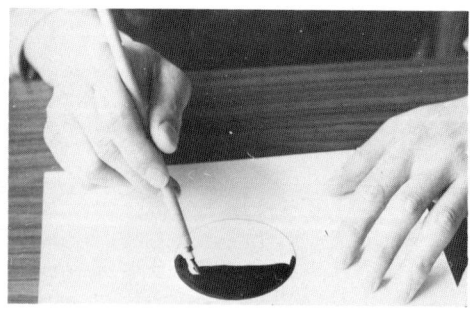

ポスターカラーの
溶き方と塗り方

4. ポスターカラー

4.1 ポスターカラーの混色

不透明の水彩絵の具で，デザインの仕事ではもっとも多く使われる色材である．チューブ入りとビン（ふつうは40cc入り）が市販されている．最初は12〜18色セットで購入し，足りなくなった色や必要な色だけを単色売りのなかから購入すればよい．

新しい絵の具は使いやすい固さに調整されているのであまり水を混ぜる必要はない．絵の具皿の上に色を出すとき，ビンに直接筆をつっこむと，他の色が混じって使えなくなる恐れがあるので，面倒でもパレットナイフなどで取るようにする．

混色で自由に色出しができるが，筆で混ぜるときは泡の立たないように注意する．指先やパレットナイフ（ガラス板上で）混ぜてもよい．混色のさい次のことを注意する．

① 色は必ず必要量より多目に作ること．不足した場合，あとで同じ色を作るのは至難の業である．

② 混色はなるべく少ない色数を用いた方が発色がよい．色数を多く用いるほど，色は濁ってくる．

③ まず望む色にもっとも近い色を皿に取り，他の色を少量ずつ混ぜて調子を見ながら色出しをする．逆の場合必要量以上の色を作り，無駄にすることが多い．白または黒に近い色も同様．

④ 灰色に近い色は，まず同明度の灰色をつくり，それに他の色を混ぜていく．上と同じ理由．

⑤ 黒は絵の具によって赤味を帯びたものと青味がかったものとある．灰色を作るときにはとくに注意が必要．

⑥ 薄い色を作るには水で薄めず白を加える．

⑦ 色によって強さが異なる．2色を等量混ぜたからといって，ちょうど中間の色が出るとは限らない．

⑧ 一般に乾くと色が白っぽくなり，極端に色が変わる場合すらある．溶いた色だけで判断せず，同質の紙（紙によって発色が異なる）の上に試し塗りをしてみること．

⑨ 電球・蛍光灯の下では，日中と発色が異なるので注意．

⑩ 残した絵の具は調理用ラップで包めば数日は使える．乾燥したときは水を少量ずつ加え指先で練る．

4.2 平塗りの技法

ポスターカラーは適度の濃さに溶く．塗って紙の白が透けず，筆触が重くない程度がよいが，製造会社や色によって異なるので，経験的に習熟するしかない．

まず細筆（または烏口）で輪郭を塗り，そののち中を塗る．筆は塗る面積や形にもよるが，できるだけ幅の広い平筆がよい．十分に絵の具をつけ皿の端で一度しごいてから，まず水平方向に全体を塗り，次いでそれが乾かないうちに上から垂直方向に塗る．一部に絵の具がたまらないようできるだけ均一に塗り，全体が平均して乾くのがよい．万一輪郭をはみ出した場合には，乾いてから白（あるいは地色）で修正する．

4.3 白抜きの技法

ポスターカラーの色の中に白で文字や図を残すのに次の4つの方法がある．

① マスケットインクで描く
② 地色をポスターカラーで塗りつぶす
③ ポスターカラーが乾いたら、ペーパーセメント、ユレーサー（ラバークリーナー）でインクをはがす

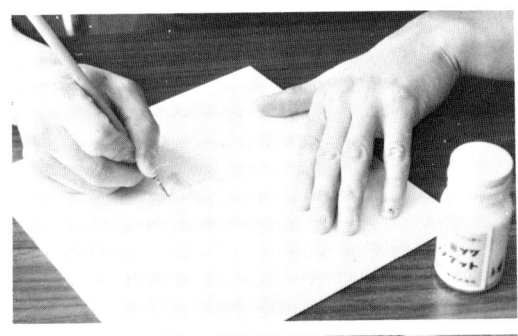

① 白を塗り残す。白の面積が比較的広く形も単純な場合に適すが、周囲の色がむらになりやすい。

② 地色を全面に塗り、白を重ね塗りする。白の面積が広いとむらになりやすいので、小文字など小さな部分に多く用いられる。地色によっては（オペラなど）白の上に色がにじみ出てくるので注意。

③ 白の部分をおおい、地色を塗ってからはがす。マスキングペーパー（フリスケットペーパー、リードペーパーなど）を紙に圧着し、カッターで周囲を切り抜き地色を塗る。地色が乾いたらすぐはがすことが必要。

④ ゴム性のマスケットインクを筆やペンで描き、地色が乾いてからラバーセメントユレーサーで軽くたたくようにしてインクをはがす方法がある（上図参照）。

4.4 塗り分けの技法

1つの画面をいくつかの色で塗り分ける場合には、まず淡く明るい色を先に塗る。この場合、輪郭からややはみ出す程度に塗ってよい。次に濃い色を塗るが、境目を烏口または細筆で仕上げてから中を仕上げる。

烏口でポスターカラーの線を引く場合、紙の上に引くときは薄く溶いてもよいが、他の色の上に引くときは濃い目に溶かないと、一度に流れ出し画面を汚す危険がある。また紙の上のように細い線も引けないので、ポスターカラーが一度に流れ出さないように、烏口にはあまり多くの絵具を入れないようにする。

4.5 筆洗・絵の具皿

ポスターカラーの水溶きや混色には絵の具皿を使う。1色で1枚の皿を使うから、5～6枚は必要である。梅皿・菊皿など、1枚をいくつにも仕切ったものもある。またデザイン用として、合成樹脂製で、大きな板をいくつにも仕切ったパレットもある。

筆洗はポスターカラーを溶いたり、筆を洗うのに必要である。大型で仕切りのあるものが使いやすい。水は片方を溶き水、片方を筆洗と区別して使う。絵の具皿と同様に白陶製と合成樹脂製がある。

このほか、ポスターカラーを使用するさいには、パレットナイフ、ぞうきんを必要とする。

4.6 ガッシュ

ポスターカラーと同じ不透明水彩絵の具であるが、発色もよく、伸びもよい。それだけに高価である。水彩画にも用いるが、小さな作品などではポスターカラーの代わりに用いられることも多い。使い方はポスターカラーと同じ。

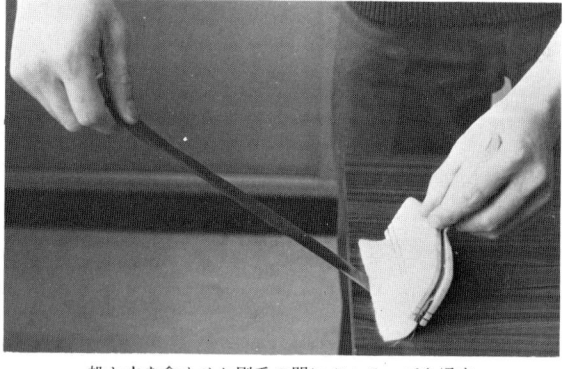

刷毛で紙を湿らせる　　　　　机と水を含ませた刷毛の間にガムテープを通す

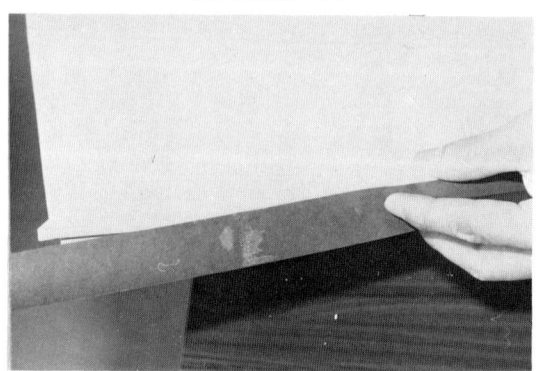

ガムテープを張る　　　　　　角部の処理

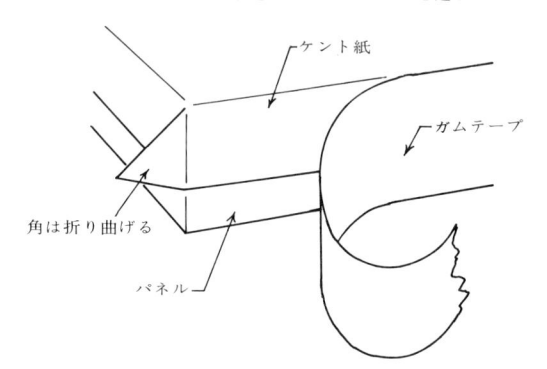

水張りの技法

4.7 水張りの技法

ポスターカラーなど水性の絵の具を使う場合，紙は水を含んで伸び，乾燥しても平らにならないことが多い．製図板やパネル（合板による枠）の上に水張りをすることにより，これを防ぐことができる．

最初に紙の裏から，水を十分含ませた平刷毛（毛が多く幅の広いもの）で紙を均一に湿らす．このときまず紙の対角線，次いで十字に，最後に全体をという順序で行う．

紙が十分に水を吸って伸びきったら表を向け，製図板・パネルの上に正しく載せる．板に紙が密着し気泡が残らないよう，乾いたタオルなどで中央から四方へ伸ばす．パネルの場合には端を折る必要がある．

ガムテープ（裏にゴム糊を引いた紙テープで，水をつけると接着力をもつ）を紙の各辺の長さより長目に切り，水刷毛の間を図のように通し，周囲を張りつける．

できたら日陰に水平に置き，十分乾かす．

5. その他の色材

5.1 透明水彩絵の具

透明度が高く，色を重ねても下の色に影響される．にじみ，ぼかしなどの技法により，ソフトな感じを生かすことができる．イラストレーション，建築パースなどに用いられる．白を混ぜると不透明になるので，薄い色は水で薄めて出す．

5.2 アクリル絵の具

アクリル系樹脂の絵の具で，水溶性であるが乾くと耐水性となる．筆も水で洗えるし，速乾性でキャンバス，紙，板などさまざまな材料の上に描くことができる．水彩画のような薄塗りも油絵のような厚塗も自由なので，イラストレーション，レンダリングなどさまざまな分野で使われている．

5.3 色鉛筆

スケッチなどに使われるほか，パステルや

固形水彩絵の具

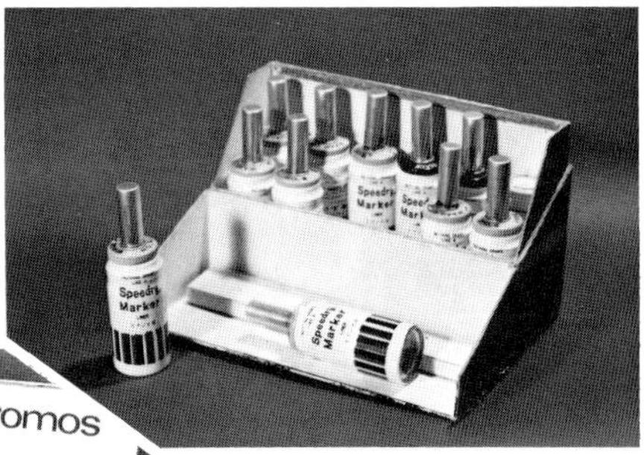

マーカー・グレイセット

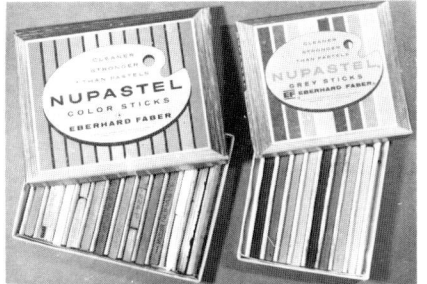

パステル

色鉛筆

マーカーによるレンダリングの細部の書き込み，またポスターカラーで描いたイラストレーションの陰影や細部の調子つけなど，他の画材と併用されることも多い．

5.4 パステル

パステルは他の画材と異なり，媒剤を用いず，顔料をそのまま固めてあるので，発色もよく耐久性があり変化しにくい．また色数も多い．一般に絵画用には軟質のソフトパステルが，レンダリングなどにはハードパステルが用いられる．紙は絵画用には水彩画用紙などが，デザインではレイアウトペーパーが主に用いられる．

鉛筆で下描きをすると黒く濁るので注意する．レイアウトペーパーであれば，下の紙に下図を描いておく．広い面積を塗る場合は，パステルを横に寝かして使う．描いたのち，指先・布・ティッシュペーパーなどで伸ばすと，色むらも出ずぼかしも容易である．塗り重ねによる混色もきくが，別の紙の上で混色し，その粉を指先などで塗ることもできる．

消す場合には練りゴムを用いる．紙・字消し板などを用いると，細かい白抜きも容易である．細かい部分は色鉛筆を併用するとよい．仕上がったあとは，必ずフィクサチーフで止めておくことを忘れないように．

5.5 マーカー

一般にマジックインクとよばれている油性のフェルトペンのことである．文具店ではせいぜい数色程度しか用意されていないが，専門家用のマーカーは150色程度あり，太書きと細書きの2種がある．

それぞれの紙によって異なった効果を出せるが，紙によってはにじみが生ずるので，一般にはレイアウトペーパーが用いられる．

ふつうの定規では，定規の下へインクがにじむ危険があるので，縁が紙面から浮いているものがよい．また樹脂製の定規では，インクの溶剤で溶け色が落ちないものもある．他の用途（たとえば製図用）の定規との兼用は避けた方がよい．

透明インクなので重ね塗りもできるが，最初に塗った色が次のマーカーのチップを汚すことがあるので，必ず薄い色を先に塗るようにする．同じ色でも重ねると濃くなるので，一部分を重ねながら平行に引いて木目の感じを表すなど，特殊な効果も出せる．

マーカーは色も鮮やかで作業も早くできるが，速乾性であり，慣れが必要である．また価格も高いので，レンダリングなど，グレイセットだけで描き，その上からパステルで色を出したり，ポスターカラーと併用で用いられることもある．細部は細書きのマーカーのほか，色鉛筆・水性マーカー（サインペンとよばれているもの）など適宜用いるとよい．

転写レタリング
上：バーニシャーの先端で文字をこする
下：剝離紙（転写レタリングを保護するため裏についている）を上から当て，バーニシャーの後ろで完全に圧着させる

スクリーントーンを切り抜きトゥイーザー（ピンセット）で正しい位置に置く

バーニシャーの後ろで圧着させる

スクリーントーンのはり方

6. 転写レタリング・トーン類

6.1 転写レタリング

　透明シートの裏に文字が印刷されていて，表からこすることにより，紙上に転写できるものである．書体も非常に多く，大きさも各種のものが用意されている．メーカーによって書体・シートの大きさなどが異なるので，購入する場合はカタログで十分調べることが必要である．英字・洋数字の黒刷りが一般的であるが，和文字や白刷りも少数であるが用意されている．また熱や摩擦にも強く，紙以外の材料にも転写できる高級タイプもある．

　文字の転写のさいは，文字の上下位置および傾きとスペーシングに注意する．

　並んだ文字が上下に波を打ったり，傾いたりすると見苦しい．これを防ぐには，文字の上下に印刷してあるガイドラインを利用して上下位置および水平を確認する．

　スペーシングとは，字間を適切に調整することである．字間が比較的大きい場合は問題ないが，たとえばLとM，MとNの間を等しい字間とすると，後者の方が見かけの空間が小さい．したがって字間を大き目にとらねばならない．こうして全部の字間が等しくなるよう注意する．一定の寸法内に文字をレイアウトするときには，最初と最後の文字を転写したのちに，中間の文字を転写した方が楽なことが多い．なお，文字の高さと幅は，同じポイント数でも，書体によって異なるので，注意を要する．

　転写後剝離紙の上からこすって，完全に圧着させ，スプレイで表面を保護すると丈夫である．

6.2 カラートーン

　圧着性の透明色セロファンで，必要な形にナイフで切り抜き上からこする．色の重ね合わせも自由で，実際の印刷の重ね刷りに近い効果も得られる．カラートーンは商品名であるが，外国製のもの（パントン・カラーティント・オーバーレイ）では，印刷インクと同じ色で，しかも4種の濃さのスクリーンが印刷され，印刷効果がそのまま表せる便利な製品もある．

　広い面積を張る場合，中に気泡ができることがあるので端から順に張る．気泡ができたときは針で穴をあけ，空気を出して密着させる．

6.3 スクリーントーン

　種々の網目や模様を印刷したシートで，使い方はカラートーンと同じ．なお網目や細かい平行線などを重ねると，モアレ（moire, 斑紋）が生じ，特殊な効果を表すことができる．

6.4 インスタンテックス

　布目，網目など種々の材質感が，こすっただけで得られる．イラストレーションなどにも利用される．

6.5 カラーテープ

　幅が0.4mmから12mm程度の粘着カラーテープ．図表・版下などに利用される．

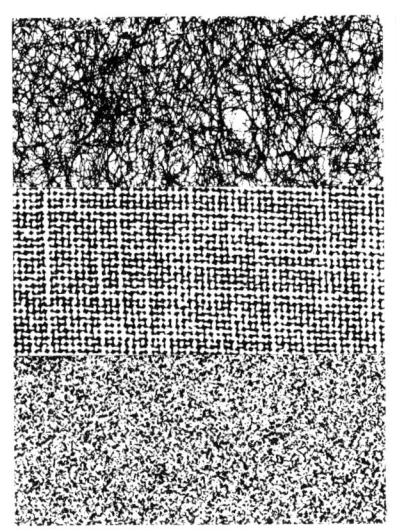

スクリーントーンのパターン例

スプレイ類

スクリーントーン（網目）の2枚
重ねによってできるモアレ

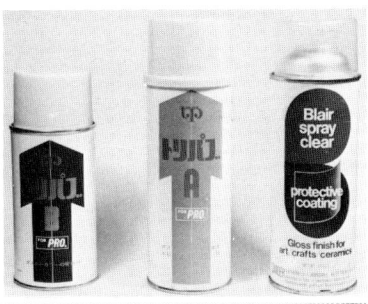

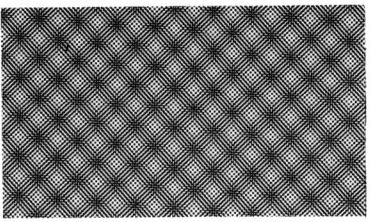

インスタンテックスのパターン例

スプレイの種類

	おもな用途	商品名
定着用スプレイ	パステル，色鉛筆などの定着．	デザインフィクサチーフ（無光沢）△
	ポスターカラー，転写レタリングなどの保護．	ブレアー・スプレイクリア（光沢）○
	ポスターカラーの泣き止め，ガラス・樹脂などの上に描くときの弾き止め．	トリパブA液
	ポスターカラーなどの保護（A液の上に用いる）．	トリパブB液（光沢）☆
	パステル・色鉛筆などの定着．	スプレイフィクサチーフ（光沢）
	転写レタリングの保護．	レトラコート101（光沢）☆ レトラコート103（無光沢）☆ フィニッシュ1（無光沢）○
カラースプレイ	水性，透明，速乾性．マーカーと同色．18色．	スピードライ・スプレイマーク○
	合成樹脂系，速乾性，光沢性．20色のほか蛍光8色．	ターナー・ネオスプレイ○
	透明，写真の着色にも利用できる．ガラス・写真など光沢のあるものにはトリパブA液と併用．全12色．	トリパブカラー○

☆：耐水性　　○：合成樹脂・金属などにも使用可　　△：定着した上に絵の具で描ける

6.6　補助的な用具・材料

トーン類の使用に便利な用具も市販されている．ただし，これらは絶対に必要というわけではなく，他のもので応用できるものが多い．

デザインナイフ　トーン類を切り抜くナイフ．刃先が小さいので細かい作業に楽．刃先が替えられる．カミソリやカッターで代用できる．

バーニシャー　転写レタリングをこするのに用いる．強さも調節でき，広い面積をこする部分も付いている．先端の丸いもので代用できる．

スプレイ　仕上がり後の保護に用いる．次項参照．

7．スプレイ類

画材の定着，表面の保護を目的とする缶入りスプレイは，製品によって用途も多少異なるので，店頭で十分確認してから購入すること．これらのスプレイは，一度に多量吹きつけると，流れて画面を汚すこともあるので注意する．換気・火気に注意が必要なものもある．使用後ノズルが固まらないようによくふいておく．

カラースプレイは，大面積の着色・模型の塗装などに便利である．

これらの用途と商品名を表に掲げておく．

上記以外にもスプレイ糊などがある．

←スクラッチの作例

プリンティング

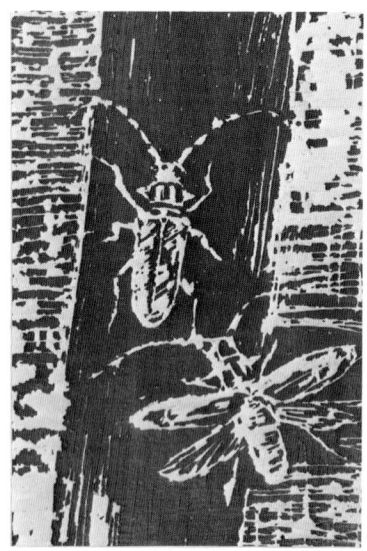

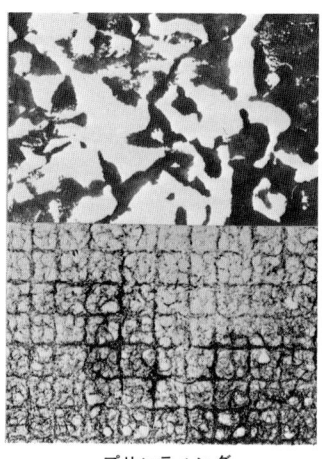

ローラーによる白抜き

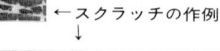

紙　版

8. さまざまな表現技法

8.1 スクラッチボード

　石こう板や陶土の表面にポスターカラーで黒く塗り，スクラッチナイフでひっかくと白い線ができる．ペンでは得られないシャープで精密なイラストレーションが作れる．丹念さと注意深さを必要とするが，木口木版のような効果が得られるので，広告のイラストレーションなどに使われる．

　この技法はいろいろと応用することができる．たとえばケント紙をいろいろな色のクレヨンで全面を塗り，その上を黒くクレパスで全面をむらなく塗りつぶし，表面を指などでこすり均一に仕上げる．これを釘などでひっかくと下の色が出てくる．この場合は精密なものより，ラフな感じのものの方が効果が出しやすい．材料や塗り方をくふうすることによって，さまざまな変化が考えられる．

8.2 プリンティング

　本来は印刷の意味であるが，いろいろな材料に絵の具やインクを付け，紙の上に移すことによりさまざまな表現効果が得られる．木版やリノリウム版など版画の技法も利用されるが，ここではそれ以外の技法を紹介する．

　材質感の表現　　布・毛糸・金網・革などいろいろな材料に絵の具を付けて紙の上に押すことによって，さまざまな材質感が得られる．絵の具は濃い目にし，少量付ける方がはっきり出るが，溶き方，付け方，多色刷りなど，くふうによって独特な効果が出せる．

　紙版画　　厚目の紙をさまざまな形に切り抜いて台紙に張り，ゴムローラーでインクを付け，紙をあてて刷る方法．

　ゴムローラーの利用　　紙の上に糸や木の葉などをのせ，インクを付けたローラーを転がすと白抜きの形が得られる．またローラーに糸などがまつわりついたまま絵の具を付け転がしてもよい．

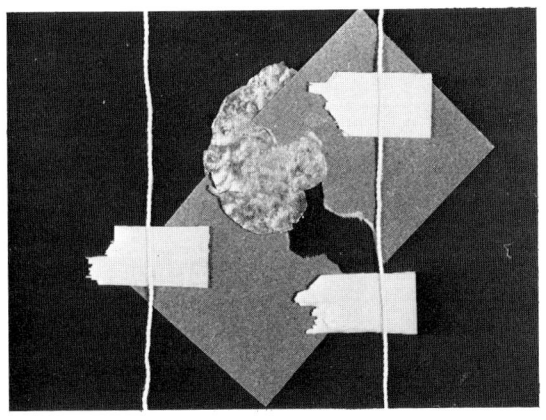

コラージュ 　　　　　　　　　スパッタリングの方法

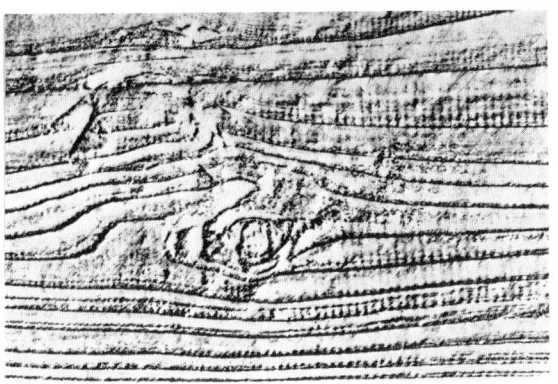

フロッタージュ 　　　　　　　　　スプレイング

8.3　フロッタージュ（frottage）

木目や金網など凹凸のある素材の上に紙をのせ、紙の上からコンテ・鉛筆などでこすり出す技法．拓本・魚拓なども同じ技法と考えてよい．

8.4　コラージュ（collage）

画材を用いて表すのではなく、実物そのものを直接画面にはりつける方法．フロッタージュ、モンタージュなどとともに立体派や超現実派の画家たちによって発展させられてきた技法である．

画面に糊で形を描き、小さな紙片・小釘などを振りかけ乾燥・固定させる方法はスプリンクリング（sprinkling）とよばれるが、同じような技法である．日本でも昔から大道芸で砂絵とよばれ、色紙の上に何色かの色砂で絵を描く技法があった．また昔からの工芸品である蒔絵なども、漆で絵を描いたのち金粉をまいて作るのであるから、同じ技法といえよう．

8.5　モンタージュ（montage）

本来は「組み立てる」という意味であるが、いくつかの断片を組み合わせて統一した意味のある作品にする方法で、映画の手法としてよく用いられる．

デザインの場合にはフォトモンタージュとして、異質な写真を組み合わせて（ときには絵と）表現効果をあげたものを指す場合が多い．

8.6　霧吹き（スプレイング）

絵の具を霧状に吹きつけぼかしの効果を表現する技法だが、ふつうの霧吹きではあまりうまくできないので、専門家はエアブラシを用いる．穂先を平らに切った筆か刷り込み刷毛（染色・木版に用いる）に絵の具を少量つけ、たたくようにしても似た効果が出せる．金網の上で刷り込み刷毛や歯ブラシに濃い絵の具を付けてこする方法はスパッタリングとよばれるが、同様な効果が出せる．いずれも下に型を置いて用いることが多い．

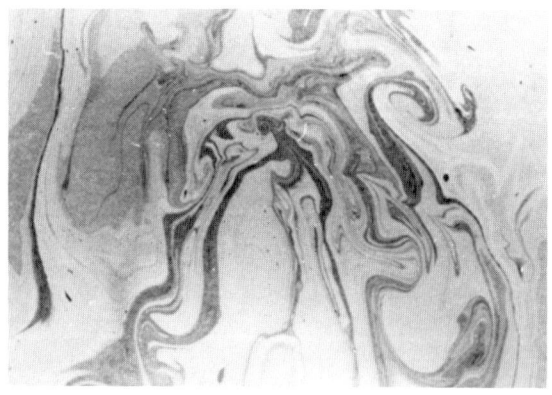

デカルコマニー

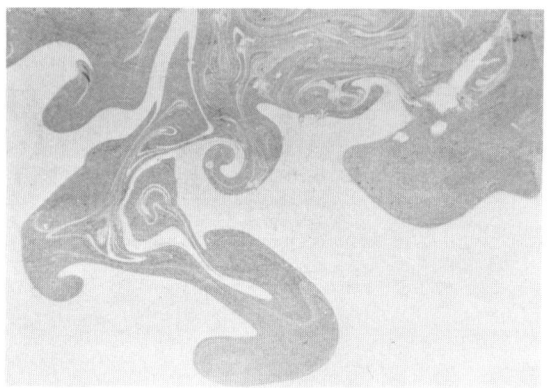

墨流し

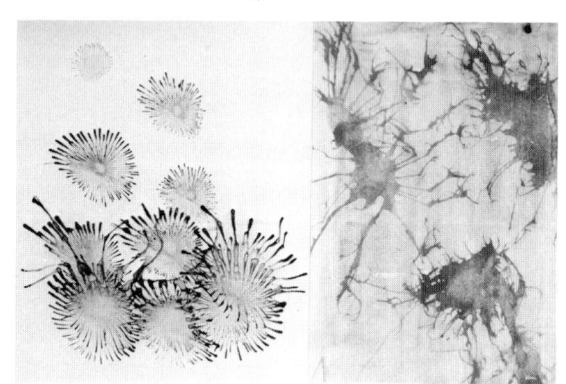

ドリッピング

9. オートマチックパターン

　筆やペンで描くという技法は，自分の意図どおりに表現するための技法であるが，画材を用いて偶然的なパターンを生み出すこともできる．それらの技法のいくつかを示すが，くふうによってもっとさまざまな技法も発見できよう．

9.1　墨流し（marbling）

　写真のバットのような薄い容器に水を張って，墨か油性の絵の具を静かに流し，針の先などでゆっくりかきまわす．模様のできた上に障子紙など吸水性のよい紙をのせ，しばらくしてから取りあげる．

　またふのり液など粘性のある液の上に，染料を何色か用いても配色の効果が表れる．

9.2　デカルコマニー（decalcomanie）

　転写の意味で，シュールレアリスムの画家たちによく使われた技法である．紙（つや紙のような吸水性の少ない滑らかなものが効果が大きい）の上に絵の具を塗り，紙を折ったり別の紙を重ねたりして偶然的なパターンを作る方法．塗り方，絵の具の量，折り方（何回か折り直してもよい），紙の上からの押さえ方（たたく，こするなど），はがし方などのくふうによりさまざまな変化が得られる．

9.3　ドリッピング（dripping）

　絵の具やインクを紙の上に落とすことであるが，息を吹きかけて散らしたり，紙を立てて流したり，回転させたり，これもいろいろくふうができる．

　高い所から落下させたり，たたきつけるようにしたりしてスピードを加えると，爆発したような，独特なパターンを作ることができる．絵の具の濃さによってもその効果が異なるので，いろいろ試してみることが必要である．

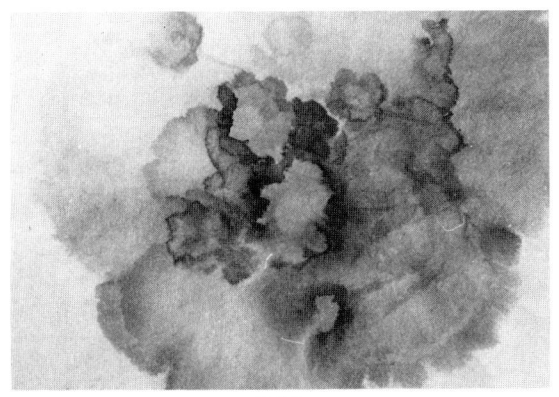

9. オートマチックパターン　49

にじみ

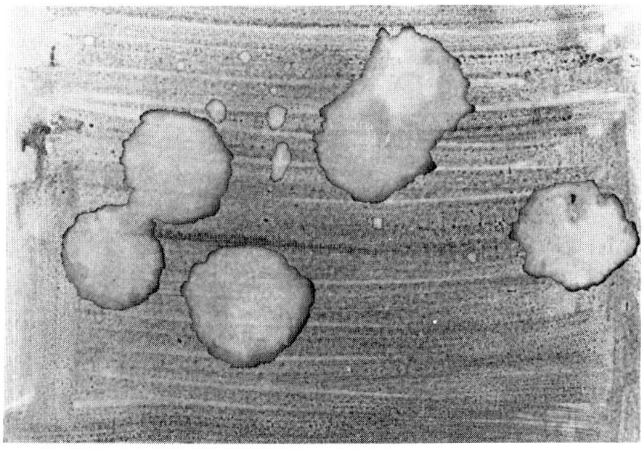

ウォッシング

ウォッシング

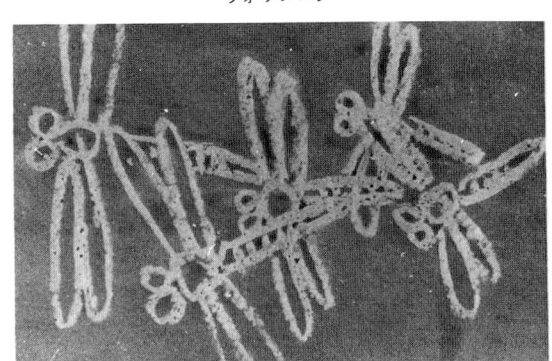

撥水性の利用

9.4　にじみ

ぬれた紙の上に絵の具を落とすと，絵の具は散って濃淡のにじみを作る．最初に紙の上に水を含ませた筆で描いておき，その上に筆で描いたり絵の具を落としたりすると，にじみによる表現効果が表せる．紙の吸水性，水の量などによって効果が異なるので，いろいろ試してみるとよい．またある色を塗って乾かないうちに他の色で描くといったように，2色以上の色で行うこともできる．

9.5　ウォッシング（washing）

洗い出しの技法である．にじみと反対に，塗った色の上に水を落としチリ紙や脱脂綿で絵の具を吸い取ったり，水を含ませた筆で洗い落としたりして効果を出す．また絵の具の種類により水に対する溶け方が異なることを利用して，たとえば白のポスターカラーで絵を描き，墨を全面に塗り十分に乾燥させてから水中で洗い出すと，ポスターカラーが先に流れ，独自の効果を出すこともできる．

9.6　撥水性の利用

水と油は混ざり合わないという性質を利用したものである．紙の上にクレヨン・クレパスなどで描き，その上から絵の具を塗ると，クレヨンなどで描いたところは絵の具をはじく．絵の具をよく刷り込むようにすると，独特な地肌の質感を表すことができる．クレヨンをナイフなどで削ったり，油を使ったり，紙を変えたり，さまざまな発展も考えられる．

以上述べてきた各種の技法は，ごく一般的なものの基本的な方法についてふれただけである．それらの技法を各自でくふうしてさらに発展させたり，いろいろな技法を組み合わせたりして，新鮮な美しさをもつ表現を作り出していくことが大切である．

ハイコントラストフォト
ペーター・ソーマン『しまうま』

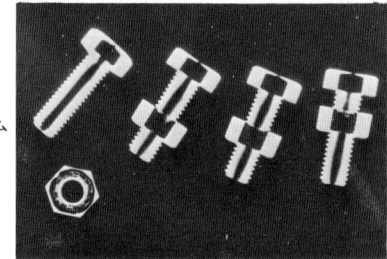

ハイコントラストフォト
（上：原画，下：中間調をとばしたもの）

フォトグラム

10. 感光材料を利用した技法

　ここでは写真に用いられる印画紙などの材料を利用する技法について述べたい．これらの技法は写真の技法ではないので写真機は用いないが，印画紙の現像の技術を必要とするので，その技術は写真技術関係の本などを参考とされたい．

10.1 ハイコントラストフォト

　中間の調子を飛ばし，白と黒だけで表現を行った写真である．

　最初になるべく明暗のはっきりした写真を選び，印画紙（薄手で4～5号の硬調なもの，複写用印画紙でもよい）とを，暗室内で膜面が接するように密着させ，写真を上側にし引伸機で露光を与える．印画紙を現像処理したのち，同じことを順次繰り返して中間調を飛ばしていくのである．

　またクイックコピーの装置を用い，コンタクトペーパー上に何回か露光・現像を繰り返してもよい．精度は落ちるが，普通のコピーでも，コントラストを強くして繰り返しコピーすることで，同様な効果が得られる．

10.2 フォトグラム（photogram）

　印画紙の上に物体を直接のせ，露光し現像する方法である．不透明な物体ではネガとして白く残るだけだが，丸味のある立体では光が回り込んだり，合成樹脂・ガラス・水など透明なものも思いがけない効果を生み出す．光源は光を平行で全体に均一な強さに与えるため一般に引伸機が利用されるが，真上からの光だけでなく，電球を利用して斜めからの光を当てるなど，光源の位置によっても変化が得られる．

　また物体を移動させて何回も露光を加えたり，別の物体に置き換えて露光したりする多重露光の技法も利用できる．露光時間は光源の強さ・距離・印画紙の種類によって異なるので，十分なテストが必要である．

フォトグラム

ドライマウント用のフィルム

フィルムの種類	用　途・特　色
シール・MT5ティッシュ	作品を台紙に接着するために用いる．一度接着したものははがれない．
シール・フォトフラット・ティッシュ	作品を台紙に接着するために用いる．低温で接着できるので，カラー写真・絵画・和紙などの接着に適する．再加熱ではがすことができる．
シーラミン	作品の表面をおおい，保護する．光沢のあるグロスと，つや消しのマットの2種がある．
チャーテックス	トレーシングペーパーなどの裏うちに用いる布．青写真にも掛けられる．
シール・トランスパラフィルム	アート紙の印刷物を接着し，シール・トニックではがすと，インクだけが残る．オーバーヘッドプロジェクターなどの透明原稿が作れる．

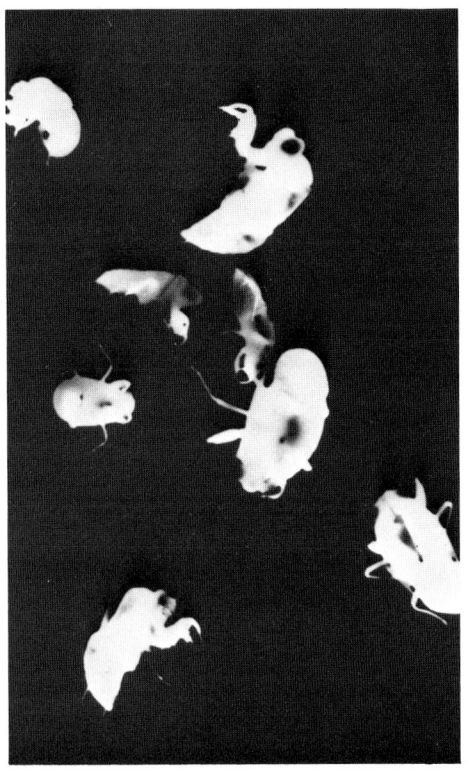

フォトグラム(せみ)

10.3 フォトペンジュラム

振り子運動の軌跡を記録する方法である．天井から糸を下げ先端に錘をつける．光源が錘となるよう工夫するとよい．光源は豆電球か家庭用電球を用いるが，光源を小さくするため黒紙で覆って小穴をあけると鮮明な線が得られる．振り子は長く錘の重い方が振幅が安定し，美しい曲線が得られる．

振り子が1本の糸だけでは楕円形の曲線しか得られないが，Y字形にしたり，何本から組み合わせたりすることによって複雑な曲線が得られる．これらの曲線は研究者の名をとり，リサージュの図形ともよばれる．暗室内で下にカメラを固定して撮影する方法もあるが，印画紙の上で直接感光させる場合には，光源と印画紙をなるべく密着させ，振り子の振幅が印画紙の外へはみ出さないよう注意する．なおこの曲線は感光材を用いず，ラッカーなどのかんに小穴をあけたものでも描くことができる．

11. マウントの方法

できあがった作品を台紙に貼り付けるときラバーセメントなどの水分を含まない糊を用いないと，紙が波打ってきれいに貼れない．最近はスプレー糊も市販されている．

台紙にイラストレーションボードを用いるときは，周囲をマットとして余裕を十分もたせる．また発泡スチロール板に紙を張ったスチレンボードは，軽く丈夫である．接着剤を塗布したものもあるが，ドライマウントプレス機で接着するときれいに仕上がる．画材店でサービスをしているところがあるので依頼してもよい．なおスチレンボードに合うアルミの枠を用いると，そのまま額縁ともなる．

作品を保護し美しく見せるためには，表面にビニールシートやセロファンを張る．またドライマウントプレス機で，表面に薄いビニールを密着させる方法もある．

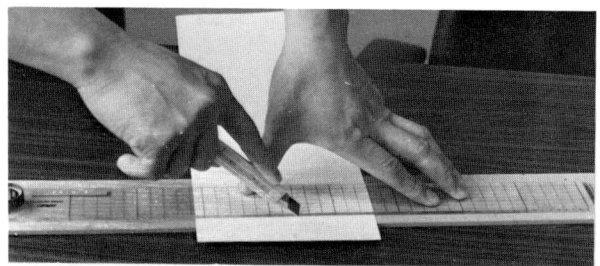

紙の切断
（カッターとカッター台）

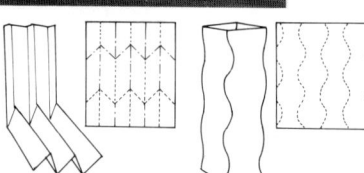

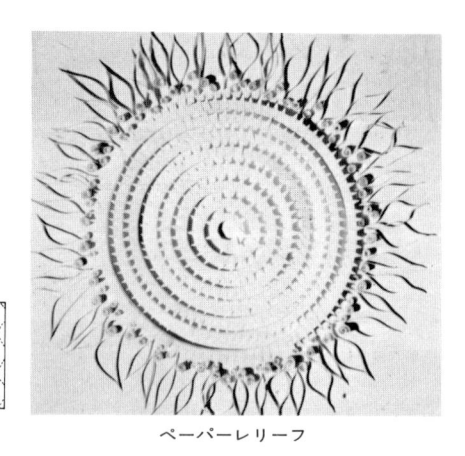

紙の折り方

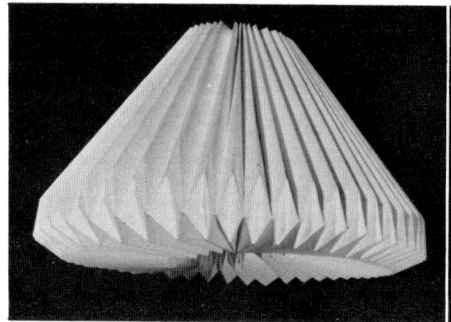

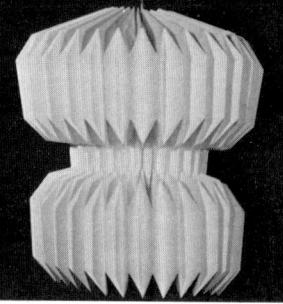

ペーパーレリーフ

紙のランプシェード

12. 紙の加工法

紙は画材としてだけでなく，模型やレリーフなどによって，それ自身が表現材料としても利用されることが多い．

12.1 紙の表面加工

紙に画材で塗るのではなく，紙そのものを種々の技法によって加工し，さまざまな表面の質感を作るものである．これは紙のもつ素材の表現の可能性を追求するという，基礎練習の段階で行われることが多い．

くしゃくしゃにしてしわを作る，ドライバーの先を押しつける，表面をはがす，釘で穴をあける，線香で焼くなど，くふうしだいによっていろいろな表現が可能となる．

12.2 紙の切断・折り曲げ

紙を切断するにははさみよりも，定規とカッターを用いた方が切り口が美しい．台に傷をつけない用具も市販されている．曲線や細かい部分ははさみでもよいが，カッターを用いる場合は刃の幅の狭いものが使いやすい．

折り曲げは直線折りと曲線折りがあり，曲げや切り込みと組み合わせることによりさまざまな表現ができる．ケント紙，白ボール紙などは折る部分に定規を当て，謄写版用の鉄筆などで筋を付けてから折るときれいに折れる．

12.3 ペーパースカルプチュア

紙の彫刻の意味であるが，レリーフ（半立体の浮き彫り）状のものもある．

人の顔，動植物などを作った具象的なものと抽象的なものとあるが，表現的な効果をねらう場合には，薄い板状である紙の特性を生かしたものが魅力的である．

また板材の構造の研究のため，1枚の紙を折るだけでドームやパイプなどを作る学習もよく行われる．

これらの技法とはまったく異なるが，紙によってカメラ，エンジンなどの工業製品を，まったく実物そっくりに模作する学習（ミメシスアート）の研究も行われている．

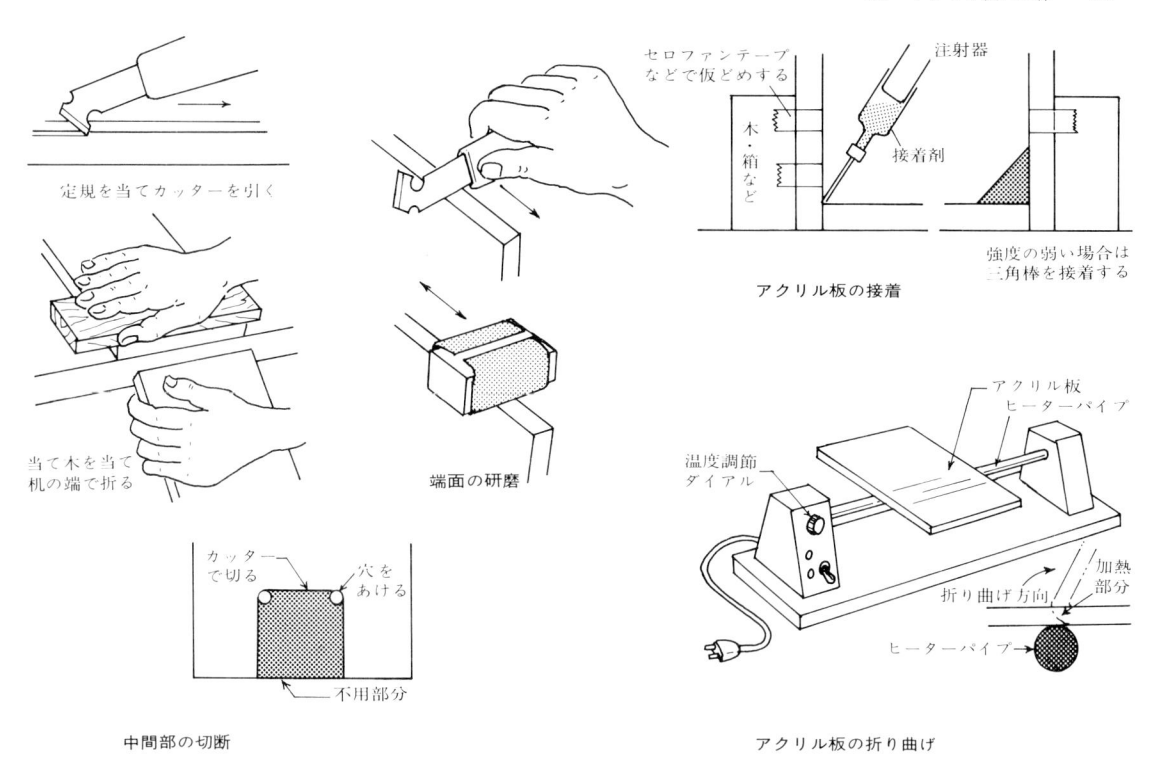

13. アクリル板の工作

アクリル板は透明度が高く色も豊富で、加工も比較的容易で、最近は入手も困難ではないので、利用されることが多い．

13.1 切　断

直線の切断には万能のこ，金切りのこもあるが，プラスチックカッターを用いるのが便利である．アクリル板の両面には紙が貼ってあるが，これはできるだけ最後まではがさない．紙の上に寸法を測り，ステンレスの直定規を当てカッターで傷をつけていく．カッターは最初軽く引くようにしないと，それで他の部分に傷をつける．切り込みが板厚の半分以上になったら，机の端・丸棒の上などに置き折る．曲線に切るには糸のこを使う．合成樹脂用の歯を用いるが，糸のこ機械などでは**摩擦熱で切断部分が再融着することがある**ので，歯にろうを塗るとか石けん水を差しながら切るようにする．

13.2 折り曲げ

市販のヒーター（銅パイプの中に電熱線を入れたもの）を用いるのが便利．折り曲げ部分を当てて熱し，熱した方を外側にして折り曲げる．電熱器で温める場合は，型に当てながら曲げると正確な仕事ができる．

13.3 接　合

接合部をテープで止めておき，塩化メチレン（蒸発・引火に注意）を注射器か筆で接合部に静かに流す．液は表面張力によって全体に流れる．接合部の板に貼ってある紙をはがしておかないと，液がまわって表面をよごすことがある．強度が弱い場合は市販の三角棒を当て接着する．

13.4 研　磨

板の表面は傷がつかないよう注意し，そのままの光沢を残すが，切り口などはカッターの刃の背で削り，細かい耐水ペーパーを平らな台の上に置いて磨き，最後に研磨剤を布に付け磨きあげる．静電気によるちりの防止には，台所用中性洗剤を布に付けてふく．

石こう模型の例

石こうの溶き方

必要とする石こうの量の約1/2の量の水をボールに入れる

水のなかへ石こうをまんべんなく振り込む

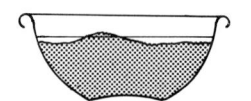

石こうが水の表面に達したら1～2分そのままにし、水を吸わせる

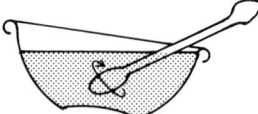

石こうを、泡をたてないよう金べらで混ぜる

14. 石こう模型の作り方

建築・室内・工業製品・展示などの模型に石こうが使われることが多い。

14.1 石こうの溶き方

ボールと金べらを用意する。ボールはポリエチレンなどの樹脂製が便利。金べらは市販されているが、スプーンの先を平らに伸ばしたものでもよい。

石こうの硬化には結晶水としての水が必要である。まず必要な石こうの量をボールに入れたと仮定し、その1/2の量の水をボールに入れる。次に石こうを少量ずつ全体に振り込むように入れていく。ふるいで振り込むのがもっともよい。石こうが水の表面に一部出る程度が適量であるが、もし水が多すぎた場合には、石こうの沈殿を待って、上水を静かに捨てる。逆に水が少ない場合は2度に溶くしかない。水を途中で加えるといったことは避ける。

石こうを入れ終わったら金べらで静かに、泡の立たないように混ぜる。金べらが水の上に出ないように混ぜるのがこつである。石こうは5～10分程度で硬化を始めるので、素早く作業を行う必要がある。時間のかかる作業は何回にも分けて溶くとよい。硬化を早めるには食塩を一つまみ入れる。

容器などは石こうが硬化してから洗うようにする。未硬化の石こうを洗い流すと、排水管の中で硬化して詰まらせる恐れがある。

14.2 直付けの技法

溶いた石こうを木材や針金などの芯の上に直接付けていく方法である。芯には石こうが付きやすいように、麻なわ、しゅろなわなどを巻きつける。ふつうの針金では、石こう中の硫酸分のためすぐ錆が表面に出る。錆を嫌う場合は黄銅（真鍮）線を用いる。この技法は簡単ではあるが正確な仕事はできない。へらでなすりつけるように付けるので、へらの跡で独自の効果が出せる。

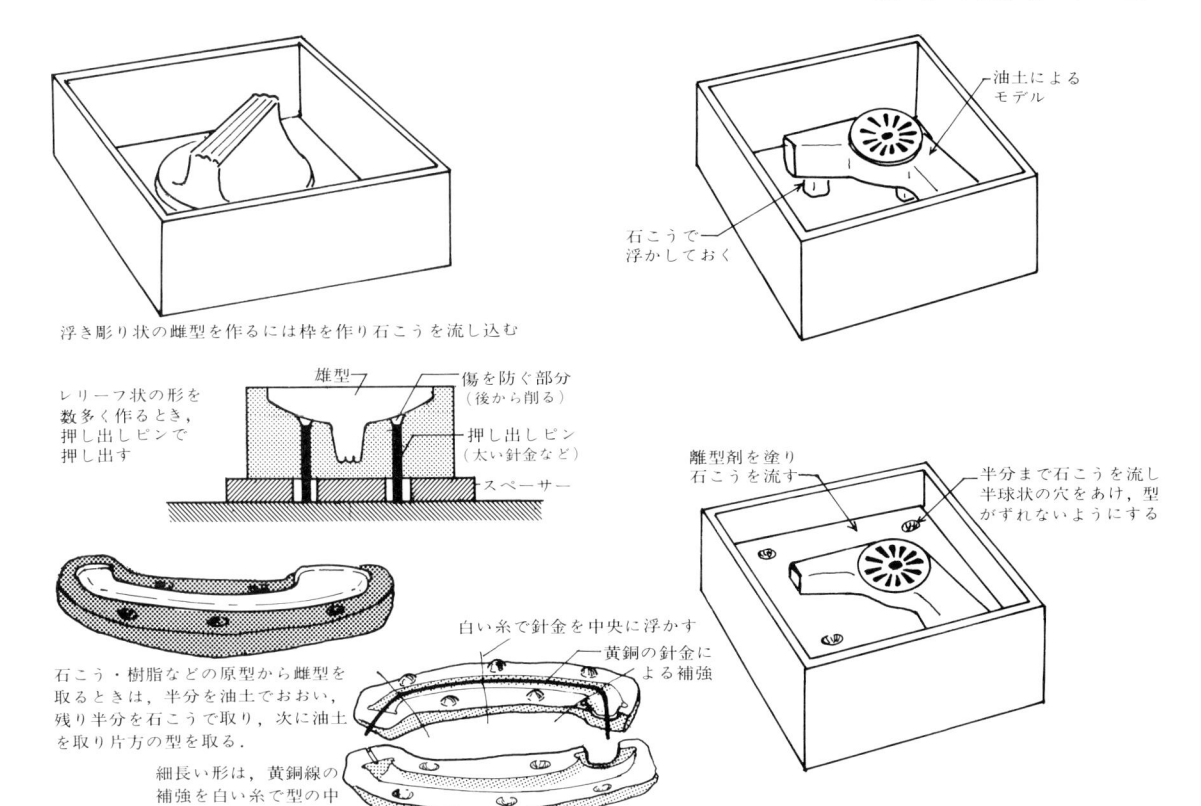

14. 石こう模型の作り方　55

浮き彫り状の雌型を作るには枠を作り石こうを流し込む

レリーフ状の形を数多く作るとき，押し出しピンで押し出す

雌型／傷を防ぐ部分（後から削る）／押し出しピン（太い針金など）／スペーサー

石こう・樹脂などの原型から雌型を取るときは，半分を油土でおおい，残り半分を石こうで取り，次に油土を取り片方の型を取る

細長い形は，黄銅線の補強を白い糸で型の中空に浮かして，石こうを流し込む

白い糸で針金を中央に浮かす／黄銅の針金による補強

油土によるモデル／石こうで浮かしておく

離型剤を塗り石こうを流す／半分まで石こうを流し半球状の穴をあけ，型がずれないようにする

14.3　型取りの技法

　粘土などの原型から雌型を取り，石こうを流し込んで原型と同じ型を得る方法である．曲面や複雑な形に適し，彫塑の場合にも用いられている．

　原型　原型としてデザインの場合には，油土を用いることが多い（油土の模型技法については p.138 参照）．浮き彫り状の場合雌型は1個でよいが，立体的な形ではアンダーカット（逆勾配）の部分ができないように数個に割る必要がある．

　雌型の作り方Ｉ——浮き彫り状の場合

　石こうが原型の細かい隅々まで入るように，溶いた石こうを指先に付けつまはじきをして振りかける．次いで，全体に石こうを掛けるが，石こうの厚さは，形の大小にもよるが，10～15 mm を標準としてなるべく均一となるように仕上げる．縁や角の部分はやや厚目にし，最後にスタッフ（麻くず）を石こうにつけ，型に張り込むと強度が増す．

　雌型の作り方II——2個型の場合　立体的な形でも左右または上下に型を割ればよいときがある．まず原型よりやや大き目の枠を作り，その中に原型を石こう片などで浮かしておく．溶いた石こうを枠の中へ，型の分割予定線の高さまで流し込む．硬化後石こう面に半球型の窪みを数カ所付け（型のずれを防ぐため），離型剤（後述）を塗り乾燥後ふたたび石こうを流す．

　雌型の作り方III——3個以上の割り型の場合　アンダーカットができないように型の分割線を定める．次にその分割線に切り金（薄い黄銅板）を立て，割り型を一つずつ順次作っていく．最初の石こうの振り掛け，硬化後の型合わせの窪み，離型剤の塗布を忘れないように．

　雌型の作り方IV——寒天型　浮き彫り状の原型はシリコンゴムや寒天でも作ることができる．寒天の場合，原型の周囲に枠を作りやや濃い目に煮た寒天を流し込む．冷めるのを待ち油土を取り石こうを流す．多少のアンダーカットも抜け，繰り返し何回も使える．

II. デザインの用具と表現技法

アンダーカット（型から抜けない）

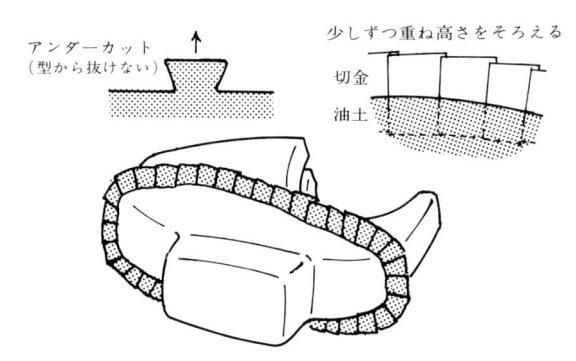

少しずつ重ね高さをそろえる
切金
油土

アンダーカットができないよう型の割り方を考え型の合わせ目に当たる場所に切金を立てる

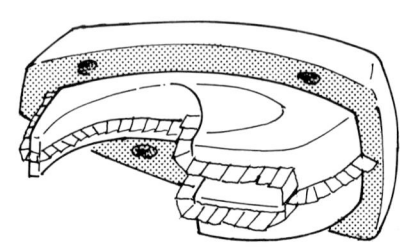

型ができたら油土を抜きとる（かきべらを用いてもよい）

型の内側に離型剤を塗る

石こうで割り型の1つを作り，型の合わせ目の部分に離型剤を塗り，次々と型を作っていく．合わせ目には割り型がずれないように数カ所のくぼみをつけておく

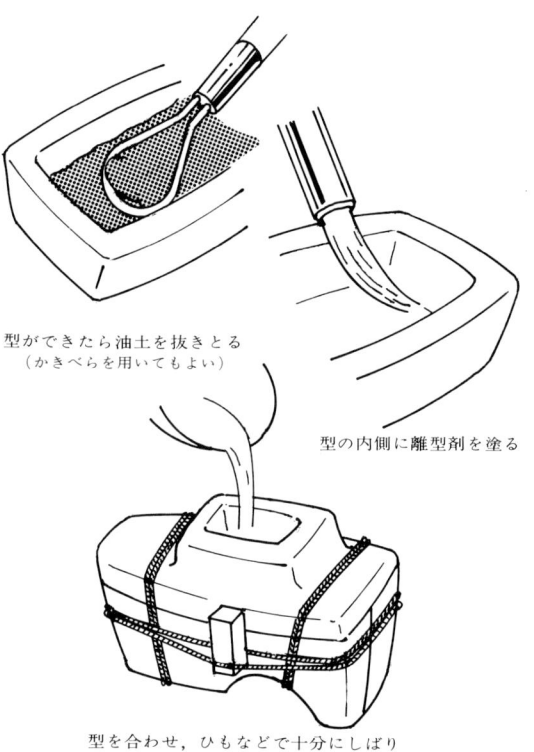

型を合わせ，ひもなどで十分にしばり（図では木片をはさんでたるみをとっている），石こうを流し込む

油土の取り出し 雌型が完成したら型を割り，中の油土を取り出す．隅の細かい部分は丸めた油土を押しつけて取る．ふつうの粘土の場合には，水で洗い流すこともできる．できるだけ完全に取る．

離型剤の塗布 離型剤は石こうの上に膜を張って，その上の石こうと型離れをよくするためのものであり，カリ石けん溶液が多く使われる．筆で型の内側全面に塗る．乾燥してから2～3回塗る．

マーガリンも離型剤となるが，効果が高いのはステアリン酸である．ステアリン酸1に灯油4を混ぜ，湯せんで溶かして使う．

流し込み準備 底面など目立たない場所に石こうの流し口を作る．雌型を作るさいに粘土で最初から作っておくとよい．形によっては型内の空気の逃げ場がなく，石こうが回りきらないことがある．彫刻刀などで溝を切って空気の道を作る．

割り型は組み合わせてひもや針金で固定する．最後に，雌型全体に十分水を吸い込ませる．雌型が乾燥していると，流し込む石こうの水分を奪い，気泡を作ったり表面の強さを落とすからである．

流し込み 溶いた石こうを雌型に流し込む．型を回して内部に均一な厚さに付くようにする．大きなものは内部を空洞にしないと割れたり乾燥しなかったりする．石こう像のように底面をあけ，薄く均一に仕上げたものがよい．最後に縁を厚くし裏からスタッフを張る．補強のため針金を埋め込んでもよい．

割り出し 硬化したら雌型を割り出す．ドライバーを型に当て，木槌で軽くたたいてひびを入れる．型の割れ目をこじあけ水を注いでもよい．

雄型の修正 割り出した雄型に傷や気泡が出ることがある．大きな場合は周囲を湿し石こうで埋めるが，小さな場合は筆を水で湿し，石こう粉を付けて修正する．

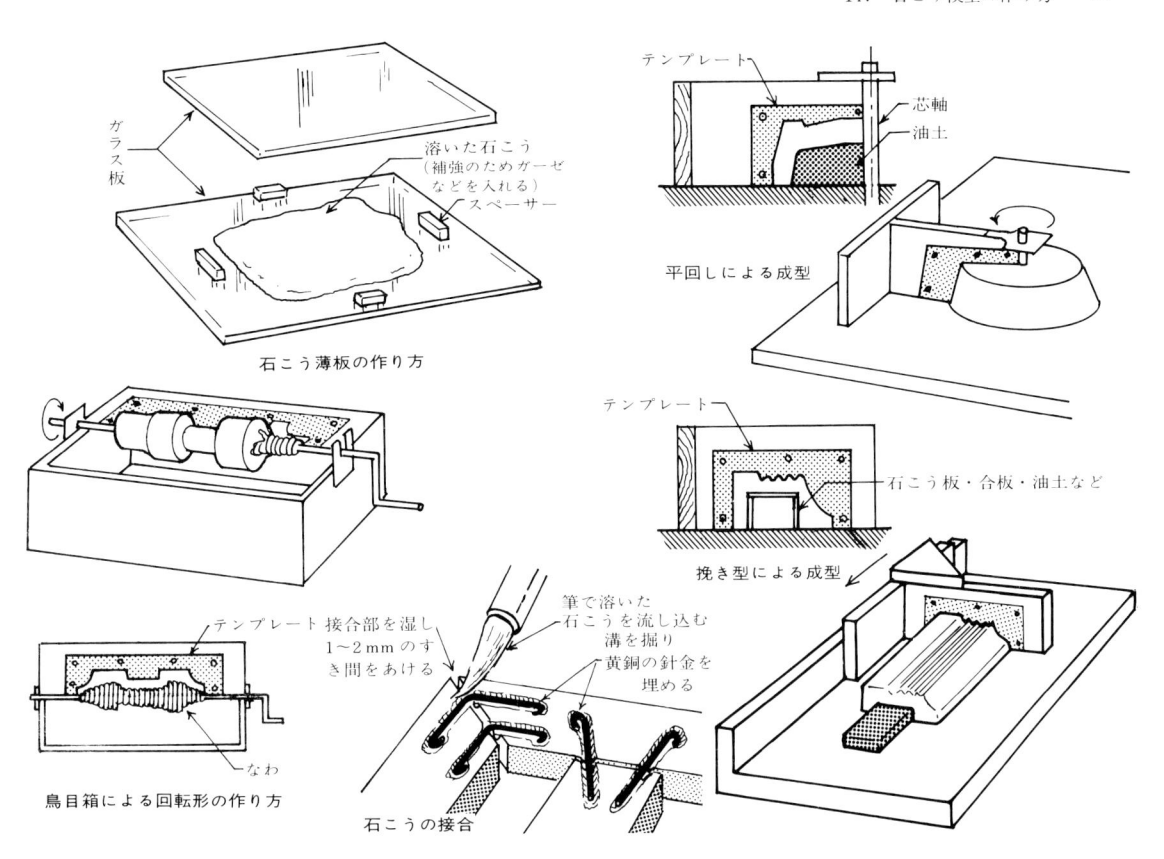

14.4 テンプレート（挽き型）による方法

回転体や同一断面の形状は挽き型による方法がよい．

① 薄板を作るには，ガラス板上に石こうを流し，必要な厚さの板を端に置き別のガラス板を重ね硬化させる．中にガーゼなどを入れると強度が増す．

② 皿状の形を作るには，板に軸となる棒を立て，石こうを流しながら，挽き型を回転させる．テンプレートがひずまないように注意する．最初に別の挽き型で油土を盛っておけば厚さの薄い形も作れる．

③ 壺状の形には鳥目箱を用いる．軸の鉄棒には太なわを巻き表面を焼き，あとで抜きやすいようにしておく．

④ 同一断面の形状は挽き型を直線に動かす．工夫によって曲線に挽くこともできる．

これらのテンプレートはアルミ板・ブリキ板・塩ビ板などで作り，細部はやすりで正確に仕上げる．厚板に取り付けるとひずみがおきない．

14.5 石こうの接合

接合部の両面は，彫刻刀などで凹凸をつける．接合部を水で十分湿し，1〜2mm間をあけて置き，溶いた石こうを少しずつ流し込み，硬化するまで静置する．できれば溝を彫り，黄銅線を埋め込めばいっそう強度が増す．

14.6 仕上げ・塗装

挽き型で作った模型は表面がきれいに仕上がるので，ふつうは磨く必要はない．流し込み型など磨く必要がある場合はサンドペーパーを用いるが，平面は木片などに巻いて磨かないと凹凸が取れない．

石こうの表面は白色で乱反射をしているので，平らなようでも塗装をすると凹凸が目立つ．十分乾燥したのち，凹部にはパテを埋めサーフェーサーを何回か塗って水研ぎをし，下地作りを十分行う．最後に色ラッカーで着色する．

［参考図書］

〈技法全般に関するもの〉
高橋正人編『デザイン技法ハンドブック』ダヴィッド社
高橋正人解説『デザイン入門』アトリエ社（別冊アトリエ）
美術出版社編『デザイン―材料と表現』美術出版社

〈平面的な技法に関するもの〉
技法叢書編集室編『グラフィックデザインの用具と使い方』美術出版社
萱場・杉木・稲垣編『adアート・テクニック』誠文堂新光社
益田凡夫『フォトグラム』ダヴィッド社

〈平面技法のうちイラストレーションに関するもの〉
高橋正人『イラスト技法ハンドブック』ダヴィッド社
上口睦人『イラストレーションの実技』グラフィック社
伊藤寿太郎『イラストレーション』ダヴィッド社
新井苑子『イラストレーションの制作』美術出版社
横山明『イラストレーションの実際』美術出版社
ルーミス『クリエティブイラストレーション』マール社

〈立体的な技法に関するもの〉
野田亜人『ペーパーイラストレーション』美術出版社
永井武志『立体デザイン模型』美術出版社

III. 造形発想の基礎

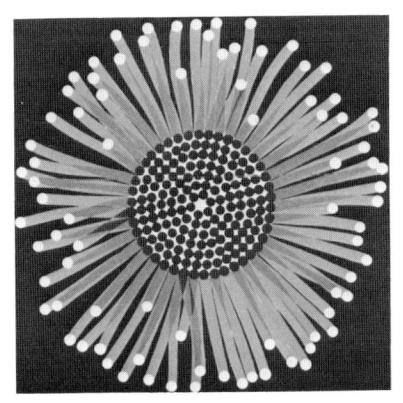

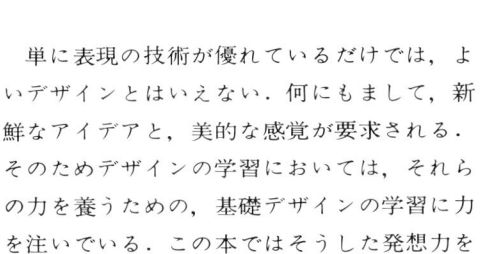

　単に表現の技術が優れているだけでは，よいデザインとはいえない．何にもまして，新鮮なアイデアと，美的な感覚が要求される．そのためデザインの学習においては，それらの力を養うための，基礎デザインの学習に力を注いでいる．この本ではそうした発想力を伸ばすための学習方法について述べることはできないが，その発想のヒントとなる考え方について，ごく簡単にふれたい．もとより発想力は，単に本を読むだけで得られるものではなく，不断の努力によってはじめて身につくものである．

キャベツの断面 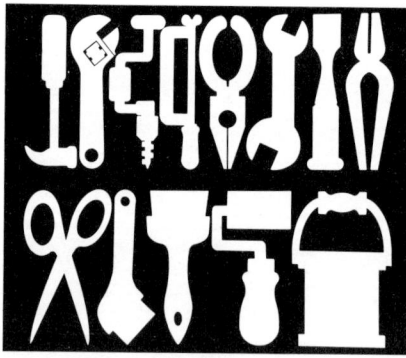　　　　　　　　単純化（工具）

川の航空写真  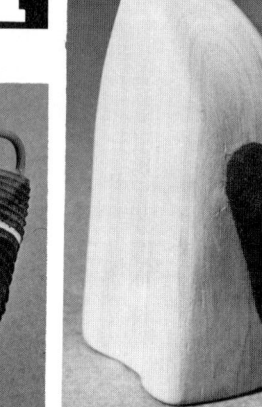　　　　　　　　単純化（左：牛，右：ペンギン）

1. 新しい形の発見

　日常見なれたものであっても，新しい見方をすることによって，新鮮な姿を目の前に見せてくれるものが少なくない．対象をよく観察し，そのなかから新しい形を発見することが発想の第1歩である．そのための方法として次のようなものがある．
① 異なった角度から見る．鉛筆でも見方によっては六角形となる．平常見なれた以外の角度から見ることによって，新しいイメージが引き起こされる．
② 断面を見る．たとえばキャベツを半分に切ってその切り口を見ると，非常に面白い形をしている．物によってはこうした方法によって，新鮮な形を発見できる．
③ 特徴だけを抜き出してみる．葉の葉脈，紙のしわなど，それだけを抜き出して見る．
④ 拡大する．縮小する．顕微鏡・航空写真など，日常と異なった視点を与えてくれる．

2. 単純化

　自然の形を単純化して，見る人に端的に訴える形を創る方法は，デザインのなかでもっともしばしば用いられる方法である．平面デザインの分野で自然物の観察とスケッチからはじまり，単純化する方法は，むかしは便化と呼ばれていた．現在この言葉は用いられないが，形成，単純化などとよばれる方法も基本的には変わらない．
　単純化する場合，ただ単に形を単純にすればよいというものではない．そのものの形の特徴を十分生かして行わないと，何の形であるかが理解できなくなる．場合によっては誇張が必要となることもある．
　また単純化も，用いるデザインの目的や表現の意図によって，その方向や程度も考えねばならない．全体のプロポーション，線の流れなど，美的な面からの検討も，十分になすことはいうまでもない．

放射線と平行線，放射線と同心円の組み合わせ

直交する正方形の組み合わせによる立体構成

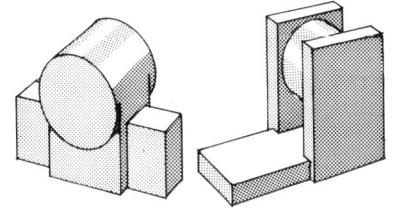

幾何形態の組み合わせ

ポジとネガ

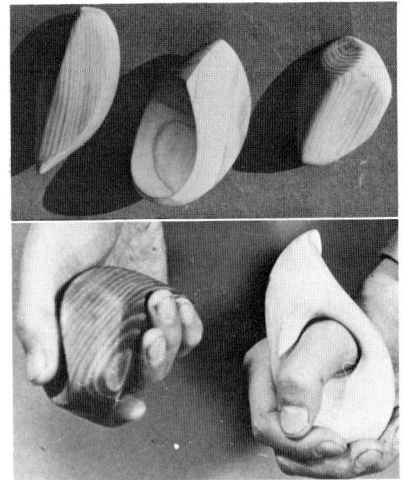

ハンドスカルプチュア（手でにぎりやすい形）

3. 組み合わせ

　マルグリットや超現実派の画家たちの絵は，日常生活で見なれた題材ではあるが，まったく思いがけない組み合わせを描くことによって，人々に新鮮な驚きを与える．

　具象的な世界ばかりでなく，抽象的な世界でもいくつかの要素を組み合わせて，新しいパターンを作ることができる．図には同心円・平行線・放射状線などを組み合わせて線によるパターンを作る考え方を示してあるが，実際には，こうした要素は無限にあり，したがってその組み合わせも無限であるといってよい．

　立体の場合，単位となる形を組み合わせての構成も，よく行われる．また立方体・直方体・円柱・角錐・球などの幾何的な形態を組み合わせることによって，さまざまな形を作ることができる．このとき全体のプロポーションやバランスに注意する必要がある．

4. ポジとネガ

　ポジ（陽画）とは印画紙に焼き付けたふつうの写真，ネガ（陰画）とはその明暗が反対となったフィルムの画像を指す．このネガも特殊な効果を表現する場合に用いられることがあるが，デザインの場合にはこうした方法ばかりでなく，地の上に図として表す通常の場合とは逆に，地を図として浮かび上がらせ図を地として沈ませると，独自の効果を生むことができる．また図を明確に浮かび上がらせるのではなく，不完全な形で図を暗示する方法もよく取られる．

　立体の場合には，量（マス）のネガが空間となる．おにぎりやすしは，手のなかの空間を量に変換したものとみることもできる．ハンドスカルプチュアは手の形に合った彫刻であるが，手とネガ・ポジの関係にある．針金で暗示された量は，限定されたネガティブな空間でもある．

III. 造形発想の基礎

同一パターンによる組み合わせ
（右の単位形を並べたもの）

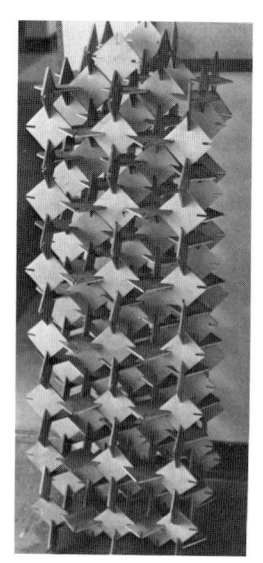

ヒルダーカード
（同じ形の組み合わせ）

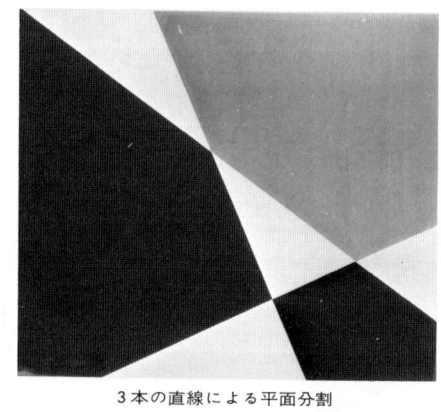

3本の直線による平面分割

立方体の分割再構成

5. 繰り返し

　同じ形の繰り返しはリズムを生み出す．ビルディングの窓のように，まったく同じ形の繰り返しは，単調となりやすい．したがって繰り返しでも，少しずつ変化を与える方法がある．

　平行線であれば，その間隔に変化を与えたり，線の太さに強弱をつけたり，またその変化も規則的に変える場合も少なくない．

　2色に分けられた正方形のタイルを繰り返して並べる場合は，その方向を変えることによって，同一の形の並列からとは思えないほど，さまざまなパターンを生み出すこともできる．

　立体の場合も，構造体にみるような線材による同一空間の繰り返し，らせん階段のように上方へ発展していく繰り返し，空間のなかの自由な配置などさまざまな例がみられる．

6. 分　割

　1つの面を直線や曲線で自由に分割する，黄金比を用いて水平・垂直に分割するなど，さまざまな形で分割が行われている．前項の繰り返しとはまったく逆の方法であるが，等分割の場合は繰り返しと同じ結果のものができてしまう．

　数個に分割する場合はそのプロポーションや面積のバランスなどに注意しなければならない．数多くに分割する場合は，繰り返しの場合と同様にリズム感を生じるように分割するのが効果的である．

　また一度分割したものを再構成しても新しい形が得られる．図に示した立方体の分割再構成は，27個の小立方体からなる立方体を，4，5，5，6，7個にそれぞれ分割し，それを再構成したものである．

9. 偶然の利用　63

アナモルフォシス（円の中央に鏡面の円筒を立てて見る）

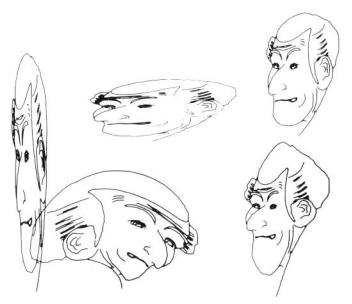

コンピューターによる変形（CAT）

コンピューターによる乱数のパターン

正方形の分割移動

しま模様の一部を移動させたパターン（上）
と円を移動させて作ったパターン（下）

7. 変形

　もとの形を細長く引き伸ばしたりゆがめたりすると，まったく感じの変わった形ができる．凹面鏡・凸面鏡なども，もとの形を変化させて見せる．

　絵画やイラストレーションなどでは，その表現上の目的から，この変形（デフォルメーション）が大切な要素として用いられる．

　数学的にいえば，もとの均一な座標の上から，ゆがんだ座標の上に図を移してやることになるので，コンピューターを用いて，図を変形させる試みなども行われている．

　鏡を用いての変形は容易に行えるが，画面のなかに立てた円筒上の鏡に正しい像が写る日本のさや絵やヨーロッパのアナモルフォシス（歪形描法）は，特殊な目的のためではあるが，変形の極たるものであろう．

8. 移動

　音楽ではリズムの流れを狂わせるシンコペーションという手法があるが，デザインの場合でも，全体のリズムの流れの一部を傾けたりずらしたりして，効果を意図する場合がある．ただ音楽のように１次元的な時間の流れではなく，３次元的な空間のなかでは，その部分が新しいリズムを作り出したり，人の注目を集める場所となったりしやすい．

9. 偶然の利用

　Ⅱの表現の基礎技法でも述べたように，ドリッピングやデカルコマニーなど偶然的な効果を生かす技法がいくつかあるが，もっとさまざまな偶然的現象を利用することも考えられる．図はコンピューターにより乱数を発生させ，ます目を黒くしたものである．

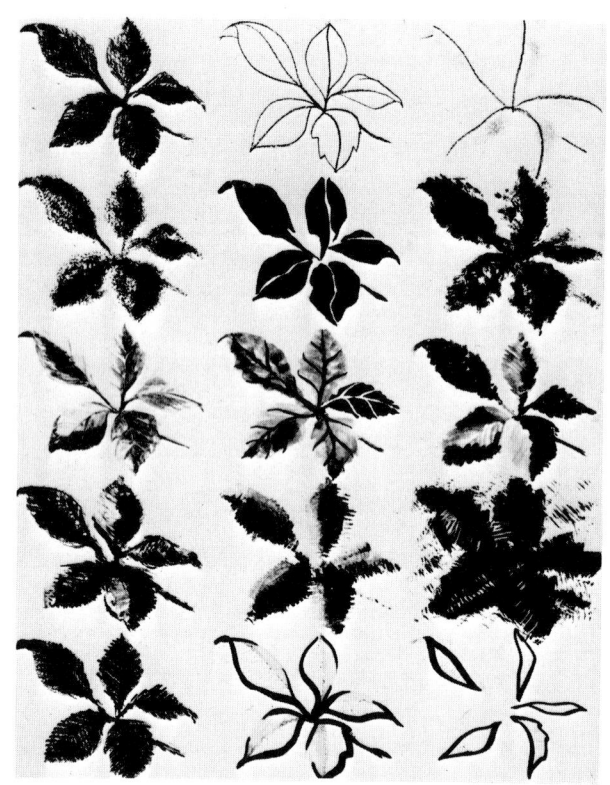

技法による表現の変化

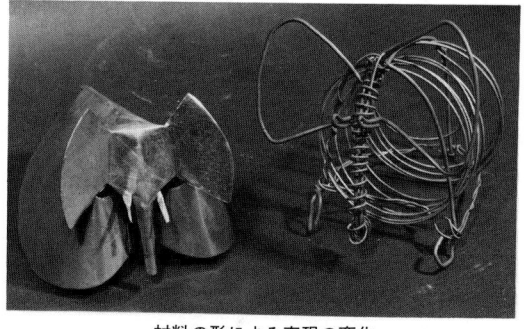

材料の形による表現の変化

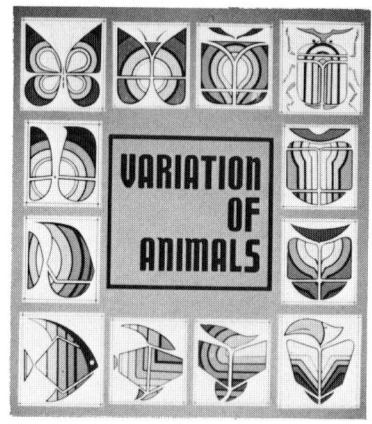

類似物への転化

10. 転　移

　もとの形を別の紙面などに移すことによって，もとの形とは異なった表現がされる場合がある．木の葉を例にとれば，ローラーとインクで他の紙に写す，スプレイをかけて葉の形を白く抜く，完全に硬化しない石こうに押しつけて葉脈を浮き出させるなど，前項と同じくⅡ章の技法のなかにも，この方法をいくつか見ることができる．

11. 技法による変化

　花を描くとき，その描写に用いる用具によって表現も異なってくる．鉛筆・ペン・筆といった通常の用具ばかりではなく，指・爪楊子・綿など，くふうによってさまざまな効果をもつ用具も考えられる．またペンであっても線で描く方法，点で表す方法などいろいろな技法がある．これらに習熟すると同時に，新しい技法をみつけだすことも大切である．

　立体的な形では，作る材料の形によって表現も変化させねばならない．図は同じ動物をブリキ板と針金という，同じ材質で作ったものである．

12. 類似物への転化

　アニメーションなどで，あるものが形の似た他の物へと徐々に変化するという方法がよくとられる．こうした形の上での類似だけでなく，意味の似通ったものへの転化やその組み合わせは，ときにユーモア・風刺などの効果を生むことがある．動物を擬人化する方法も利用されるが，常識的な結びつきではかえって陳腐なものとなってしまう．意味の共通性をもたせながらも，思いがけないものへ転化させることが効果を生む．

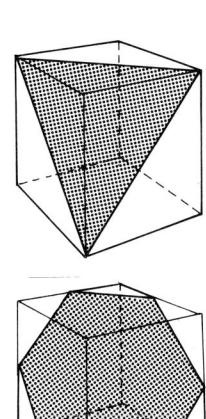

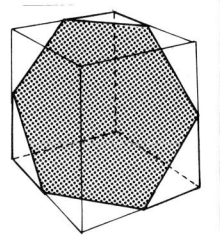

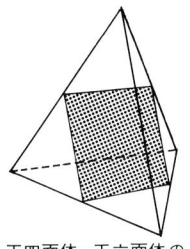

正四面体，正六面体の
切断

アクリルの立体構成からの平面構成

陰影による立体感の表現

文字の立体変換の例（4方向から同じ形に見える）

13. 変　換

　ここで変換というのは，平面と立体，光や運動の表現など，ある次元の現象をまったく次元の異なる世界で表現する発想法である．ここでは立体と平面間の問題を中心に，いくつかの例をあげる．

　平面に立体感を与えると，画面に強さ・迫力が現れる．平面に立体感を与えるには透視図的な表現もよく用いられるが，陰影によっても立体感を表すことができる．紙のレリーフなどをハイコントラストの写真にしたものも独特のパターンを作り出すが，色面構成であっても陰影のような効果をもたせることもできる．

　実際の平面と立体のあいだには，いくつもの興味ある関係が存在する．正四面体を1つの平面で切断すると，正方形の切り口が現れる．同様に正六面体（立方体）も平面で切断することにより，正三角形・正六角形の切断面を見せてくれる．

　文字のようにまったく平面的な素材をモチーフとして，立体に変換することも可能である．単に文字に厚みを付けて立体とすることではない．図に示した立体文字は，四方のいずれもから同じ形に見えるようにしたものである．また1つの立体の切断面がさまざまな文字を示す形も考えられている．

　その他平面と立体ばかりでなく，時間と空間，運動と空間など，次元の異なるものの表現も，発想の力を養う訓練となろう．

動きを表現したグラフィック作品
（ロスリ）

モビール

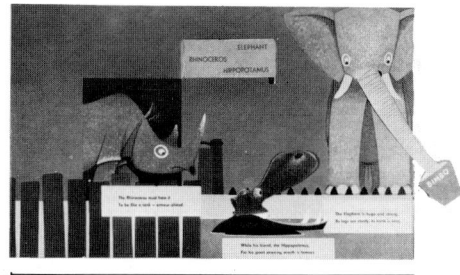

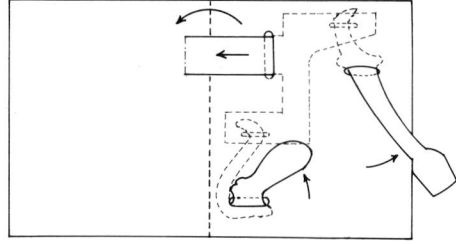

動く絵本とその構造

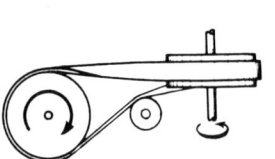

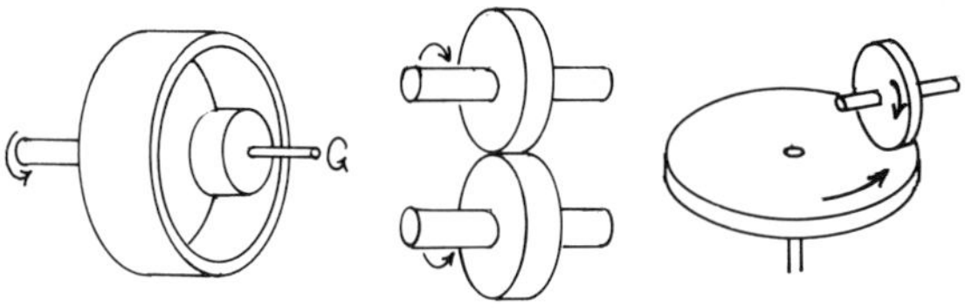

摩擦車 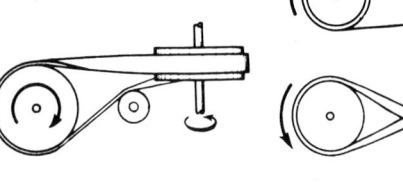 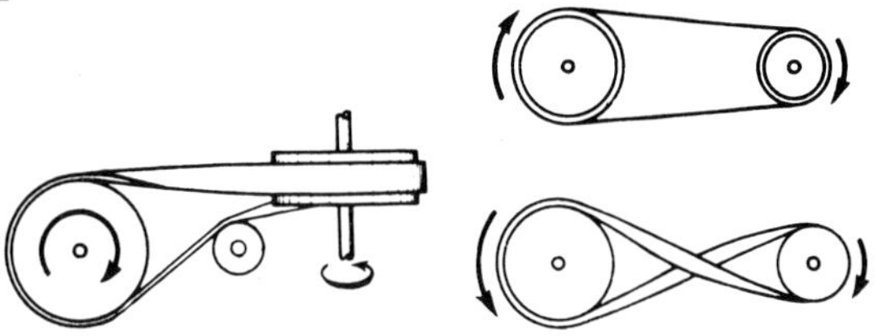　　　　　　　　　　　　　　　　　　ベルト

14. 運動

　平面的なデザインの世界でも，静止した画面のなかで動きを表現しようとするくふうもいろいろ行われている．その一瞬を捕えたもの，多重にオーバーラップさせたものなど．また劇画のなかでもさまざまな表現がとられている．

　静止した世界のなかで運動を表すだけでなく，風の力によって変化するさまざまな姿を見せてくれるモビールや，本を開く力によって動きが現れる絵本など，実際に動きをもたらすくふうもなされて，おもしろい効果を上げている．

　自然のなかにもさまざまな運動があり，それらを利用したアイデアもあるが，ここでは実際の機械などで使われているさまざまな伝動機構について少し紹介してみたい．これは単に工学的な世界だけでなく，デザインの世界でもそのおもしろい動きの効果を利用してよいからである．

　動きを作り出す要素として，原動力と伝導機構との2つが必要である．

　原動力とは動きをおこすエネルギーとなるもので，風力・重力（高いところから物が落ちるときの力）やモーター・ゴムひもなど，さまざまなものがある．

　伝導機構とは，原動力によっておこされたエネルギーを他へ伝えるための機構である．これもくふうによってさまざまな愉快なものも考えられるが，ここでは機構学で用いられているいくつかについて紹介したい．

　摩擦車　　ゴムなどの摩擦の多い材料で回転運動を伝える方法で，簡便に作れるので簡単な玩具などに利用できるが，歯車などに比較して伝達能率が悪い．

　ベルト　　2つの車のあいだに輪状のベルトを張って，片方の回転を他方に伝える方法で，ベルトを8字型にかければ反対方向の回

平行リンク（製図機械）

正方形のリンク（図の1カ所を開くと全体が動き配色が変わる）

板カム

ピストンクランク

ウォームギヤ

円筒カム

直動カム

4つ棒クランク

平歯車

いろいろなカム

パンタグラフ

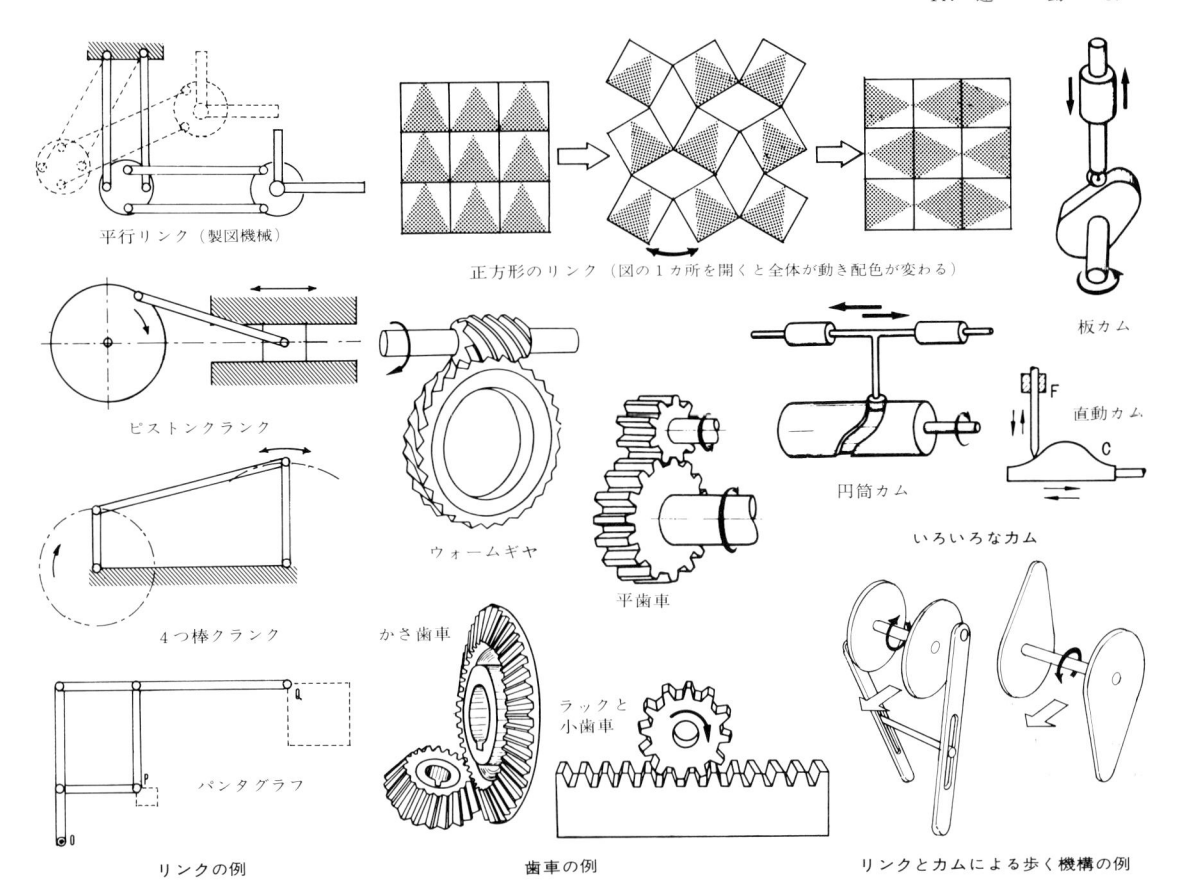

かさ歯車

ラックと小歯車

リンクの例　　　　　　　　　歯車の例　　　　　　　　　リンクとカムによる歩く機構の例

転も得られる．玩具など輪ゴムを利用したものが多い．

歯車　機械では動きを確実に伝えるために，歯車が多く用いられる．一般には，目的に合った歯車を得ることが困難なので，玩具や壊れた機械部品などを利用するのがよい．

リンク　細長い棒を回転する接合部で止め，自由に動く仕掛けをもった機構である．製図機械には平行リンクが使用されているので，定規は常に同じ角度をもっている．図の拡大・縮小に用いられるパンタグラフは，図のO点を固定すれば，P，Qはその描く図が相似形となる．電車のパンタグラフや折り畳み式の門扉などにも，この機構は利用されている．自動車のエンジンや蒸気機関車のピストンなどの往復運動を回転運動に変える機構にピストンクランクがある．逆に回転運動を往復運動にも変えられる．足踏みミシンの四棒クランクとよばれる仕組みもこれに似た構造をもっている．歩く動物玩具などにはよく図のような機構が利用されている．

なおクランク軸は，その方向や長さによって運動の時間的なずれや大きさを変えることができ，複雑な動きをも作れる．

カム　モーターなどの回転運動は等速運動であるが，これを任意の複雑な不等速運動に変える場合に用いる．

これにもさまざまな種類がある．板カムはミシンの糸巻き装置などにも用いられているが，この曲線にアルキメデスのうず巻きを用いると，等速直線運動が得られる．図に示したいくつかの例は，単純な動きを示すものであるが，カムの形のくふうにより複雑な動きも作れる．

以上述べたもの以外にも，スプリングなどを利用した種々の動きがある．これらを単に応用するのではなく，造形的におもしろい効果と結びつけることが，デザインの上では大切である．

[参考図書]

〈基礎造形に関するもの〉
真鍋一男『造形の基本と実習』美術出版社
高山正喜久『立体構成の基礎』美術出版社
田中・三好『デザインの基礎練習』美術出版社
高橋正人『基礎デザイン』造形社
バリンジャー・フローマン（白石和也訳）『デザイン発想』鳳山社
高橋正人『構成』グラフィック社
朝倉直巳『ジオメトリックアート入門』理工学社
辻・杉山『造形形態論』三晃書房
朝倉直巳『紙による構成・デザイン』美術出版社
田中正明『基礎デザイン—平面構成の練習』アトリエ社（別冊アトリエ）
馬場雄二『ベーシックデザイン』ダヴィッド社
佐口七郎『パターン・デザイン』ダヴィッド社
福田繁雄『おもちゃ』美術出版社
福田繁雄『手づくり玩具』駸々堂（ユニコンカラー双書）
藤沢・杉山監『平面—意味の造形29ユニット』鳳山社

〈創造の心理に関するもの〉
時実利彦『脳の話』岩波書店（岩波新書）
ガードナー（島田訳）『aha！—ひらめき思考』日本経済新聞社（別冊サイエンス）
穐山貞登『創造の心理』誠信書房
穐山貞登『デザインと心理学』鹿島出版会（SD選書）
穐山貞登他『創造性研究ハンドブック』誠信書房
市川亀久弥『創造性の科学』日本放送出版協会
佐貫亦男『発想のモザイク』中央公論社（中公新書）
恩田・野村『創造性の開発』講談社（ブルーバックス）
北川敏男編『創造工学』中央公論社（中公新書）
川喜多二郎『発想法』中央公論社（中公新書）
中山正和『発想の論理』中央公論社（中公新書）
中山正和『カンの構造』中央公論社（中公新書）
オスボーン（豊田晃訳）『創造力を生かせ』創元社（HD双書）

IV. 製図の基礎

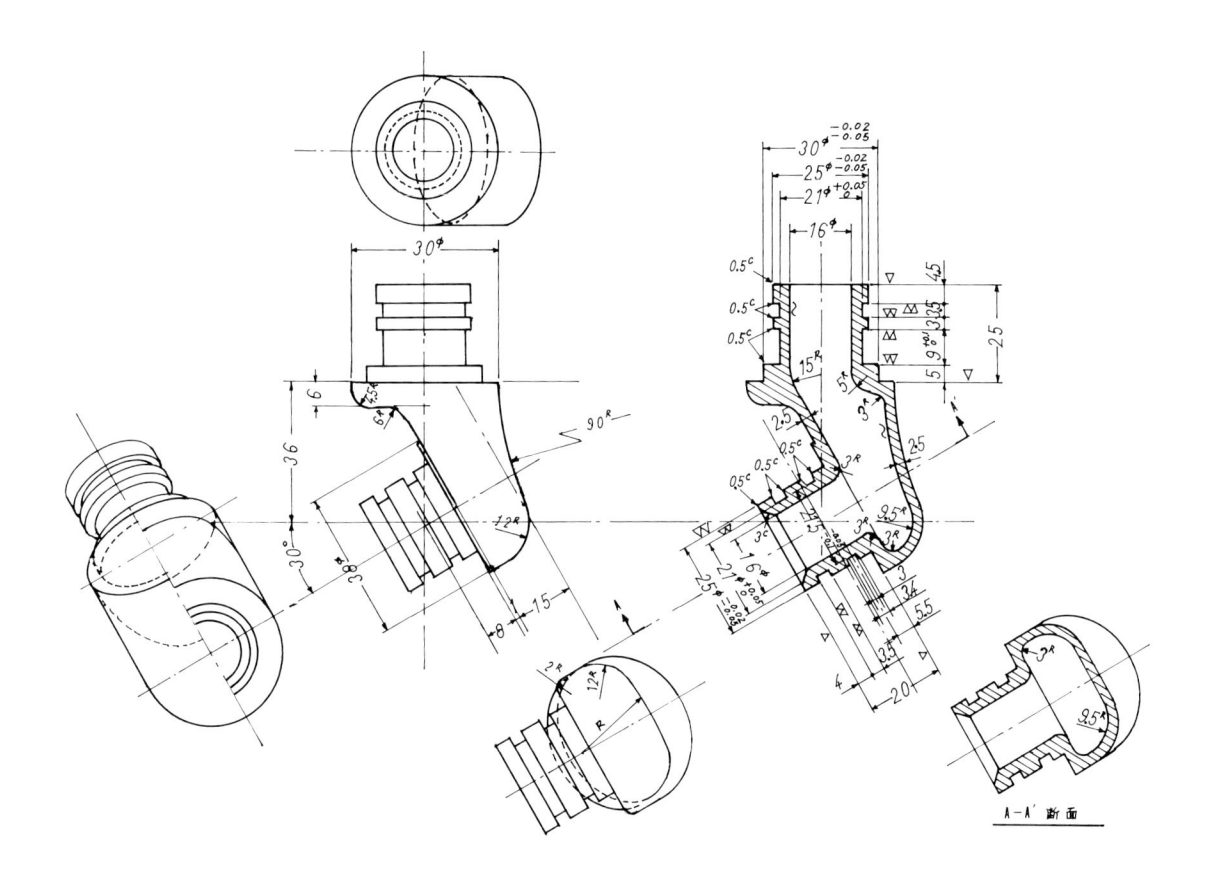

　人が話をしたり文章を書いたりするときには，正しく美しい言葉を使うことが要求される．製図は形を表す言葉である．したがって図面を書く場合にも，わかりやすく，正しく，美しく書くことが必要である．

　言葉を話すには文法を知らねばならない．図面もこれを書いたり読んだりするのに便利なように，その表し方の規則が定められている．この規則を知ることが，初心者にとっては無味乾燥のように感じられても，まず出発点となる．幸いにして，言語とは異なり，この文法は大体において世界各国共通な部分が多いので，外国人の書いた図面でも読むことができる．ただ一方で言葉のすべてを文法で律しきれないように，それぞれの分野で独自な表し方が必要に応じてくふうされ用いられている．たとえば建築やインテリアデザインでの書き方と，工業製品の場合とではいくつかの差異が見られる．しかしこの章ではそうした差異を述べるのではなく，共通な部分を基礎として述べることとした．

　ただデザインの分野では，その外形を直感的に理解させるということも重視される．それらの見取り図（レンダリング）は透視図法によって描かれることが多いので，その描き方もこの章に含めた．これらの製図の応用的発展は次章以下のそれぞれの項に実例があるのでそれも参考にしていただきたい．

英式コンパス　独式コンパス

ビームコンパス
直定規に取り付けて大円を描く

単位 mm

コンパスの芯の出し方

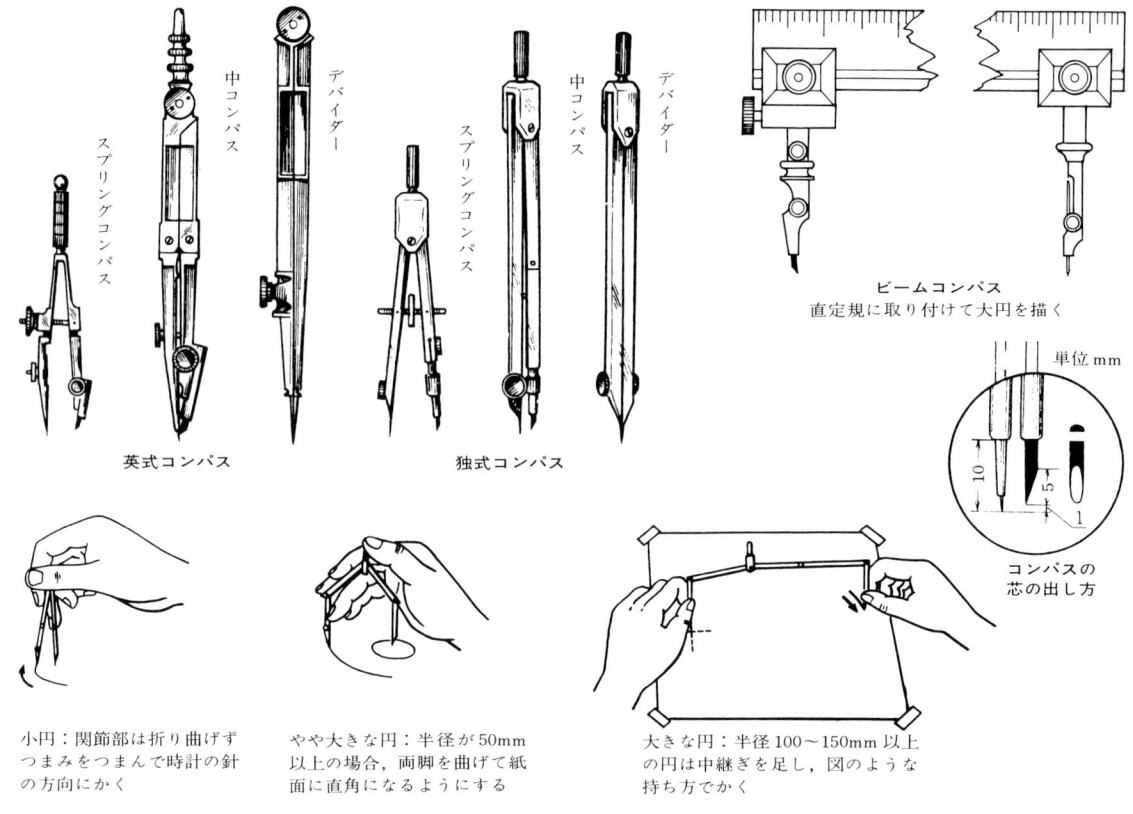

小円：関節部は折り曲げずつまみをつまんで時計の針の方向にかく

やや大きな円：半径が50mm以上の場合、両脚を曲げて紙面に直角になるようにする

大きな円：半径100～150mm以上の円は中継ぎを足し、図のような持ち方でかく

コンパスの使い方

1. 製図用具

　製図器械は英式とドイツ式（独式）があり、セットとして販売されている．自分の使用目的に応じて選ぶとよい．たとえば機械製図では現在鉛筆製図だけで十分であるが、墨入れやポスターカラーを用いることが多い場合は烏口を多用する．スプリングコンパスでは穂替えができないものもあるので注意する．

　大コンパス　　半径50 mm以上の円に用いる．ふつう片脚が烏口・鉛筆・針先の各穂先に換えられ、中継軸で脚の長さを伸ばせる．なお大円を描く用具としてビームコンパスがある．

　中コンパス　　半径5～50 mm程度の円を描くのに用いる．大コンパスも同様だが、脚を大きく開いて描く場合には、針先や鉛筆が紙面に垂直に立つように曲げて用いる．

　スプリングコンパス　　半径5～10 mm以下の円を描くのに用いる．ネジで脚の開閉を調節するので、寸法も正確に出せる．なおもっと小円を描くための、ドロップコンパスもある．

　デバイダー　　直線や円周を分割したり、寸法を物差しから移したりするのに用いる．

　烏口　　墨入れに用いる．曲線用・平行線用・点線用など特殊なものもある．独式は刃が横に開くので、刃先の清掃後も線の太さが変わらないので便利である．

　烏口を砥ぐには、オイルストーンに油を1滴たらし、烏口を垂直に立て、上部を軽く持って左右に振るようにして刃先を半円形に砥ぐ．次に刃先を軽く開き、横に寝かせて上から軽く持ち、砥石の上で∞型に砥ぐ．このとき進行方向にやや傾ける．片方が砥げたらもう一方を同様にして砥ぐが、ルーペで見て砥ぎ方のくせを直しながら砥ぐとよい．

　鉛筆　　文字用にはHB～H、線引き用には2H～4H程度を用いる．線引き用の鉛筆

1. 製図用具

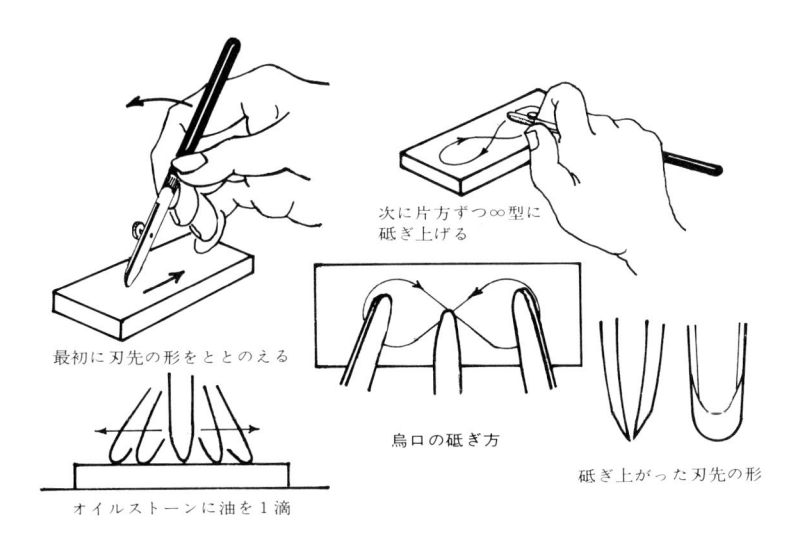

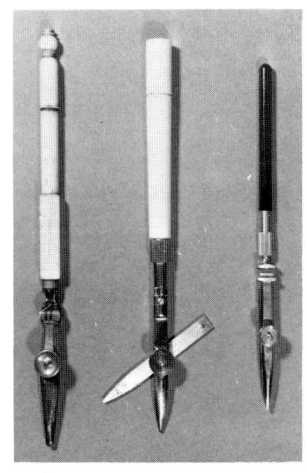

最初に刃先の形をととのえる
次に片方ずつ∞型に砥ぎ上げる
烏口の砥ぎ方
砥ぎ上がった刃先の形
オイルストーンに油を1滴

烏口（左：英式，右2点：独式）

字消し板，羽根ぼうき，分度器

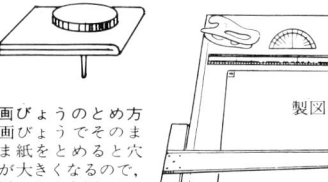

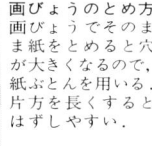

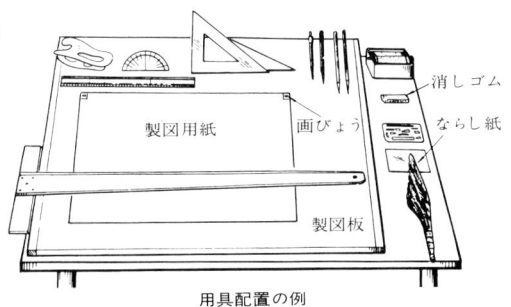

画びょうのとめ方
画びょうでそのまま紙をとめると穴が大きくなるので，紙ぶとんを用いる．片方を長くするとはずしやすい．

消しゴム
製図用紙
画びょう
ならし紙
製図板

用具配置の例

を削るには，芯を10 mm程度出し，芯砥ぎ器かサンドペーパーの上でくさび型に砥ぎ，トレーシングペーパーなどのならし紙で磨く（この砥ぎ方はp.77を参照）．

製図板　各種の大きさのものがある．そりのこない上質のものを選ぶ．線が引きやすいように，図板上に製図用シートまたはケント紙を敷いて用いる．枕を用い手前に傾斜させると使いやすい．

画びょう・製図用テープ　紙をとめるのに用いる．画びょうは使用中針穴が大きくなるので，下に紙を折った紙ぶとんを敷き，一緒にとめる．製図用テープは，はがしたのちも紙に跡が残らないので便利である．

字消し板・消しゴム・羽根ぼうき　小さい部分を消すには，その部分に字消し板の穴を当て，消しゴムで消す．羽根ぼうきは消しゴムのかすを払うのに使う．

T定規　水平線を引いたり，三角定規と組み合わせて種々の角度の線を引く．頭部の縁を製図板の横に密着させ，上下に滑らせて使う．長さは首から先端まででよぶが，製図板の大きさに合わせて用いる．定規には三角定規のほか多くの種類がある．それらの定規についてはp.39参照．

万能製図器　リンク機構により直角定規を平行に移動する器械で，T定規・三角定規・分度器・物差しの役目を果たし能率的である．製図板の大きさに合わせた各種の大きさがあり，水平用・傾斜用がある．

用具の配置　製図用具は右手で使うものと，左手で使うものとに分け，それぞれ使いやすい場所に置くが，T定規の上下にじゃまにならないようにする．また製図用紙は原則として製図板の左下に寄せてとめ，画びょうを用いるときは，T定規のじゃまにならないように，紙の上部だけをとめる．配置例を図に示す．

直線の2等分

角の2等分

直線のn等分

1辺から正五角形を描く

1辺から正六角形を描く

1辺から任意の正多角形を描く

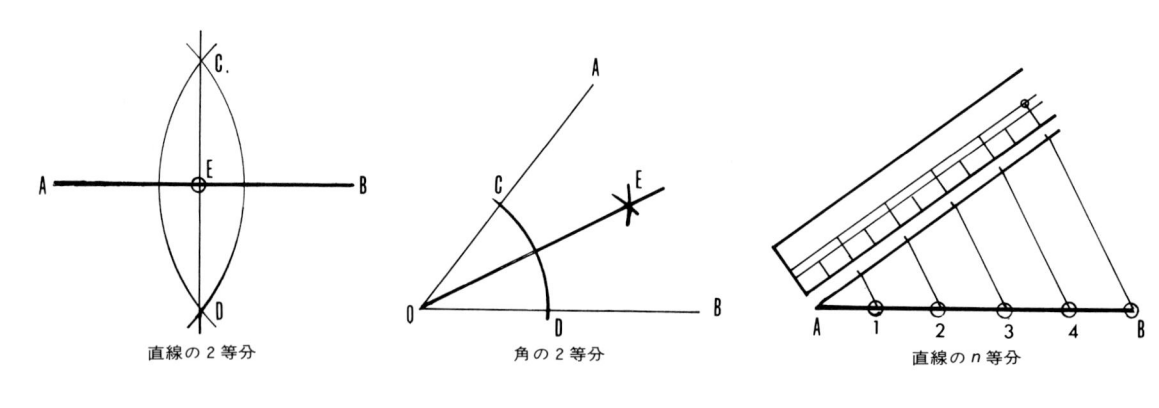

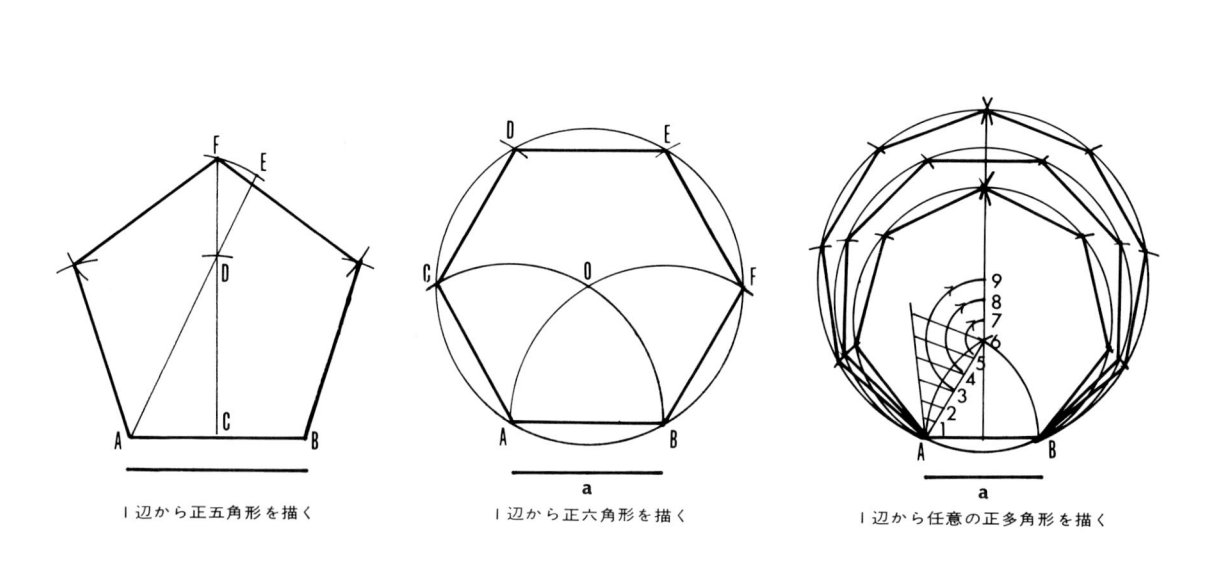

2. 平面図形の描き方

平面図形の描き方には，さまざまな方法があるが，ここでは利用度の高いものを示す．

直線の2等分 直線ABの半分より大きな円弧を両端から描き，円弧の交点を結んだ線との交点Eが2等分点．

角の2等分 ∠AOBの頂点Oから円弧を描きC，Dを求め，C，Dからの円弧の交点Eを通る線が角の2等分線．

直線のn等分 直線ABの一端から任意の長さの直線を引き，物差し・デバイダーでn等分（図では5等分）する．線の他端を結び，それと平行な直線で線ABを分割する．同様な方法で平行線間もn等分できる．

1辺から正五角形を描く 底辺ABの2等分垂直線上にD（CD＝AB）を求め，ADの延長線上にDE（DE＝AC＝AB/2）を加え，頂点F（AF＝AE）を求める．

1辺から正六角形を描く A，Bから辺ABを半径とした円弧を描き交点Oを求める．Oを中心とした半径ABの円を描き，内接する正六角形を求める．

1辺から任意の正多角形を描く 辺ABを底辺とする正三角形の1辺を6等分する．

2. 平面図形の描き方

円に内接する正 n 角形を描く

近似楕円

√ 比長方形

近似放物双曲線

アルキメデスのうずまき線

平行線の引き方

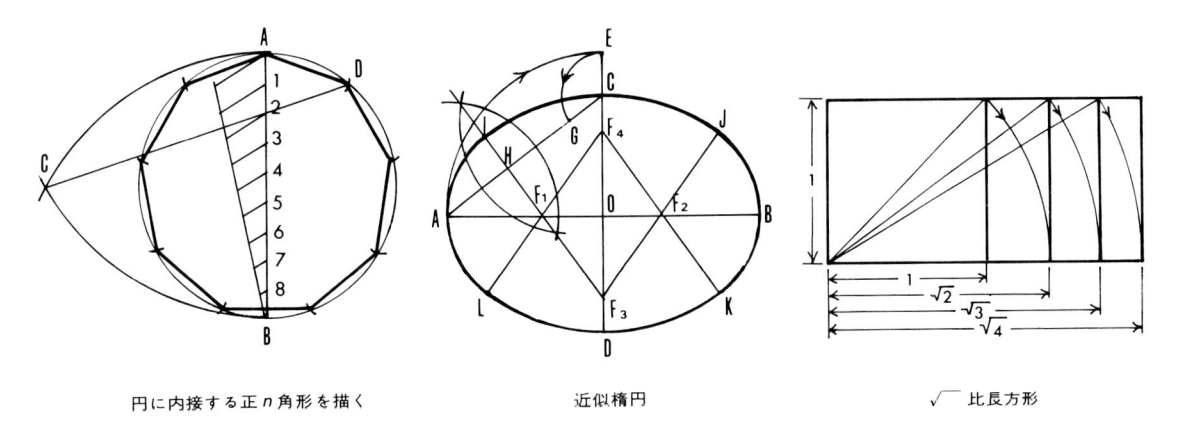

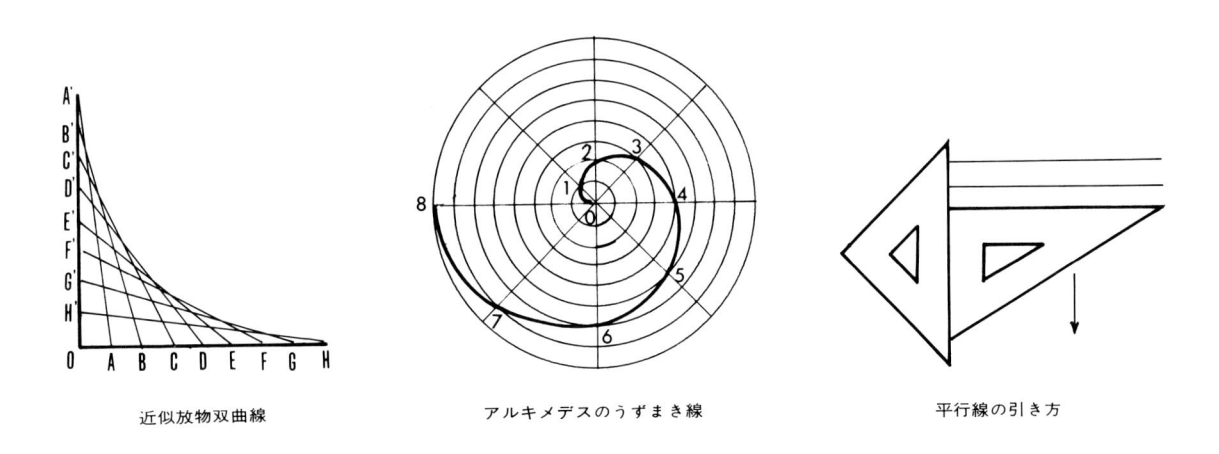

図のように外接円の中心を求め，円を描き1辺の長さで切っていく．

円に内接する正 n 角形　直径 AB を n 等分し，C (AC＝BC＝AB) から2番目の点を結んだ延長と円との交点 D を求める．AD が1辺の長さ．

長径・短径から弧製（近似）楕円を描く　長軸 AB・短軸 CD を描く．E (OE＝OA) を求め AC 上に G (GE＝CE) をとる．AG の垂直2等分線によって F_1，F_3 を求める．IL，JK 間は F_1，F_2 を中心，IJ，KL 間は F_3，F_4 を中心として円弧で描く．

√ 比長方形を描く　正方形の対角線を1辺の延長線上にとり $\sqrt{2}$ の長さを得る．順次対角線によって $\sqrt{3}$，$\sqrt{4}$，… が求まる．

近似放物双曲線　交差する2本の直線を等分割し，たがいに反対の方向から順次2点を結ぶ．

アルキメデスのうずまき線　等間隔の同心円を等角度に分割し，角度を1つ動くごとに外周へ1つ移動する．円弧では描けないので雲形定規などで滑らかに結ぶ．

平行線の引き方　三角定規を用い，図のように一辺を直線に合わし，もう一つの定規を当て，少しずつずらすことによって平行線が得られる．

正投影の原理

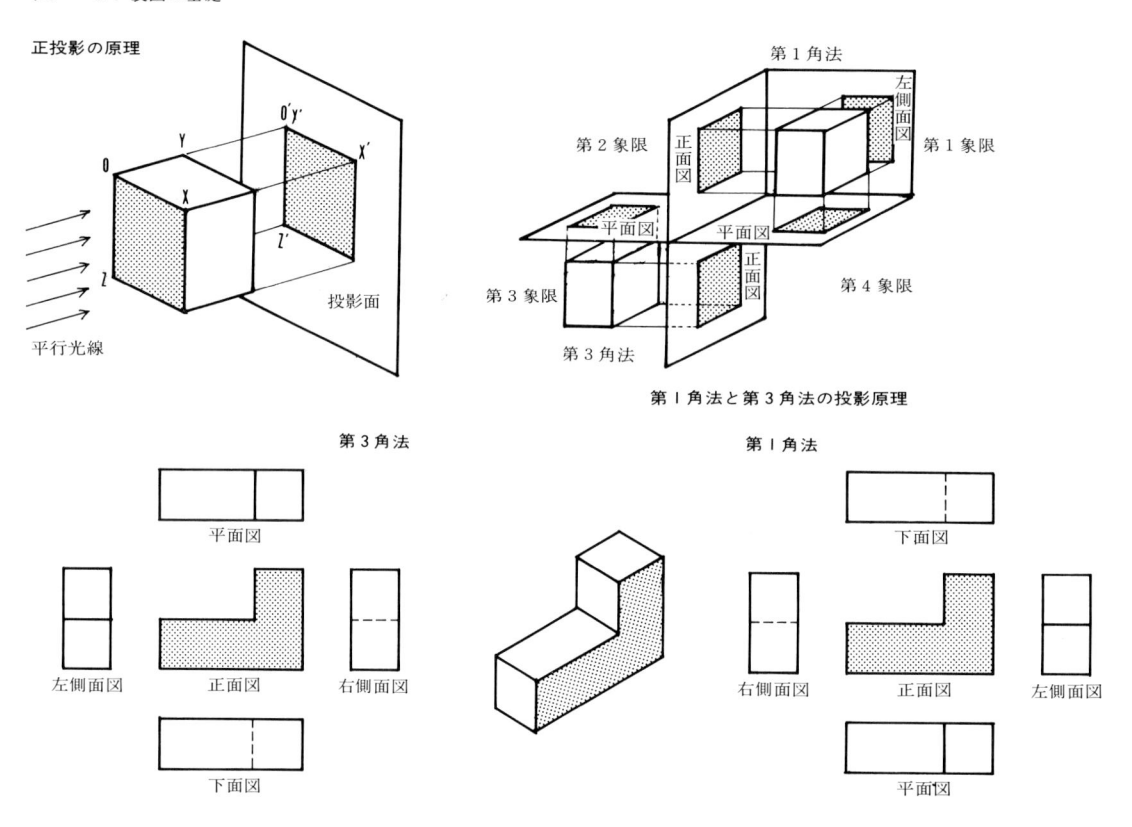

投影面

平行光線

第1角法と第3角法の投影原理

第2象限　第1象限
第3象限　第4象限
第1角法
左側面図　正面図　第1角法
平面図　平面図
正面図
第3角法

第3角法
平面図
左側面図　正面図　右側面図
下面図

第1角法
下面図
右側面図　正面図　左側面図
平面図

3. 投 影

3.1 投影図の種類

投影とは，立体を平面に表すための方法であるが，その方法と図の表し方には，次ページの表のような種類がある．

3.2 正投影——1角法と3角法

正投影図法は投影面に垂直な平行光線で投影する図法であるが投影面と物体との関係で1角法から4角法までの4種があるが（座標の第1～第4象限にそれぞれ該当する），そのうち2角法・4角法は実用的ではなく，1角法と3角法が用いられる．1角法は本を直角に開きその上に物を載せて投影したもの，3角法はガラス箱の中に物を置きガラス面に投影すると考えるのが理解しやすい．

1角法は主として建築・土木などの分野で用いられ，3角法は機械・器具の設計の分野で用いられることが多い．

3.3 斜投影図法・等角投影図法

斜投影図は投影面に斜めに光を当て投影する図で，表のように数種の図法があるが，もっとも多用されているのはキャビネット投影図法である．この図法は正面は投影図そのままで，奥行方向を視覚的に調整するため1/2の長さに描く．そのため戸棚・本棚などのように，正面は複雑だが側面は単純なものの構想図などに用いられることが多い．

等角投影図法は，投影面に対し立方体の各辺が等しい角度（35°16′）となるように置き投影したもので，このとき立方体は図のように各辺間の角度は等しく120°となる．ただこの図法では辺の長さが0.82倍となり，図を描くには不便である．そこで各辺の長さを実長に描くようにしたものが等角図法である．したがって等角投影図法では視覚的に大きさが実感されるが，等角図法では図を描くには便利であるが，実際よりやや大きく感じられる．

これらの図法は正面・側面とも等しく表すことができ，視覚的にも立体が理解されやすいので，各種の器物・家具・建築の室内や外観など他方面で用いられている．またテクニ

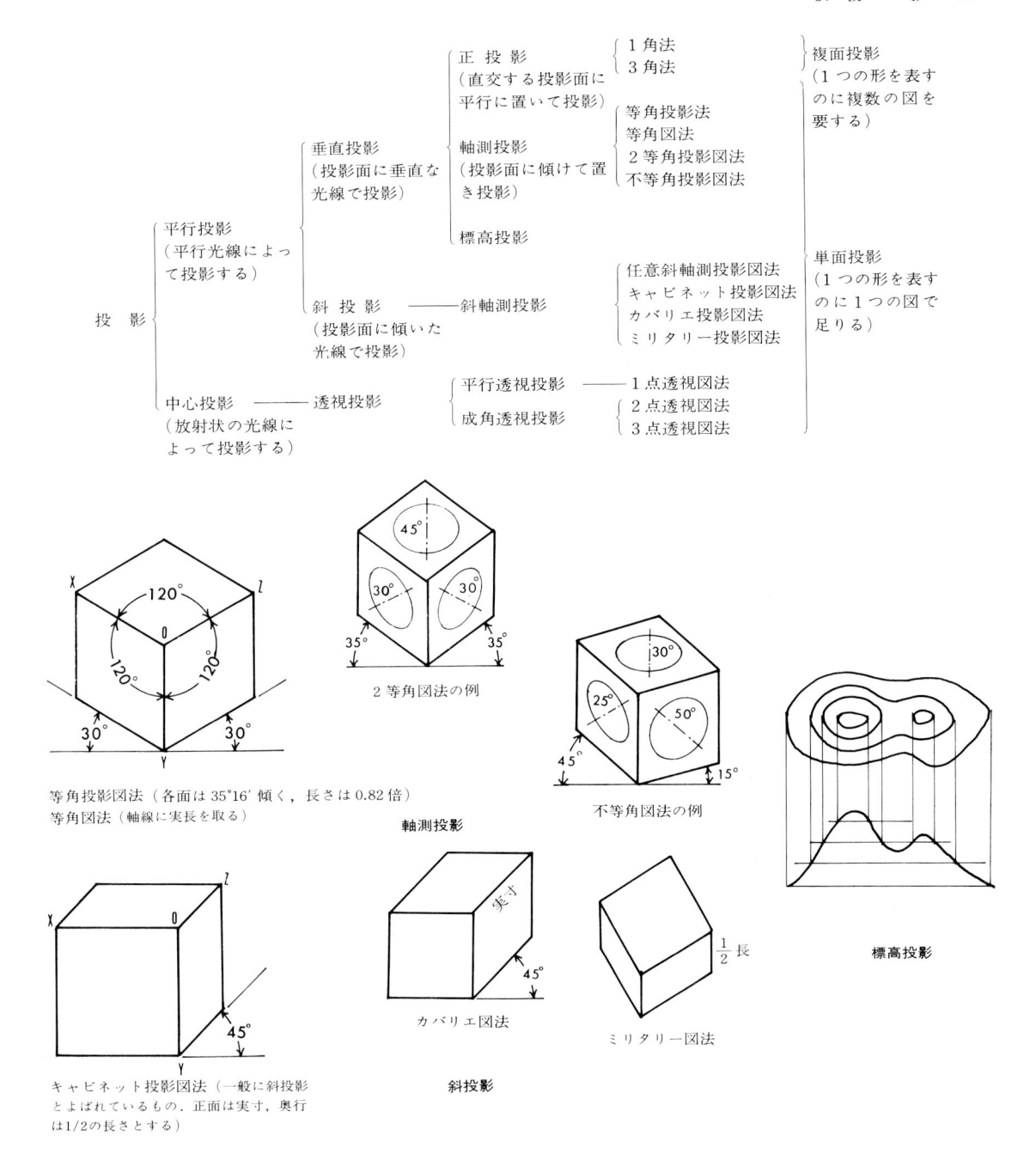

```
                                  ┌ 正 投 影         ┌ 1 角法      ┐ 複面投影
                                  │ (直交する投影面に │ 3 角法      │ (1つの形を表す
                                  │ 平行に置いて投影) └             │ のに複数の図を
                    ┌ 垂直投影    │                  ┌ 等角投影法  │ 要する)
                    │ (投影面に垂直な│ 軸測投影         │ 等角図法    │
                    │ 光線で投影) │ (投影面に傾けて置 │ 2 等角投影図法
                    │             │ き投影)          └ 不等角投影図法
          ┌ 平行投影 │             └ 標高投影
          │ (平行光線によっ│                           ┌ 任意斜軸測投影図法 ┐ 単面投影
          │ て投影する) │                           │ キャビネット投影図法 │ (1つの形を表す
 投 影   ─┤             ┌ 斜 投 影 ── 斜軸測投影     │ カバリエ投影図法   │ のに1つの図で
          │             │ (投影面に傾いた            └ ミリタリー投影図法 ┘ 足りる)
          │             │ 光線で投影)
          │
          └ 中心投影 ─── 透視投影 ┌ 平行透視投影 ── 1点透視図法
            (放射状の光線に         └ 成角透視投影 ┌ 2点透視図法
             よって投影する)                        └ 3点透視図法
```

等角投影図法（各面は 35°16′ 傾く，長さは 0.82 倍）
等角図法（軸線に実長を取る）

2 等角図法の例

不等角図法の例

軸測投影

標高投影

キャビネット投影図法（一般に斜投影とよばれているもの．正面は実寸，奥行は1/2の長さとする）

カバリエ図法　　ミリタリー図法

斜投影

カルイラストレーションとして，自動車をはじめ各種の機械類の構造・部品の組み立てなどに利用されている．

　等角図法を描くのに便利なように，特殊な方眼紙（三角眼紙・斜眼紙）や定規も市販されている．

　その他の図法としては，透視図については後述するが，自動車の車体など図では表しにくい曲面を，標高投影法で表すことがある．この場合には，地図のように単に一方向からだけでなく，前後・左右・高低のそれぞれの方向について等間隔（自動車のような大型のもので 5～10 cm ごと）に投影する．こうした曲面の外形を投影線で表した図を，線図とよびならわしている．

線の種類および用途

名称	線の形	太さ（mm）	用途別名称	用途
実線	———————	全線 0.3～0.8	外形線	物の見える部分の外形を示す.
			破断線	物の切り口を示す.
	———————	細線 0.2以下	寸法線と寸法補助線,引き出し線	長さ,角度,説明などを示す.
			ハッチング	物の断面であることを示す.
破線	----4--1--	半線（全線の約1/2）	かくれ線	物の見えない部分の外形を示す.
一点鎖線	-15-1 1-1-	半線（全線の約1/2）	切断線	物の切断した箇所を示す.
	——-——-——	細線 0.2以下	中心線	物の中心軸,対称軸などを示す.
二点鎖線	-15-1111-1-	半線（全線の約1/2）	想像線	物のあるものとして仮想して示す. 物の前部や隣接部を参考として示す.

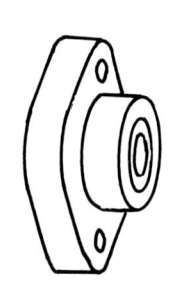

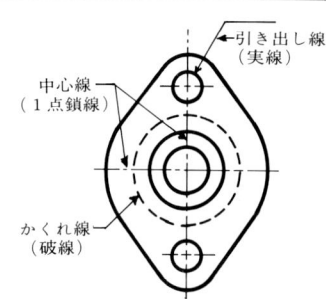

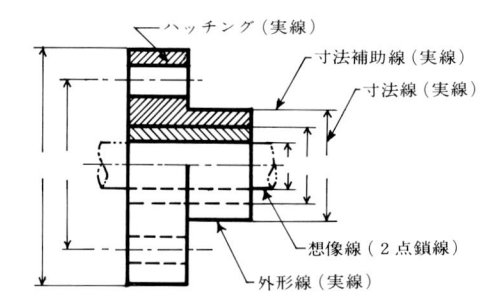

線の使い方

4. 線・尺度

4.1 線の種類と用途

製図に用いる線は，その形によって実線・破線・一点鎖線・二点鎖線の4種，太さによって全線・半線・細線の3種があり，この組み合わせによって12種の線ができるはずだが，実際には表に示す6種類が用いられる．

その用途は表と図に示したとおりである．

4.2 線の引き方

鉛筆で線を引くときには，図に示したように削り，芯の太さをそれぞれの線の太さに合わせて研ぐ．鉛筆は芯が定規の下端に接するように，やや向こう側に傾け，同時に線を引く方向に約60°傾け，最初から最後まで同じ強さで一気に引く．

紙に水平線を引くには，T定規の頭を製図板に密着させ，左から右へ引く．何本も引くときは，上の方から順に，T定規を下にずらしながら引いていく．

垂直線はT定規の上に三角定規を当て，下から上へ引くのが原則なので注意する．

4.3 破線の引き方

外形線や破線など線が交わる部分は，交点の位置がわかるように，線は必ず接するように書く．ただし破線が形を表す実線と連続する場合は，破線と実線の間にすき間を置くようにする（図参照）．

また破線が接して平行に並んでいる場合には線と空白の部分との関係が，ずれるように引く．

4.4 図の尺度

図面はかかれる実物の大きさや，図面の使用目的，見やすさなどを考えて，実物に対しての大きさの割合を決める．この割合を尺度という．尺度には次の3種がある．

倍尺……実物より拡大してかく場合の尺度．

鉛筆の削り方

文字用 HB けずる部分 とぐ部分 約20mm 約10mm
線引き用 H～3H 約20mm 約10mm

全線用 0.6mm H,2H
半線用 0.3mm H,2H
細線用 0.1mm 3H,4H

鉛筆のとぎ方

サンドペーパー，芯研器のやすりの上で前後左右に軽くとぐ．とぎ終わったらトレーシングペーパーなどのならし紙の上でみがく．

鉛筆の使い方

鉛筆の芯は定規に密着させる

鉛筆は進める方向に傾ける 60°

図の尺度

尺度\方式	メートル式			
現尺	1/1			
縮尺	1/2	1/2.5	1/5	1/10
	1/20	1/25	1/50	1/100
	1/200	1/250	1/500	1/1,000
倍尺	2/1	5/1	10/1	20/1
	50/1	100/1		

線を引く方向

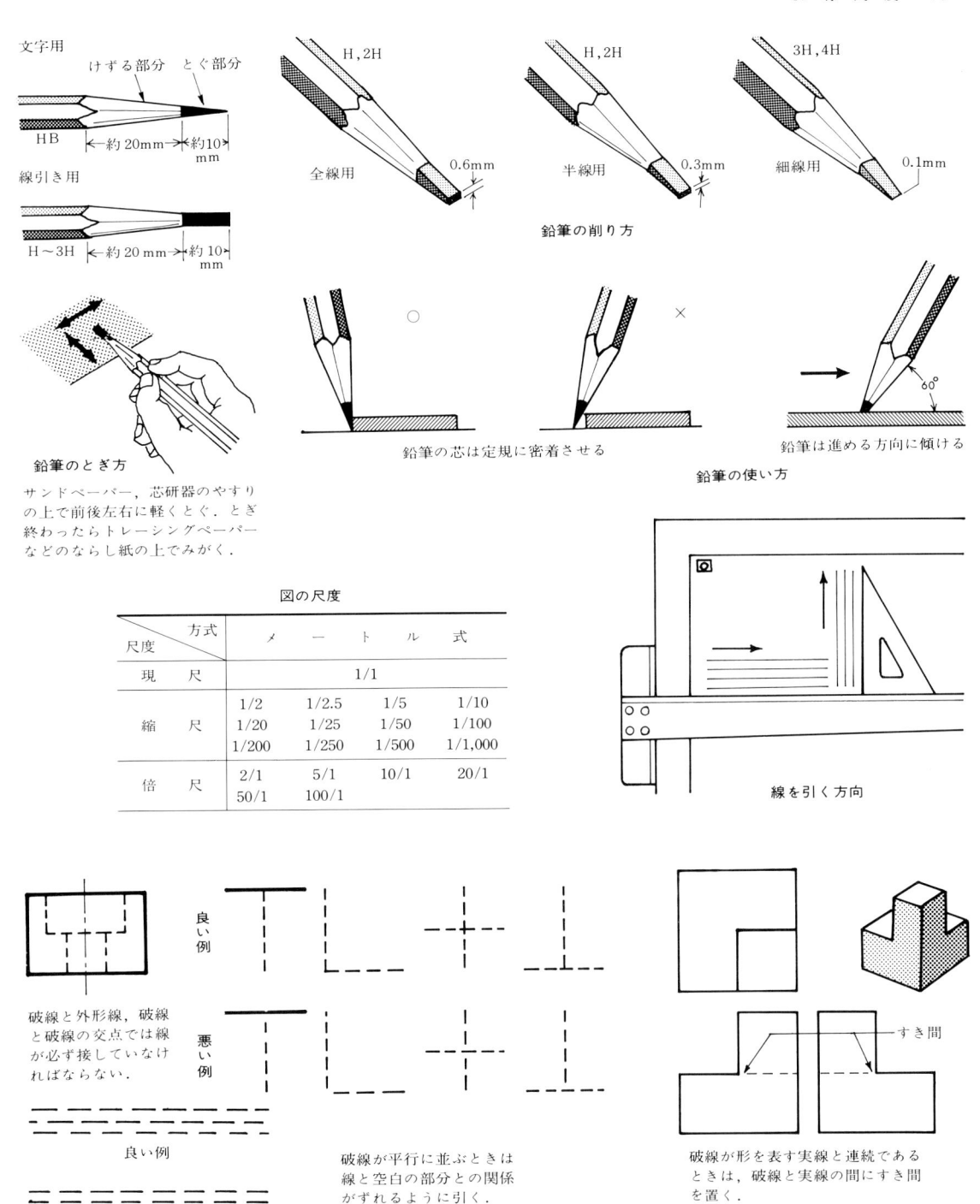

破線の引き方

良い例／悪い例

破線と外形線，破線と破線の交点では線が必ず接していなければならない．

破線が平行に並ぶときは線と空白の部分との関係がずれるように引く．

破線が形を表す実線と連続であるときは，破線と実線の間にすき間を置く．

すき間

小さいもの，複雑なものの場合に用いられる．
現尺……実物大にかく場合の尺度．
縮尺……実物より縮小してかく場合の尺度．
大きなもの，単純なものの場合に用いられる．

JISでは国の尺度として，表のような割合を用いることを決めている．

なお，倍尺・縮尺でかかれた場合でも，寸法は実物の寸法を記入しなければならない．

全断面図　　　　　　　　　半断面図　　　　　　　　破砕断面図

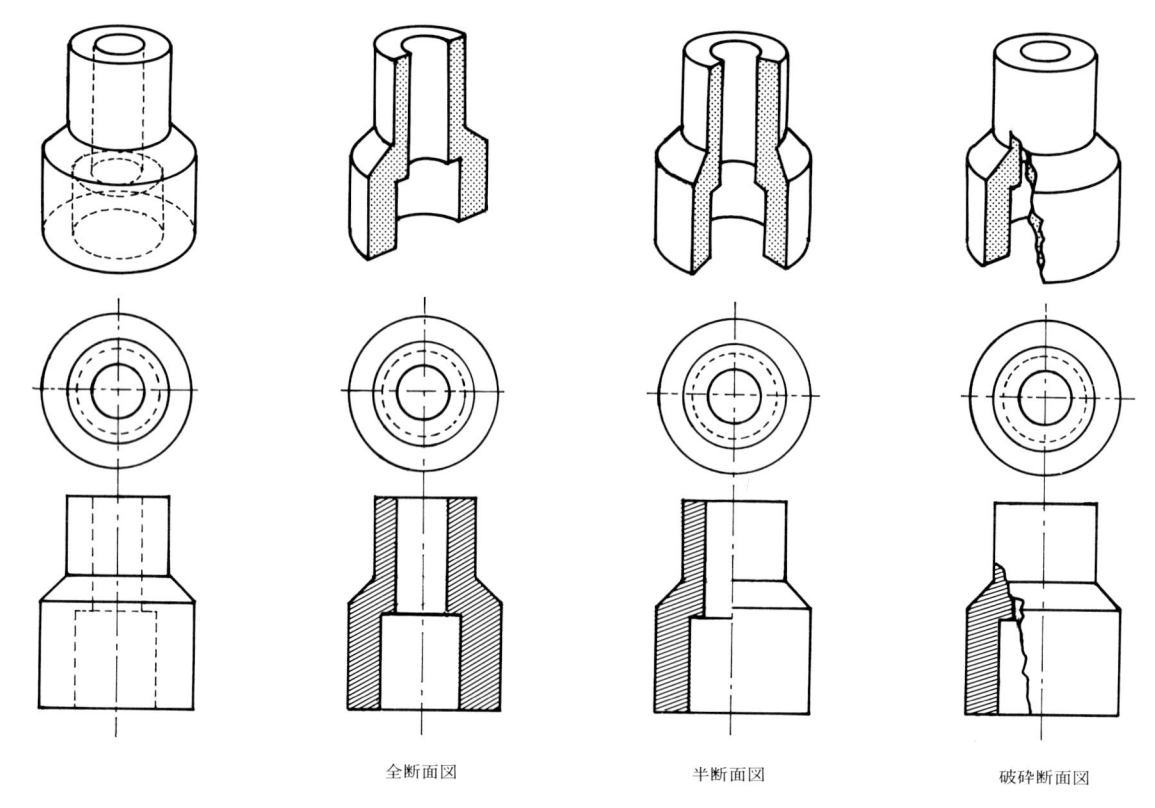

断面の表示

5. 断面の表し方

5.1 断面の表示

図面では，直接に見ることのできない内部の形を，かくれ線（破線）で示すことになっているが，あまりこれを用いると図が複雑となりかえって不明確となることが多い．断面図によって内部の形を示すことにより，かくれ線を省略でき，形を明確に表すことができる．

切断線の位置，切断の方法によって，断面図は次のように分けられる．

全断面図　ふつうは物全体を中心線の位置で切断した図として描く．この場合，外形の立面図がなくなるために，複雑な形では外形図と別に書かれる場合が多い．

なお切断個所と方向を明らかにして，階段状の断面によって2つ以上の断面を同時に示す方法もある（次ページ階段断面）．

半断面図　左右対象の形では全断面とする必要がないので，中心線より片方の，全体の1/4だけ切断する図である．この図では中心線より片側が外形，片側が断面となるので一つの図で両方を示すことができる．

破砕断面図　物の一部分を破ったように表す方法．このときの破断線は，フリーハンドの全線または半線で表す．

局部断面図（回転断面図）　アームや軸などの細長い物の断面を表す場合，切断位置で切断面を90°回転させて表す．外形図のその位置に書く場合は輪郭線に2点鎖線を用いるが，物の形を中断してその位置に描く場合や，切断線を中心として図の外側に描くときは，実線を輪郭に用いる．

5.2 破断面の形状表示

軸や管など同一の断面形状をもつ細長い物は，破断して断面を示すことが多い．このと

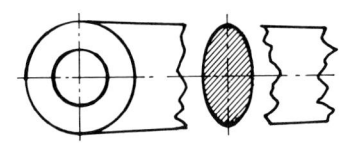

5. 断面の表し方　79

中間を破砕して描くときは断面は外形線で

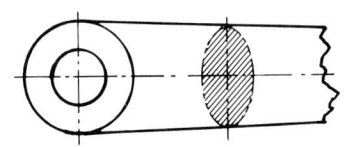

中断せずに描く場合は想像線（2点鎖線）でその位置の断面を90°回転させて示す．
断面の回転表示（局部断面）

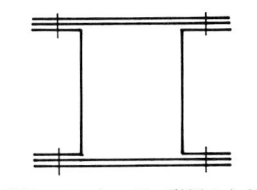

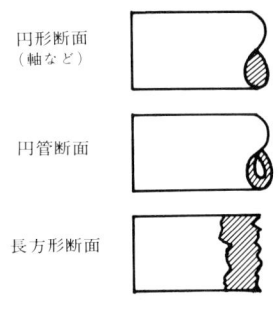

円形断面（軸など）

円管断面

長方形断面

局部破断面図

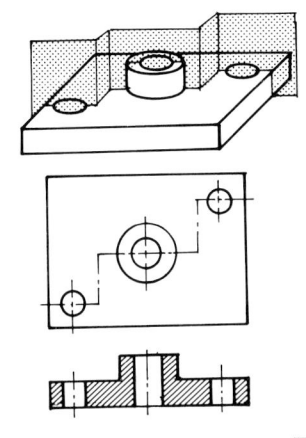

薄板・パッキング・形鋼のような薄いものは1本の太い線で表してよい．これらが接する場合は線の間に細いすき間を置く．
薄物の断面表示

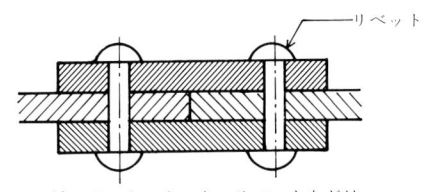

2つ以上の平面で切断し，1つの図で示す方法
階段断面図

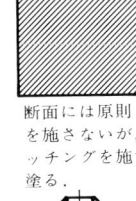

・軸・ボルト・ナット・リベットなどは切断個所にあっても断面で示さない．
・隣接しあった断面を示すには斜線の向きや間隔を変える．

断面には原則としてハッチングを施さないが，必要によってハッチングを施すか，周辺を薄く塗る．

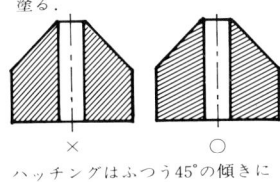

× ○
ハッチングはふつう45°の傾きに施すが，外形線が45°のときはハッチングの角度を変える．
ハッチング

き断面は破断線で書き，断面にはハッチングを施すことが多い．

5.3 薄物の断面表示

パッキング・薄板・形鋼などのような薄物の断面は1本の太い線で表してもよい．これらが接する場合には，その間に細いすきまをあけて書く．

5.4 断面図示をしないもの

軸・ピン・ボルト・ナット・リベット・リブ・歯車の歯などは，切断される場所にあっても断面で示さない方が形がわかりやすい場合は，慣習上その断面を図示しない．

5.5 ハッチング

JIS製図通則では，断面にはハッチング（細い平行な斜線）を入れない方をふつうとするとされているが，必要な場合には断面であることをわからすために，ハッチングや薄ずみで表すとよい．

ハッチングは45°の傾きをもつ細い実線で引き，その間隔は2〜3mmが適当であるが，2つ以上の部品が接する場合には，方向・間隔・角度を変えて区別する．

また外形線が45°となっている場合には，その中のハッチングは角度を変えた方がよい．

製図通則では，断面の周囲を薄く塗る方法も定めている．トレーシングペーパーの裏面から，断面の輪郭の内側を，薄ずみ・鉛筆・色鉛筆で薄く塗る．青図にした場合は，これが薄く現れるが，実際的な製図の場ではハッチングより広く用いられている．

5.6 階段断面

切断は必ずしも一平面とは限らない．階段状にいくつかの連続した平面で切断し，1つの画面にまとめて断面図として表すことがある．この場合，切断線に英字の記号を符したり，必要があれば切断線の両端に見る方向を示す矢印を付ける．

6. 寸法の記入

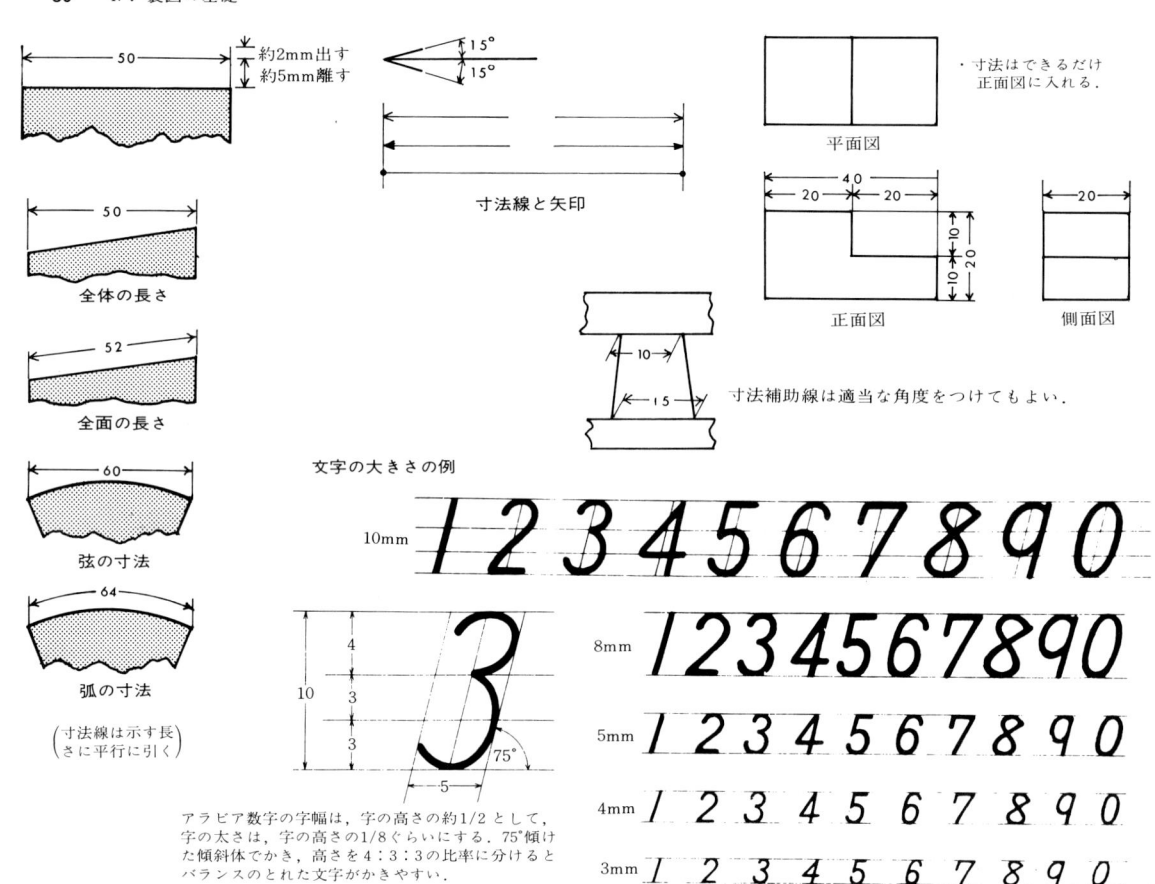

6.1 寸法線と寸法補助線

寸法を記入するには，図形から寸法補助線を引き出し，これと直角に寸法線を引き，中央に寸法数字を記入する．

寸法線は示す長さと平行に引くので，図に示すように寸法の指示する部分によって引き方を区別する．また寸法補助線はまぎらわしい場合，適当な角度の平行線を用いることもある．

矢印は習慣的にさまざまな表し方が用いられているが，鉛筆製図の場合には図のような形が標準とされている．

また寸法数字は寸法線を中断してその中央に記入するのを標準とするが，土木・建築製図では寸法線の上部に記入する方法もとられている．

6.2 寸法数字と文字

寸法文字ばかりでなく製図に用いる文字は正確・明瞭に，また図に適した大きさで統一する．

漢字は，楷書，術語のかなは片カナで書く．英字・ローマ字は 75°の傾斜体で書く．

大きさは高さ 20，12.5，10，8，6.3，5，4，3.2，2.5，2 mm の 11 種と定められているが，一般には 2〜10 mm の大きさが用いられる．なお数字を美しく書くには，その位置に硬い鉛筆で軽く，文字の上下を示す平行線を引き（消さずともよい）．その線にそろえて書くとよい．

6.3 長さ・角度の表し方

記入寸法はとくに指示のない限り，完成品の仕上がり寸法を用いる．

一般に長さは mm 単位で表し，mm の文字は省略する．数字はけた数が大きくともコンマで区切らないが，1 M 230 のようにメート

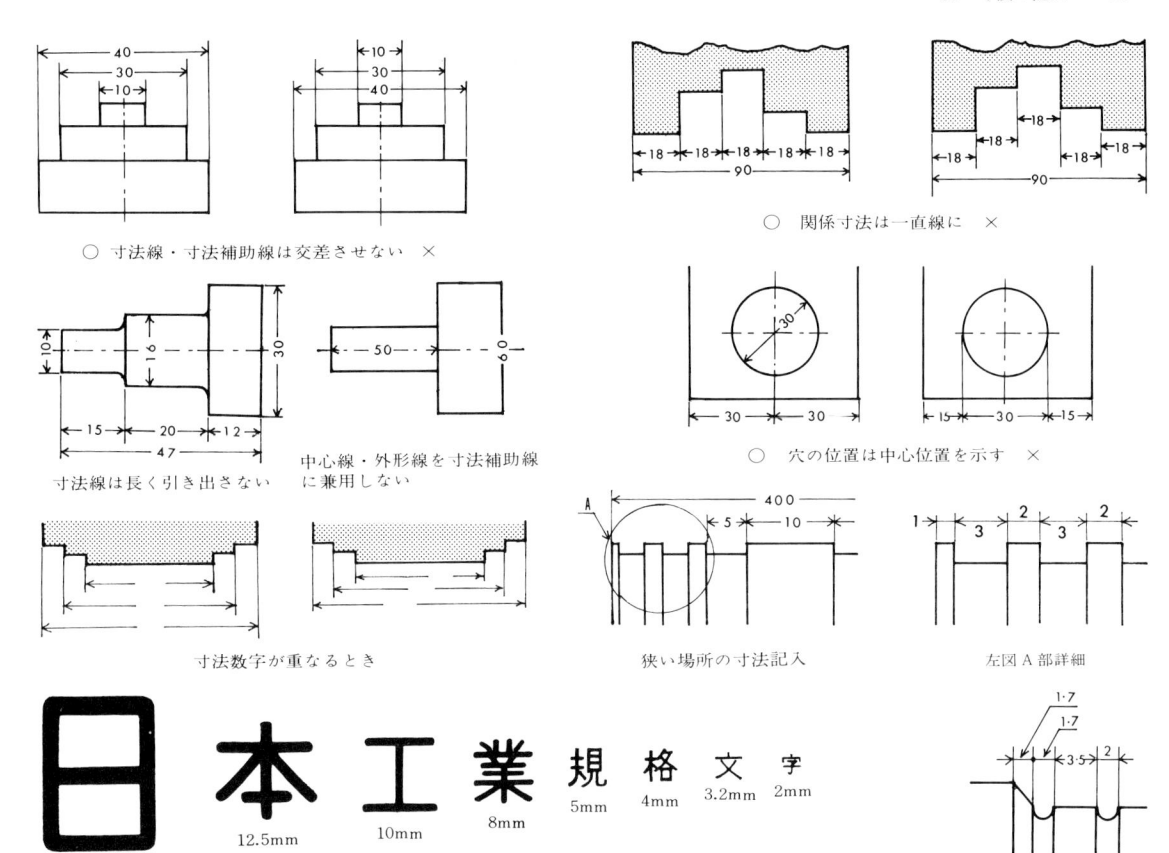

ルを示す M を記入する．なお小数点は中央に打つ．角度は度が°，分を′，秒を″で表す．

6.4 寸法記入上の諸注意

1) 寸法はできるだけ正面図に記入．重複はなるべく避ける．ただし寸法は計算しないでもすむように．
2) 寸法線・寸法補助線の交差は避ける．したがって小さい寸法は内側，大きい寸法は外側とする．
3) 寸法線が何本もあるときは，5 mm 程度の等間隔に．
4) 寸法補助線はあまり長く引き出さない．場合によっては図形に直接記入してよい．
5) 中心線・外形線を寸法線に兼用してはいけない．ただし中心線を寸法補助線とすることは差し支えない．
6) 寸法数字が重なる場合は，前後をそろえて記入する．寸法線が接近しているときは斜めに記入する．
7) 関係のある寸法は階段状にせず，一直線に記入する．
8) 穴の位置はその外側までの寸法ではなく，中心の位置で示す．円の直径を示す寸法線は，斜めに傾けて記入する．

6.5 狭い個所の寸法記入の方法

1) 寸法線の上，または下に数字を書く．
2) 寸法補助線の外側に矢印を付け，寸法数字を横に書く．
3) 引き出し線を用いる．このとき矢印の代わりに点を用いてもよい．
4) 部分の詳細図を別にもうける．

6.6 半径の寸法記入の方法

1) 寸法線は斜め方向に引き，絶対に水平や垂直にはしない．
2) 円弧の内側に矢印を付ける．
3) 内側に余地のないときは，寸法線を円弧の外まで延長し，外側に矢印を付ける．
4) 円弧の中心点が遠いとき，または中心

寸法に付記される記号

半径の寸法の記入方法

角度の記入法

寸法数字の向き

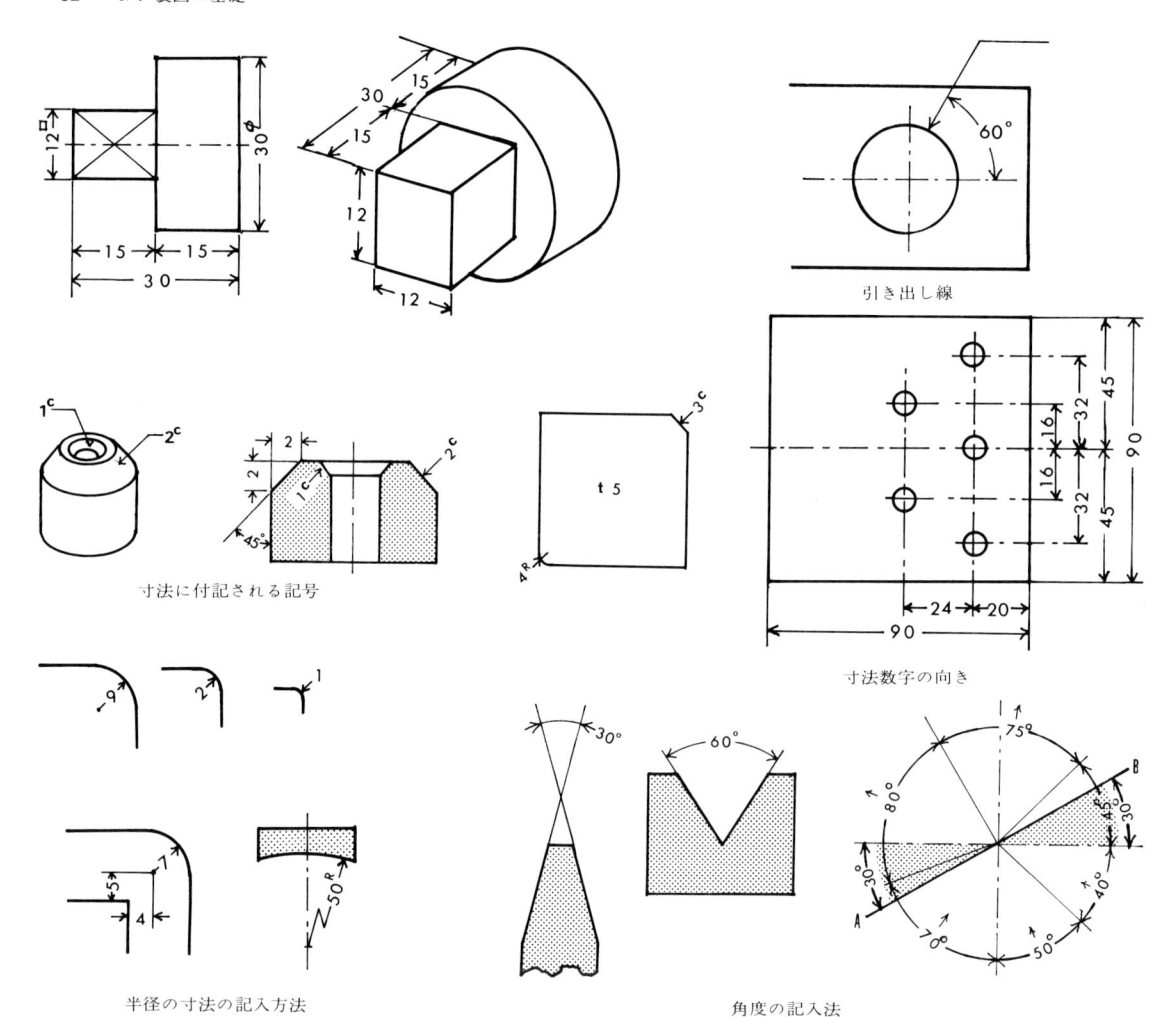

点を円弧の近くで示す場合は寸法線を折って示す.

5) 寸法線が中心点から直接引かれた場合は，半径 *R* の記号を省略してもよい．

6.7 寸法に付記される記号

寸法に付記される記号には次のものがある．

　　直　径　*φ*（マル）　　　厚　さ　*t*
　　半　径　*R*（アール）　　面取り　*c*
　　正方形　□（カク）

これらの記号は寸法数字の右肩に書くが，*t* だけは数字の前に書く．

またその面が平面であることを示すため，細い実線の対角線を引くことがある．

6.8 引き出し線

寸法・加工法・部品番号などを記入するために引き出し線を用いることがある．引き出し線は水平線に対しなるべく 60°の直線を引き，端に水平線を引きその上に必要事項を記入する．また引き出される側には，矢印または点を付ける．

6.9 寸法数字の向き

寸法数字の向きは，寸法数字を全部直立させて記入する直立法と，寸法線に対し直角となる直角法とがあり，JIS では後者が用いられている．したがって数字は寸法線に沿って上向きまたは左向きに書き，図の下または右側から見たときに読み取れるようにする．

角度は補助線の間に，角の頂点を中心とする円弧の寸法線を引き，数字で表示する．この数字は，30°の右上がり線の，左上では頭を外向き，右下では内向きに書くが，図の網点の部分ではなるべく数字を記入しない．

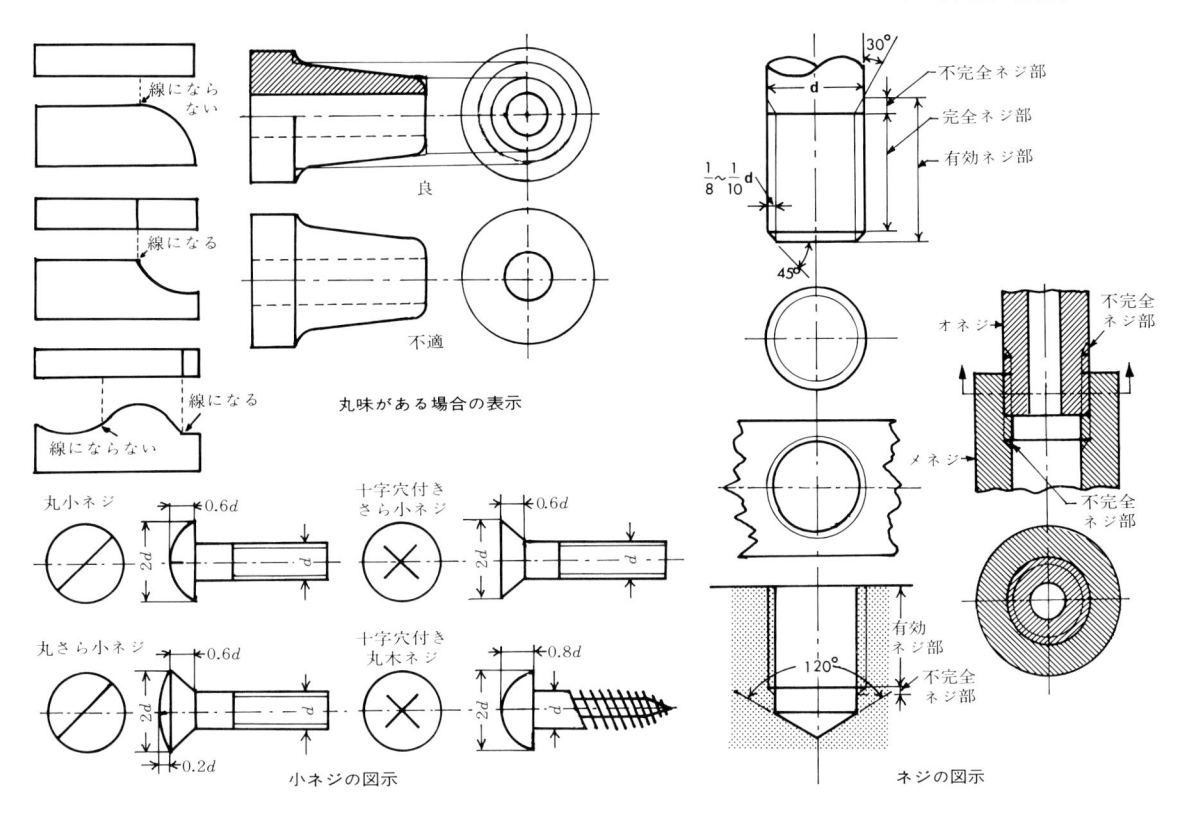

7. 慣用図と省略図

製図では，理論的に正しい図でもかえってわかりにくいとか，書くのに手数がかかるという場合がある．その場合数々の慣用図や省略図が用いられるので，そのいくつかを紹介する．

7.1 角部の丸み

物の角が丸味をもっている場合，その部分は図の上に線として表さないが，この丸味が小さいときには，2つの面が交わる位置でその角を表す．

7.2 中間部の省略

長い軸や管など同一断面の形は，中間部を切断して省略してよい．その破継線はフリーハンドで書く．

7.3 隠れた線の省略

隠れた線で示さなくても，明確に図が理解できる場合や，図が複雑でかえってわかりにくくなる場合は，隠れ線を省略することがある．

7.4 多数の同一穴の省略

多数の同一穴があるときは，個々の穴を全部書かず，それらのうちの周囲のものだけを描き，他は中心位置だけを示せばよい．

7.5 対称図形の省略

上下または左右対称の図は，全体を書かず中心線からの半分を省略する場合がある．

7.6 ネジの略図

ネジは図のような略画法で示す．線は次のように使う．

　山頂を示す線（オネジの外径線／メネジの内径線）……太い実線
　谷底を示す線（オネジ，メネジとも）……細い実線
　完全ネジ部と不完全ネジ部の境界線…太い実線

また不完全ネジ部を示す線は30°の傾きで画く．見えない部分のネジは，これらが全部破線となることはいうまでもない．

小ネジは図のように不完全ネジ部は省略してよいが，注意することは，頭の溝は正面図の溝の方向とは関係なく，常に45°の傾きをもって画くようにする．

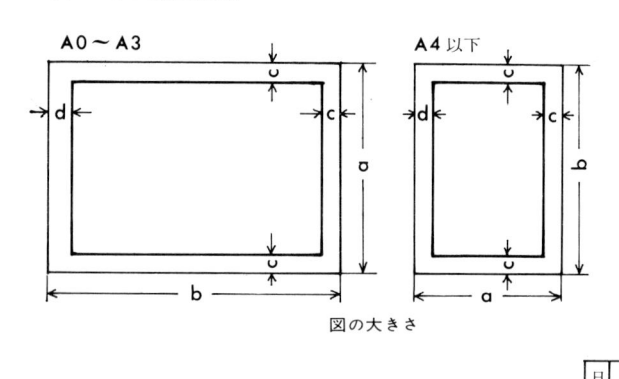

図の大きさ　（単位はmm）

大きさの呼び方		A0	A1	A2	A3	A4	A5	A6
$a \times b$		841×1,189	594×841	420×594	297×420	210×297	148×210	105×148
c 最小		10	10	10	5	5	5	5
d 最小	つづらない場合	10	10	10	5	5	5	5
	つづる場合	25	25	25	25	25	25	25

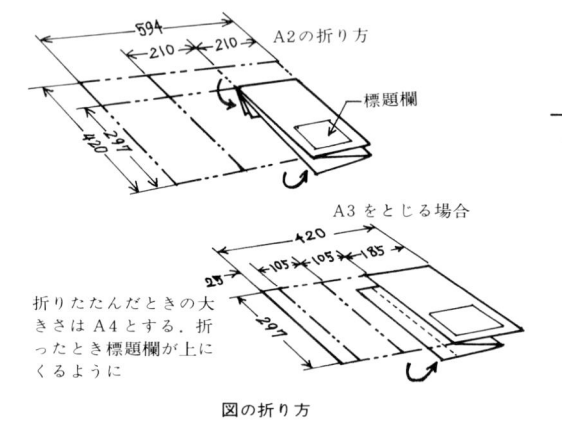

図の大きさ

A2の折り方

A3をとじる場合

折りたたんだときの大きさはA4とする．折ったとき標題欄が上にくるように

図の折り方

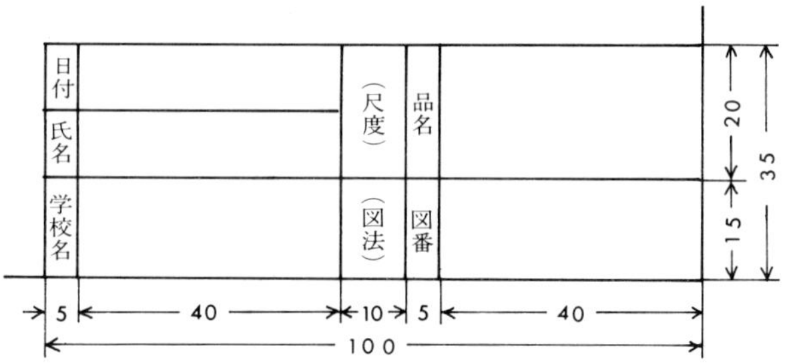

標題欄（学校などでは上のような形式が多い）

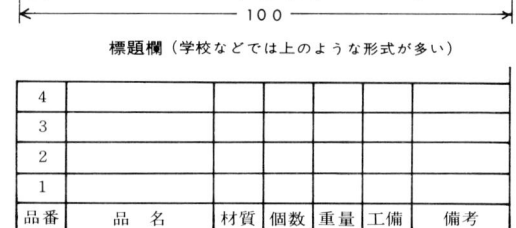

4						
3						
2						
1						
品番	品名	材質	個数	重量	工備	備考

部品表の形式例（標題欄の上に記入する場合）

8.　図の大きさ・標題欄・部品表

8.1　図の大きさ

JISでは製図用紙の大きさとして，A列の0～6を使用するように指定している．またこの図を折りたたむ場合には，A4の大きさを標準とし，右下の標題欄が表となるようにする．

図の周縁には輪郭線を引く．このときの周囲の余白は表の寸法を取る．

8.2　標題欄

図の右下の隅に標題欄を設けて，これに品名・尺度など必要事項を記入するが，その様式については種々くふうされている．一般的なものを図に示す．

8.3　部品表

図面内の各部品の部品番号・品名・材質などを記入する欄で，標題欄上部・図の上部隅などに配置する．追加の場合の余白を見て，標題欄上部の場合は下から番号を打つ．

9.　製図の順序

9.1　準備段階

1) 製図用紙の大きさと，実物を図面に表す大きさとによって尺度を決める．できるだけ現尺がよい．
2) 製図用紙の大きさによって輪郭を引き標題欄や部品表など記載欄の大きさを考える．
3) 寸法記入の余裕をみて，正面図・平面図・側面図の配置を決める．

9.2　作図段階

1) 中心線・基準線を引く．
2) 各投影面の概略の輪郭を，正面図・平面図・側面図の順に引く．
3) 外形線を引く．主要な線から細部へと引くが，円→円弧→水平線→垂直線→斜線の順に引くと便利．
4) 隠れ線（破線）を引く．外形線と同じ順序で．

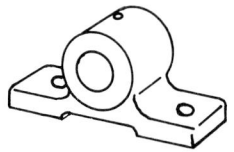

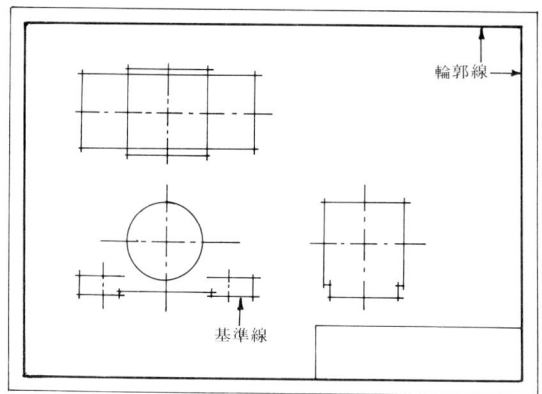

① 中心線・基準線を引き各投影図のだいたいの
　輪郭を正面図→平面図→側面図の順に引く

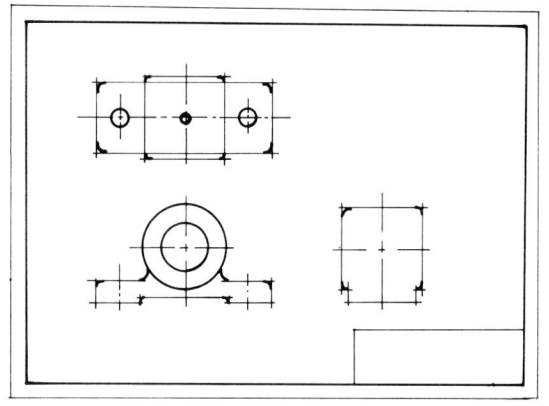

② 太い実線で外形の円, 円弧をかく

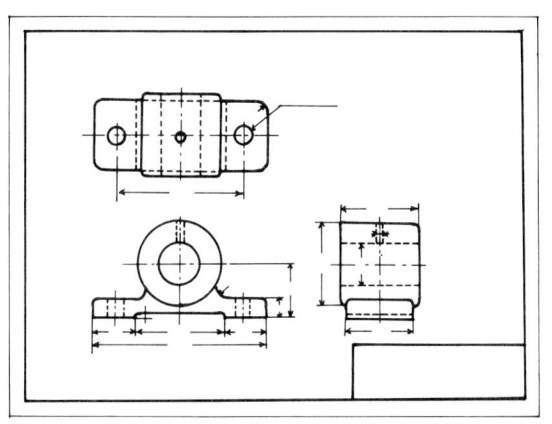

③ 外形線（水平線→垂直線）→隠れ線
　（破線）→寸法線→ 矢印の順にかく

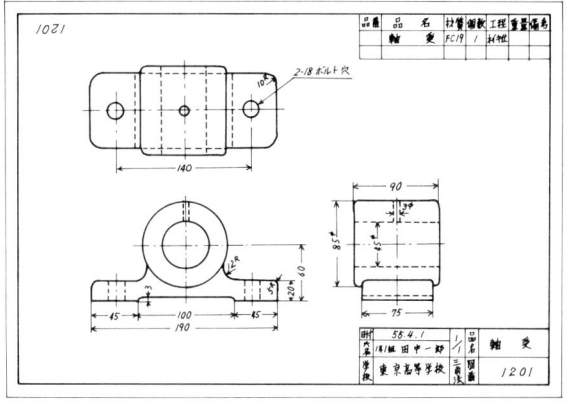

④ 寸法数字→諸記号→標題欄・部品表を記入し, 仕上げる

製図の順序

5) 寸法補助線・寸法線を引く．
6) 矢印の頭・寸法数字を書く．寸法数字は図面のどの部分でも原則として同じ大きさに，上向きまたは左向きに記入．

9.3 完成段階

1) ハッチング，部品番号などを必要に応じて入れる．
2) 不要な線やよごれを消す．
3) 標題欄・部品表を記入する．
4) 記入漏れ，誤りを点検・修正する．

9.4 墨入れの場合の順序

下図をもとに，トレーシングペーパーに墨入れをする場合には，作図段階の一部を次のように順序を変えて行うとよい．

1) 外形線を引く：①円・円弧をかく（小から大へ）．②水平線を引く（上から下へ）．③垂直線を引く（左から右へ）．
2) 隠れ線を引く（外形線と同じ順序）．
3) 中心線を引く．
4) 寸法補助線・寸法線を引く（以下は同じ順序）．

透視図の原理

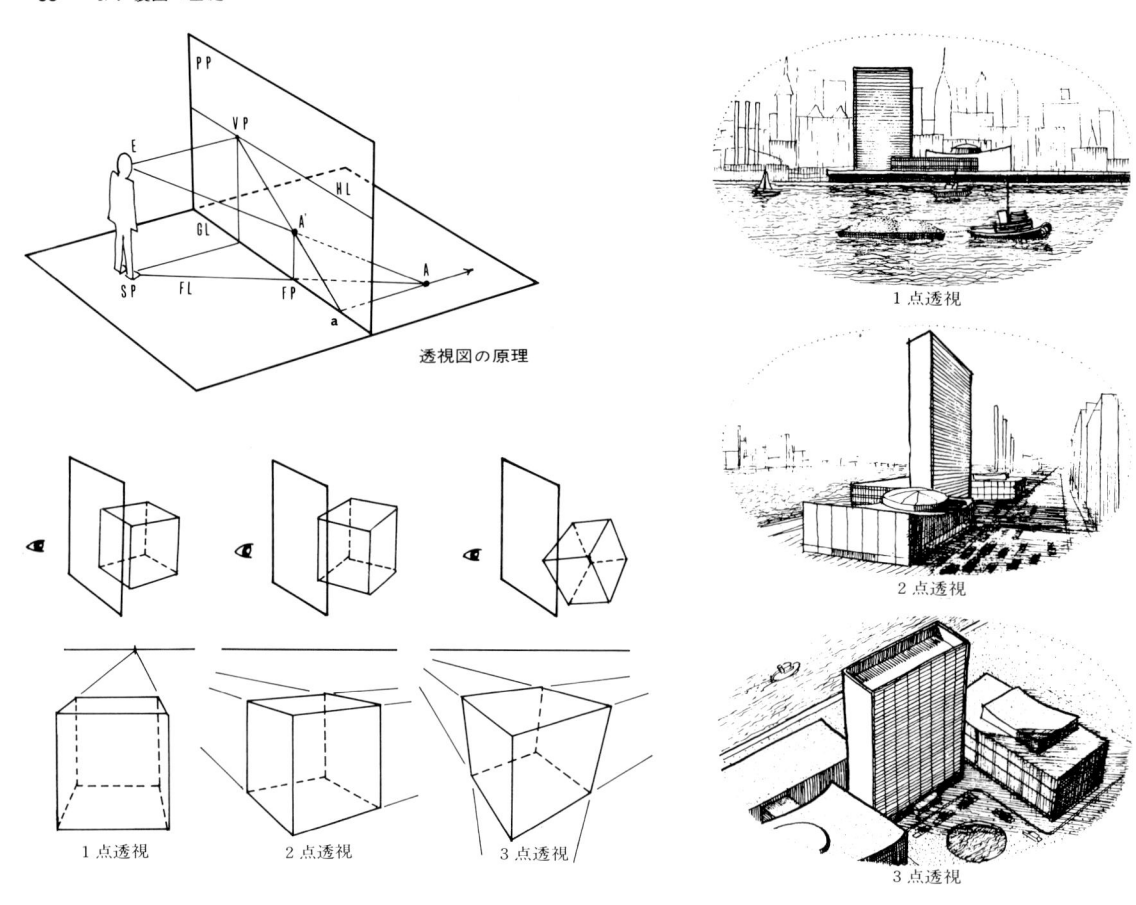

1点透視

2点透視

3点透視

10. 透視図の原理

10.1 消点と透視図

遠くの建物より近くの人間の方が大きく見える．しかし人は経験によって，建物の方が実際には大きいことを知っている．近くの物は大きく，遠くのものは小さく見える．目に見えるこのような形を求める図法が透視図法である．

透視図は，物と人の間に投影面を置き，視線が投影面を横切る点をもとに図を求めるという原理によっている．実際には空間上のこの点を求めることは困難なので，水平線・消点・足線などの補助的な点や線によって求めるのである．このうち水平線と消点とは，物の見え方とも関係があるので，最初に説明を加えておきたい．

建物・道路・線路など，遠くなるに従って小さく見える場合，その線を延長すると水平線（地平線）上の1点で小さな点となり消えていく．この点を消点とよぶ．平行な直線はすべて同一の消点に消えていく．したがって投影面と平行に置かれた立方体は消点を1つしかもたないので1点透視・平行透視とよばれる．これを少し回転させ斜めに置くと，消点は左右にできるので2点透視・成角透視などとよばれる．またこれを傾けると垂直方向にも消点ができるので，3点透視・鳥瞰透視などとよぶ（ただし一般には2点透視までが多く，3点透視は作図の複雑さなどで初心者には用いられることが少ないので省略する）．

机の上の箱は上面が見えるが，棚の上の箱は底面しか見えない．これは消点ができる水平線は人間の目の高さにできるからである．したがって，浜辺に寝そべって見る水平線より，がけの上に立って見る水平線の方が高く見えるわけである．

目の高さと透視図形

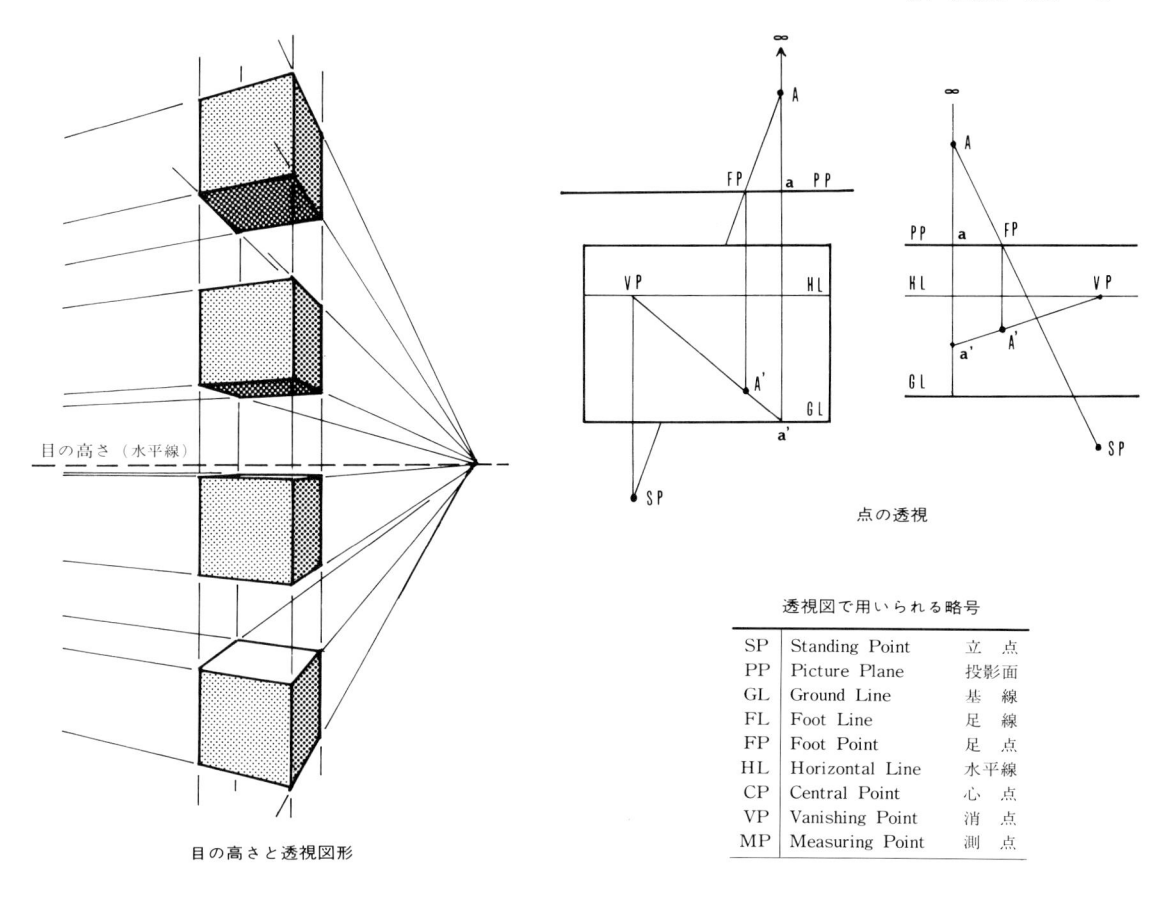

点の透視

	透視図で用いられる略号	
SP	Standing Point	立 点
PP	Picture Plane	投影面
GL	Ground Line	基 線
FL	Foot Line	足 線
FP	Foot Point	足 点
HL	Horizontal Line	水平線
CP	Central Point	心 点
VP	Vanishing Point	消 点
MP	Measuring Point	測 点

10.2 点の透視

図法の原理を学ぶため,点の透視を求める方法を述べてみたい.前ページの透視図の原理と上図とを参照し理解していただきたい.

まず真上から見たとき(平面)人の立っている位置(立点SP)と,点Aの間に線を引く.これを足線と名付ける.そしてSPとAとの間に投影面PPを立てる.

今度はPPの位置に垂直に立つ投影面を正面から見る.これを垂直に立てたままでは作図に不便である.平面と同じ紙面に画くが平面図と重なると混乱をおこすので,ふつうPPとSPの間の紙面が空くので,その位置に描く.図の輪郭がそれである(作図ではこうした輪郭は用いない).このときPPとGLは平行でなければならない.まず水平線HLの高さを決める(人の目の高さ).人が投影面PPに対面したとき,目の位置に対応するところが消点VPである.

いま平面図で基線GL上の1点aから,Aを含む垂直な直線を引き無限遠まで伸ばしたとする.投影面上でこの線はa'-VPとなる.この線上にAが投影されるわけである.

一方視点EとAとを結ぶ視線を真上から見ると,最初に引いた足線 SP-Aと完全に重なる.したがってAは足線が投影面を横切る足点(FP)の位置の真上にあるはずである.そこでFPを投影面上のGL上に移し,これを垂直に上げる.この線とa'-VPとの交点が求める点Aの投影位置である.

なお点Aが空中にある場合,aは投影面上ではAの実際の高さの位置になる.図によってその方法を研究されたい.

どんなに複雑な立体であっても,立体上の各点を丹念に投影して行けば,立体の透視図が投影面上に描けることになる.

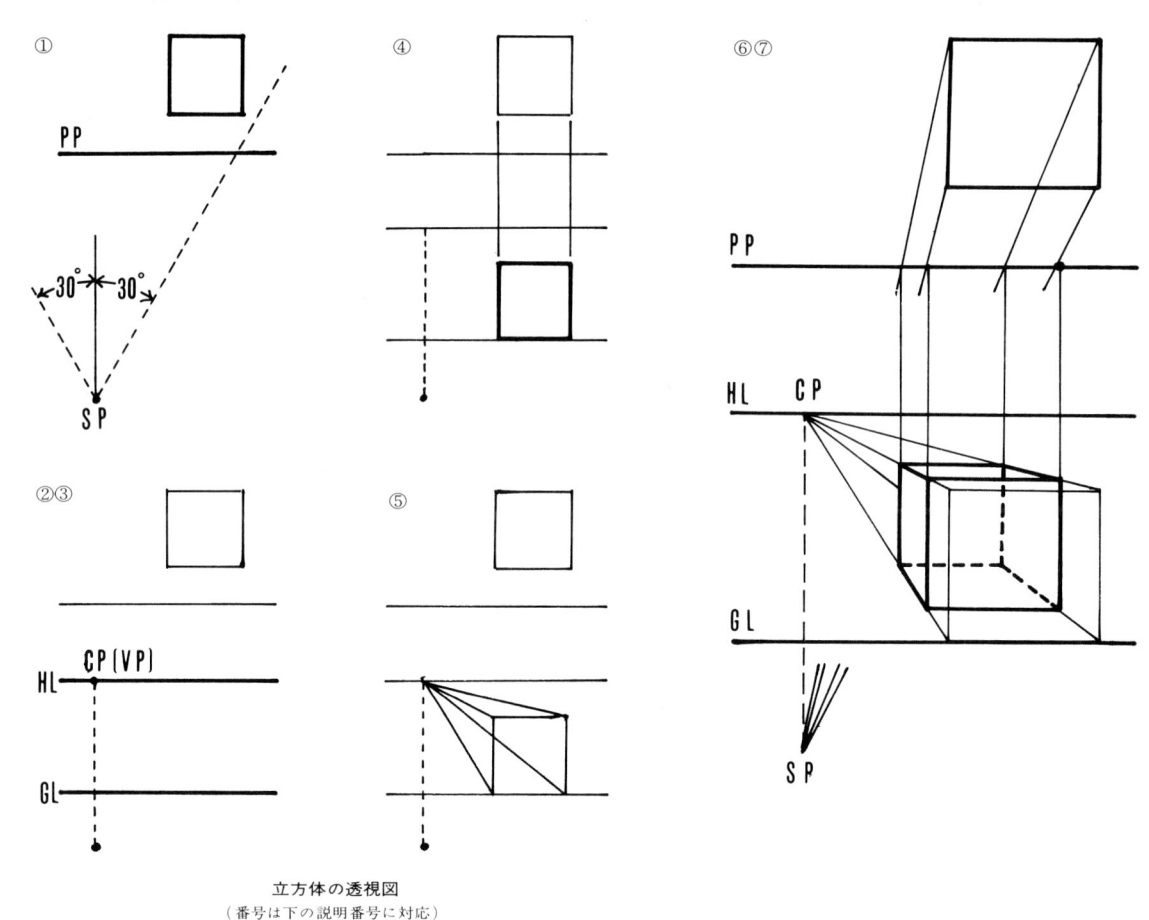

立方体の透視図
（番号は下の説明番号に対応）

11. 平行透視図法（1点透視図法）

立方体の1面を投影面と平行に置いたときにできる透視図で，奥行き方向の線だけが消点に集まり，消点が1つだけしかできないため，1点透視図法ともよばれる．形の正面のみをよく見せ，奥行きはその長さだけ見せたいというときや，室内の一方の壁を取り，その面から見せたいという場合などに用いられる．

11.1 平行透視図の描き方

立方体の透視図を描くことにより，この図法を説明する．

① SP，PP および立方体の平面上の位置を定める．一般に透視図では，CP（心点）から大きく離れると図がゆがんでくるので，SP から心点へ引いた線の左右30°以内の視野に対象が納まるように配置する．

② SP と PP とのあいだの紙面に GL と HL を引く（立面となる）．GL-HL は基面（地面・机上など）から目までの高さ．

③ HL 上に CP を取る．1点透視図法では CP＝VP となる．

④ 立方体を手前に引き出し，その面を PP に密着させたと仮定し，その形を立面体に描く（正方形となる）．

⑤ 正方形の各頂点から VP まで線を引く．これは立方体を含む無限の長さの直方体の透視と同じである．

⑥ 奥行き方向の位置を決めるために，平面上で SP と各頂点とのあいだに足線を引く．

⑦ 足線が PP を横切る位置（足点）から垂線を下ろし，⑤で引いた線との交点を求める．これらの点を結ぶことにより立方体の透視が得られる．

高すぎる視点

低すぎる視点

1点透視室内透視図法

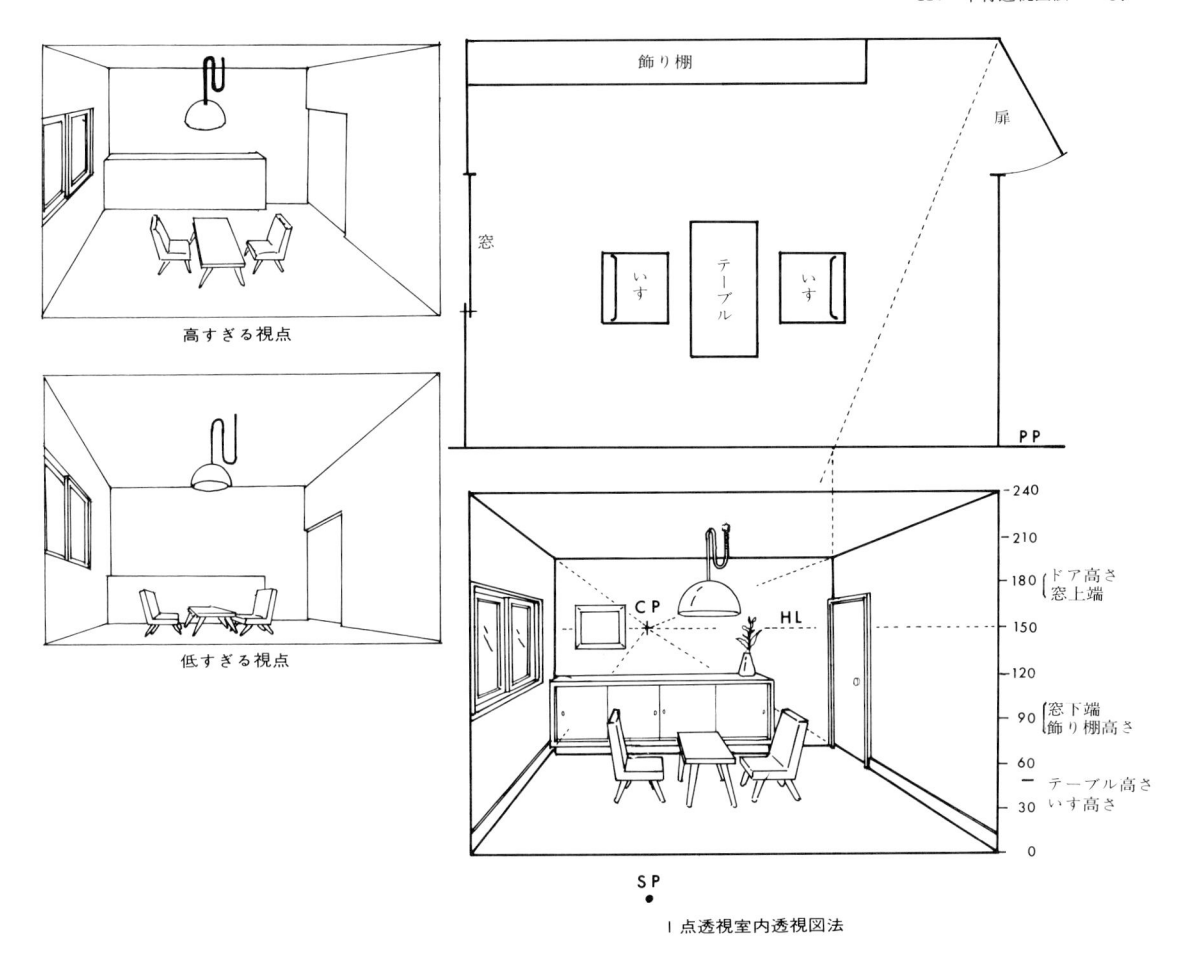

　なお1点透視図法では，垂直な辺と，PPに平行な辺とは，それぞれ垂直・水平となるので，全部の頂点の位置を求めずとも，図を描くことができる．

　これらの図を描くとき，図を求めるための補助的な線は，薄く引いたり，慣れたら一部を省略したりすると，図がきれいに描ける．

11.2　1点透視室内透視図法

　1点透視図法の応用として，室内の透視図の描き方を説明する．

① 前に述べたように，紙面の上部に平面図，中央に透視図スペース，下部にSPを取る．
② 目の高さは表現の意図によって異なるが，一般には人が立ったときの目の高さ150 cm前後に取ることが多い．
③ 天井・壁・床の境界線の透視をCPまで引き，足点によって奥行きを定める．
④ 窓・扉などの位置を求める．
⑤ テーブル・いすはPP面まで引き寄せたときに実寸になることを利用して求める方法（前述）のほか，PP面から等距離の壁面を用いて求める方法などがある．
⑥ 以上の方法で，おおよその透視図が求まったら，家具・扉・窓・照明器具などのデザインを決め描く．細かい部分はいちいち図法で求めなくともよいが，比率などを正しく取るように．奥行き方向の線はCPに集まるように描くのはいうまでもない．
⑦ 棚の厚み・窓の引き違いによる位置など，細部の立体感を出すことを忘れないように．
⑧ 本棚の本・額縁・花びん・植木・テレビなど，生活の情感をかもし出す種々の品を描き込む．

　彩色などについては，Ⅷ章で述べる．

①~③

④

⑤~⑥

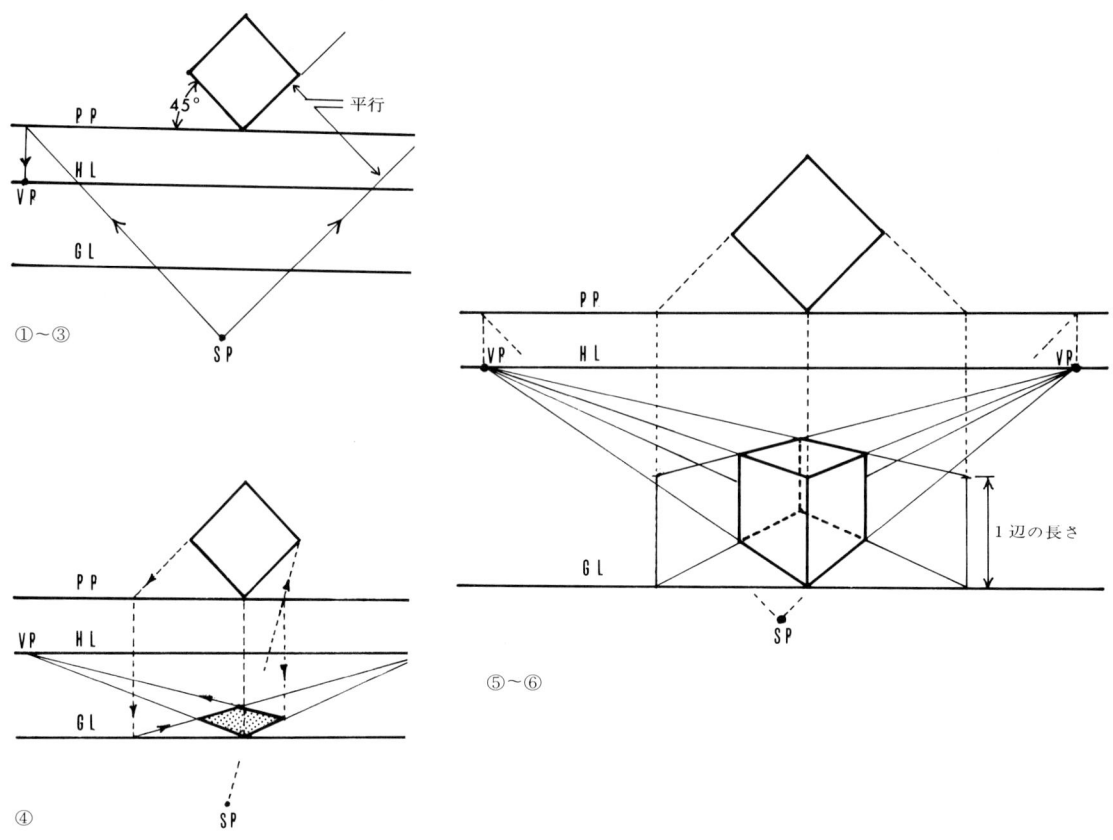

45°-45°の立方体の透視
（番号は下の説明番号に対応）

12. 2点透視図法

2点透視図法では，投影面に対しある角度をもって平面が置かれる．その角度は自由でよいわけだが，一般には 45°-45°, 60°-30° の角度が多く選ばれる（建築では 75°-15° も比較的に多く用いられる．）

12.1 45°-45° の2点透視図

① SP，PP および立方体の平面上の位置を定める．また SP の左右 30°以内に対象が納まるようにすることも忘れずに．
② SP と PP とのあいだの紙面に GL と HL を引く．
③ 左右の消点を求める．SP から立方体の辺と平行な直線を引き，PP に達した点が消点 VP のできる位置である．したがってその位置から垂線を下ろし，HL 上に VP を取る．
④ 立方体の底面を描く．底面の平行な1組の2辺を PP まで手前に延長し，その位置を GL 上に下ろす．GL 上の2点から VP に向けて引いた線が，今の2辺を含む平行線の透視となる．他の2辺も同様に求める．2組の平行線の透視で囲まれた部分が底面である．
⑤ 高さを求める．透視図では PP と接した部分は常に実寸（縮尺の場合はその縮寸）となるから，PP まで延長した線上に実寸を取り，VP までの線を引く．この場合立方体の1辺を PP に接するように平面図を配置すると作業は能率的である．
⑥ 立方体を作図する．⑤で求めた線と，底面の各角から垂直に上げた線の交点が立方体の頂点となる．これによって順次頂点を求め，立方体を完成させる．

なおこれらの作図で，前述の足線を利用しても差し支えない．

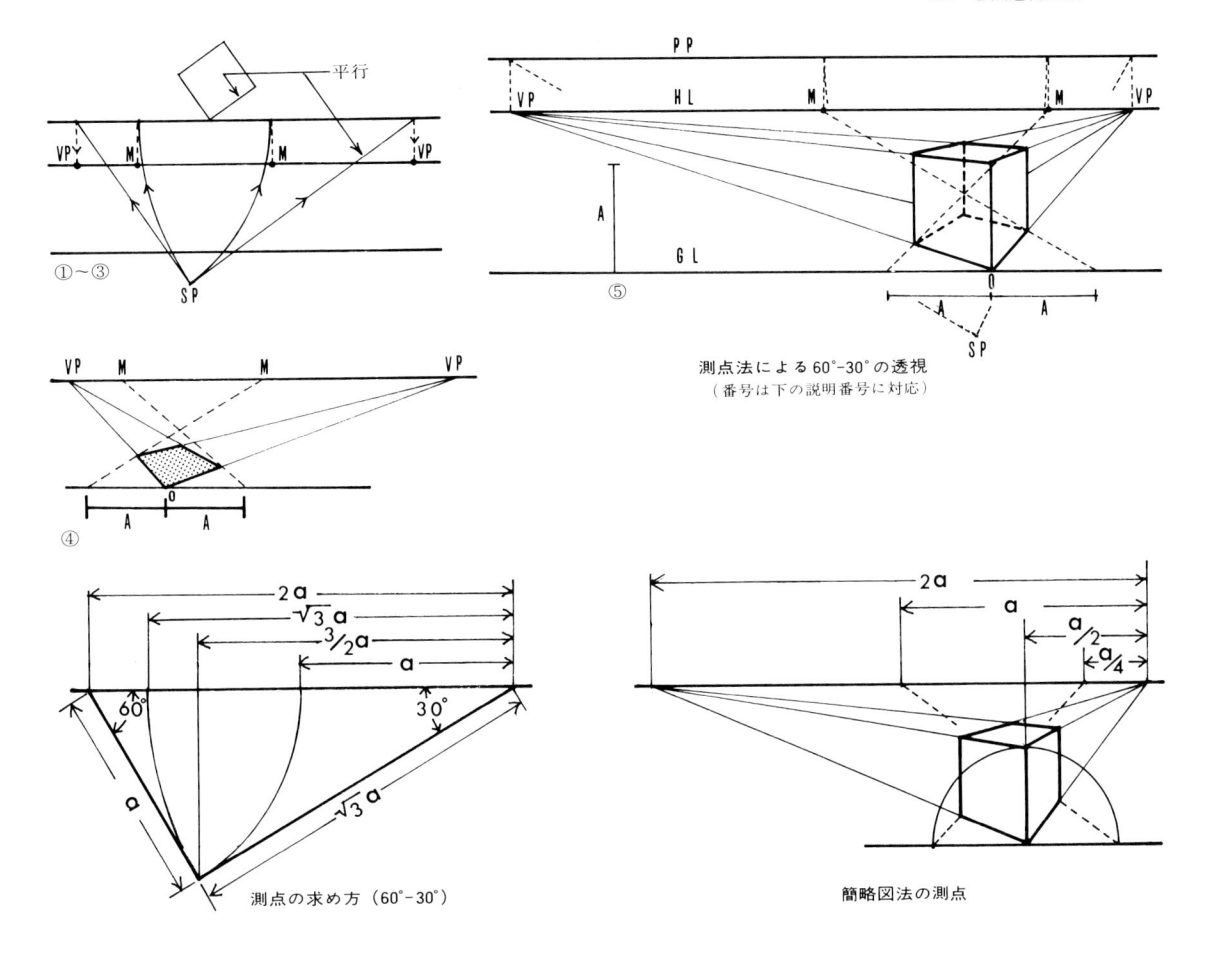

12.2 60°-30°の2点透視図

ここでは測点法とよばれる方法で透視図を求めることとする。この方法は紙面上に平面図を書かなくともよい。

① SP, PP, GL, HL を定める。
② VP を求める。SP から60°, 30°の線を引き, PP 上に VP の位置を求める。VP を水平線 HL 上に下ろす。
③ 測点 M を求める。PP 上の VP から SP までの長さを PP 上に取る。これが測点となる。左右2つの測点を求め, VP と同様に HL 上に移す。
④ 底面の図を求める。立方体の GL 上の点 O から左右の VP へ透視線を引く。次いで GL 上に立方体の実長を, O から左右へそれぞれ取り, その点から MP への線を引く。透視線との交点が1辺の奥行きの長さとなるので, 交点から反対の VP へ透視線を引くことによって, 底面を求めることができる。
⑤ 高さを求める。O への垂線上に1辺の実寸を取り, 左右への透視線を求める。底面の各角から上げた垂線の交点から, 立方体を完成させることができる。

この測点 MP は, どのような角度であっても成立し, また GL 上に必要な実寸を取ればよいので, 別紙の平面図・立面図などを転記する必要がない。

なお60°-30°の場合, SP, VP, MP の関係は図のようになるが, 米国のダブリンは$\sqrt{3}$と1.75の差が実用上差し支えない程度の誤差であるとして, 簡略図法を考案している。この用法では, 直接水平線上に VP, MP を取ることができ, また SP も省略できるので, 大変便利である。

円の透視上の注意

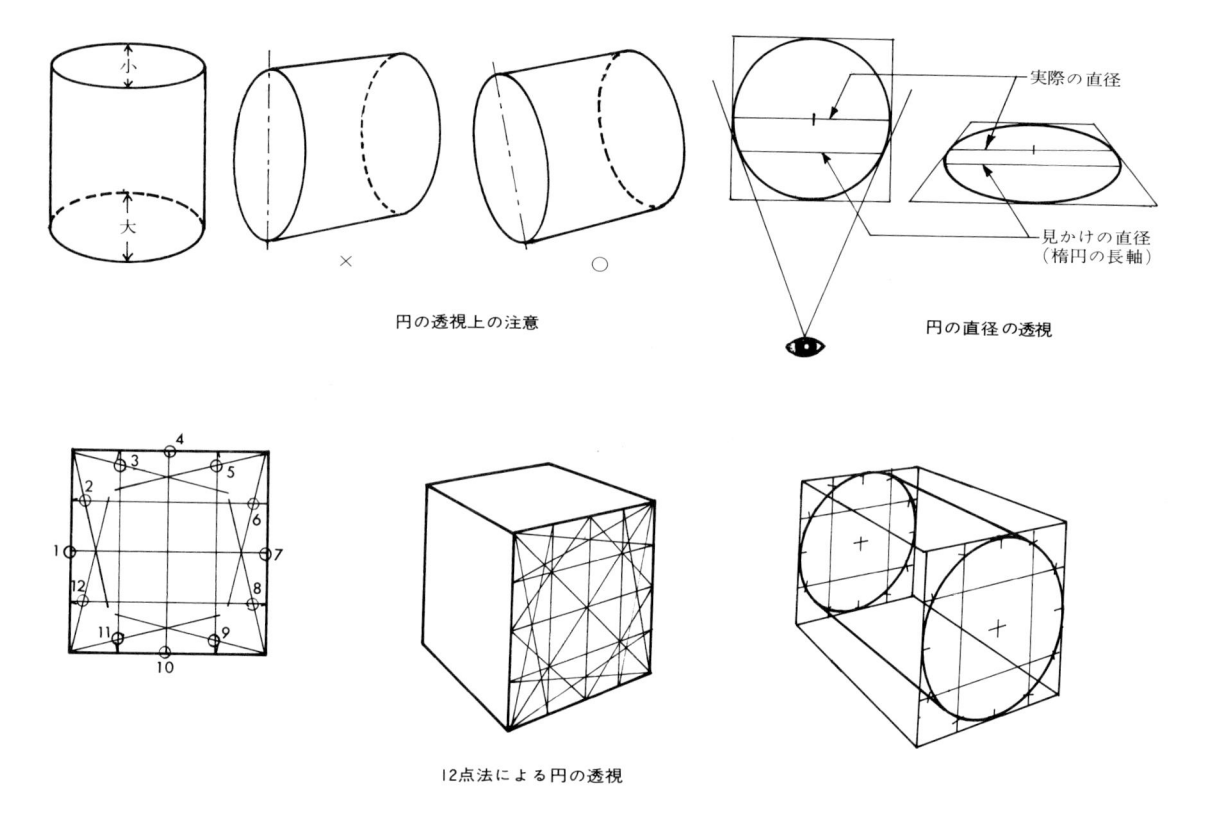

円の直径の透視　実際の直径　見かけの直径（楕円の長軸）

12点法による円の透視

13. 円の透視・その他の図法

13.1 円の透視

車輪・ダイヤルなどの円形は，透視図上では楕円に投影される．水平に置かれた線は，楕円の長軸も水平となるが，垂直に置かれた円は長軸が垂直とならず傾くので注意する．

一般に円は，外接する正方形を求め，そのなかで円周上の点をいくつか求め，滑らかにつないで描く．正確な図法で求めるのは複雑なので，いくつかの簡略図法が考えられているが，ここではそのうち12点法を紹介する．
① 後述の対角線を利用する方法で，1辺を4つ，合計16の小さな正方形に分割する．
② 外側の辺に沿った4つの連続した正方形を1つの長方形と考え，対角線を引く．このとき両側から2番目の線と対角線の交点を求める．これを全周に行い，全部で8つの点を出す．これに各辺の中点4を加え，合計12の円周上の点を，雲形定規・楕円定規で結んで描く．

13.2 拡大図法

透視図は求める図の割合には消点の距離が遠く，紙の割合には小さな図しかできない．そのため大きな製図板上に消点を取り，製図板中央にのみ紙を置いて図を描くなどの方法が取られる．また透視図ガイド板などを用いる方法もある．

工業デザインなどでは，最初に立方体によって構成された基本輪郭図を紙面内で小さく描き，それを拡大する方法がよく取られる．これは図内の中央付近に点を打ち，その点から各頂点に向けて放射状の直線を引き，デバイダーなどで必要な倍数を取り，新しくできた点を結ぶと拡大された図ができる．なおこのときできる辺は，前の辺と平行であることを利用してもよい．拡大された図では，消点までの距離も拡大されるので注意する．

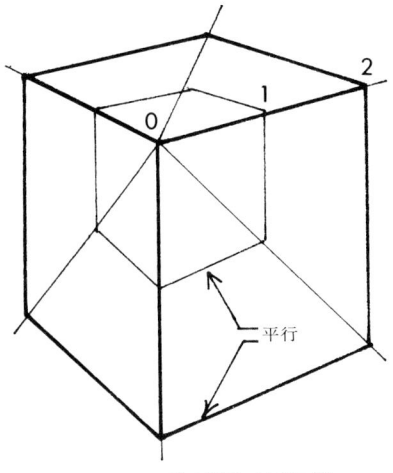

拡大図法（2倍の例）

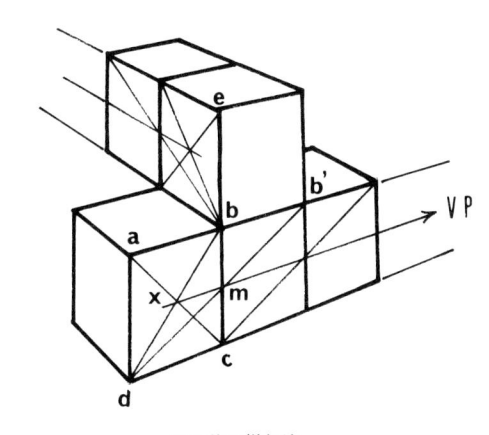

立方体の 2^n 分割法

立方体の増加法

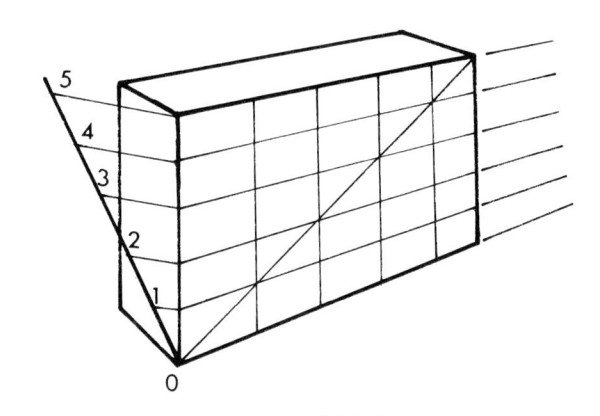

面の n^2 分割法

13.3 図の増加と分割

透視図は複雑であるため，概略の寸法を図法で取り，細部は感覚的に処理するという方法がしばしばとられる．また概略の寸法も基本となる立方体を求め，これを次々と連続増加させ，また分割をして望む比率の基本形を得る方法もよく取られる．

立方体の増加法
① 基本となる立方体の側面 abcd の対角線を引き，中心 x を求める．
② x から VP へ至る線を引く．この線は立方体を上下に2等分する線である．この線が辺 bc とまじわる点 m を求め，dm から m の延長線と，辺 ab の支点 b′ を求める．b′ から垂線を下ろすと，次に連続する立方体の側面となる．このように奥行き方向に，次々と立方体を連続させることができる．

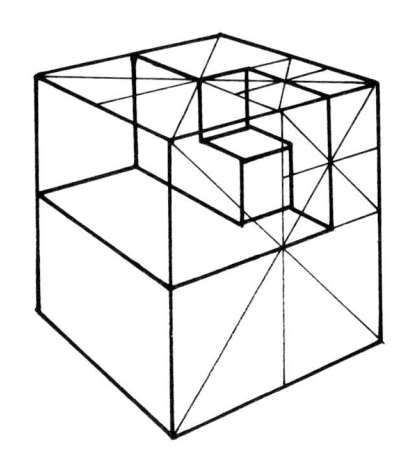

③ 上下方向に増加させる場合は，連続した垂直軸は同じ長さとなる．図の例では bc＝be となる．

立方体の分割
① 2分割する場合は，対角線を利用する．中心 x を通る垂線であれば縦に，VP へ至る線であれば上下に2分割することになる．
② 分割された正方形をさらに対角線で分割すれば，4，8，16，……と細かく分割することができる．
③ 2^n 以外の分割（3，5，7 など）を行うには，まず手前の垂直な辺を n 分割し，VP への透視線を引く．次に対角線を引き，水平 n 分割の線との各交点を通る垂線を引けば奥行き方向も n 分割できる．なおこれらの方法は，立方体に限らないので，例えばビルの窓の分割などにも利用できる．

〔参考図書〕

〈製図全般にかかわるもの〉
大西清『標準製図法』理工学社
大久保正男『第3角法による図学』朝倉書店
大久保・川北『JIS機械製図法』朝倉書店

〈テクニカルイラストレーションに関するもの〉
松本修身『テクニカルイラストレーション』ダヴィッド社
遠矢・中嶋『テクニカルイラストレーション入門』オーム社

〈デザインの製図に関するもの〉
広田・堤『デザイン製図』鳳山社
小山清男『デザイン製図ハンドブック』ダヴィッド社
小山清男『ドローイング―図法と製図』ダヴィッド社
文部省編『デザイン製図』実教出版

〈透視図法に関するもの〉
長尾勝馬『建築の新透視図法』学芸出版社
永田喬『イメージパースペクティブデザイン』美術出版社
中村弐世『透視図の基本』美術出版社
ダブリン（岡田・山内訳）『デザインの透視図法』鳳山社
志田慣平『やさしい透視図』マール社
小山清男『透視図法の基礎』アトリエ社（別冊アトリエ）

　ここに挙げたもののほか，Ⅵ章・Ⅷ章のレンダリング，透視図に関する本の中にも述べられているものが多い．

V. 視覚伝達デザインの基礎

ジュール・シェレ
『煙草用紙』

アルフォンス・ミュシャ
『煙草用紙』

ロートレック
『ディヴァン・ジャポネ』

モンゴメリー・フラッグ
『新兵募集』

1. 視覚伝達デザインの意味

1.1 表現と伝達

視覚伝達デザインとは visual communication design（以下 VD と略す）の訳として用いられている言葉である．

人間は自分の感じたこと，考えたことを表すために言葉で話し，文字や絵を描く．また社会生活において必要な情報を伝えるためにさまざまな方法がとられている．原始人であればのろしを上げる・ひもを結ぶなどの方法もとられていた．

こうした人間の伝達方法のうち，VD とは視覚を通して表現―伝達する媒体のデザインを指すわけであるが，現代では印刷術の発明以来発達した大量伝達（マスコミュニケーション）を基本としてデザインがなされている．

シュミット『バウハウス展』　　アドルフ・カッサンドル『北鉄道』　　エル・リシツキー『ロシア展』

1.2 印刷術の出現

1450年ごろドイツのグーテンベルグの活字による印刷術の発明によって、文字による記録の大量伝達の基礎が築かれた。また1798年偶然の機会からゼーネフェルダーによって石版印刷（リトグラフ）術が発明され、モーツァルトの楽符印刷に利用された。1866年には英国で多色石版印刷を学んだジュール・シェレが、パリで多色石版によるポスターを描き「ポスターの父」とまでよばれるようになった。その後ロートレック、ボナール、ミュシャなどがこの技法を生かした数々の優れたポスターを生み、人々の関心を強く引くようになった。

1.3 応用美術から商業美術へ

このように前世紀末から今世紀初頭にかけて、美術的に優れた印刷物を生んだが、当時はまだデザインを職業とする人は生まれておらず、画家がその技術を応用するという立場から、それらの仕事に参加したのであった。

第1次世界大戦では、ポスターなどの印刷物が国の宣伝手段として利用された。大戦後は一方では表現の上にバウハウスをはじめ種々の近代造形運動の影響を受け、他方では産業活動の発展にともなう宣伝・広告の手段としてポスターばかりでなくパッケージやディスプレイなども大きく注目されるようになってきた。当然デザインを専門とする人々も現れる。1926年には英国で「コマーシャル・アート」とよぶ雑誌も創刊され、単なる美術の応用ではなく、デザイン独自の表現様式が生まれてきたことから、商業のために用いられる美術—商業美術とよばれるようになってきた。

1.4 商業デザインから視覚伝達デザインへ

商業美術とよばれていた分野も、社会に不可欠な要素として定着するにつれ、表現の様式が異なっているというだけでなく、過去の美術とは異なった独自の視点をもつものであることが認識されてきた。また一方で工業デ

ミュラー・ブロックマン『交通安全』 　　サビニヤック『家庭電化』 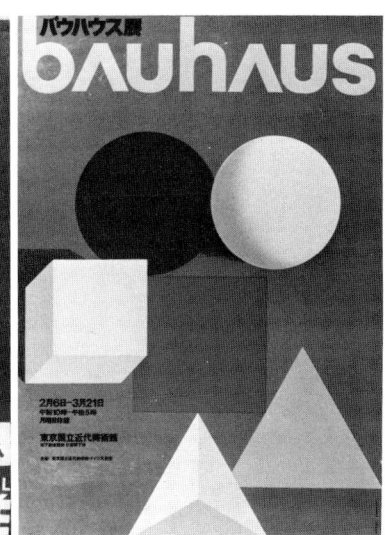　　バイヤー『バウハウス展』

ザインが社会の要請から発達をしつつあることもあって，次第に商業デザインという名称に変わってきた．またこのころから製版技術の進歩によって，写真が表現のなかに大きく利用されるようになってくる．

第2次世界大戦後，デザインは社会の変化に対しさまざまな対応が迫られた．商業デザインの対象も単に商業的目的には限られなくなってきた．そこでグラフィックデザインという名称が用いられるようになった．これは印刷物に対するデザインを指すが，本来は「図で示す」という意味をもつものである．

やがてこの分野でも，現代の複雑で常に変化しつつある社会では，もっと本来的な，人間が必要とするさまざまな視覚的情報をデザインする立場にあるという，デザイナーの社会的責任が認識され，現在のような視覚伝達デザインという名称が用いられるようになってきたのである．

1.5 視覚伝達デザインの分野

現在デザインの対象は，社会の変化にともなって拡大していくが，一応次のように分類できよう．

① グラフィックデザイン：主として印刷物を中心として視覚に訴えるデザイン．広告デザイン（ポスター，新聞広告など），編集デザインなど．

② パッケージデザイン：製品の包装に関するデザイン．

③ ディスプレイデザイン：展示に関するデザイン．

④ 映像デザイン：映画やテレビなどによる伝達を目的とするデザインであるが，特殊な専門的技術を必要とするので，本書では取り扱わない．

⑤ 視覚環境のデザイン：道路・駅などの公共的生活空間の標識や，建築・交通機関などの色彩計画など．他の分野との協力によって進められる新しい分野である．

トランジスターをイメージ化したもの

京都国際工芸センターのマーク

記録する　　　聞く

ステレオの配置をイメージ化したもの

持つ　　　沈殿する

和装の会社のためのマーク

燃焼させる　温度を測る

コードをイメージ化したもの
電気会社のためのマーク（3点）　デザイン事務所のマーク（NV）

日野永一『理科実験のためのシンボルマーク』

マークのデザイン（西脇友一）

2. 視覚伝達デザインの構成要素

　視覚を通して伝達をおこなうためには，VDに特有な種々の構成要素をレイアウトすることが必要となる．

2.1 サイン・シンボル・マーク

　人は自分の持ち物に，他の人の物と混同しないように，名前を書いたり（sign），記号をつけたりする．家を表す場合に紋章が用いられることもある．このように個人とか物とかを表すために視覚化されたし・る・し・がサインである．またサインには信号とか合図とかの意味もある．交通信号ばかりでなく，公共的な場では人々の行動に必要な情報を与えるサインが要求される．

　サインは社会の多くの人々に認識されることによりシンボル（symbol，象徴）としての意味をもってくる場合がある．

　マーク（mark）はサインやシンボルの具体的な表れとしてデザインされたものであるがこれらのあいだには意味の上からも図形の上からも，明確な区分は立てにくい．

　マークは目的からみて，社章・商標（トレードマーク）・販売促進のためのマークのような商業的なものと，公共的な場で用いられるものに分けられる．後者には公共団体のマーク，公共的空間のためのマーク（手洗所・電話などの指示マークや交通標識など），公共的行事のためのマークから物の取り扱いのためのマーク（例：衣服の洗濯上の注意を示すもの，機械の操作マークなど），職場の安全マークなどがある．

　マークのデザインは単純で遠くからでも瞬時に識別でき，その示す意味内容が容易に理解されるものでなければならない．また後の作図が容易にできるよう，比率を定めたり，方眼の中の当てはまりを定めたりする必要がある．ときによっては色刷りの場合と黒1色の場合との変化を考慮することもある．

写真によるポスター

イラストレーション

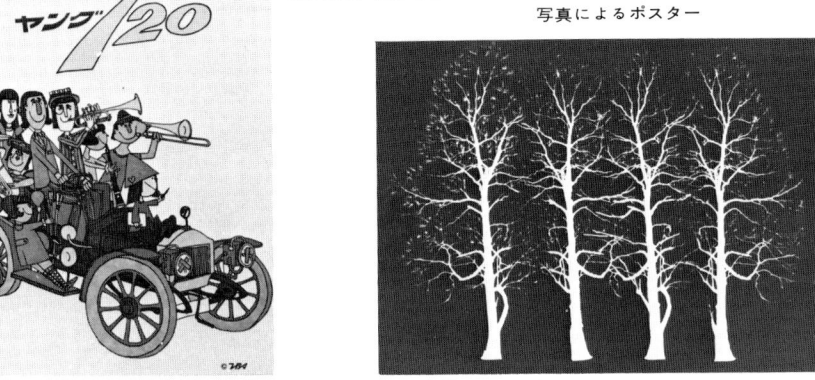

写真を用いたイラストレーション

写真・イラストレーション（コシダ・アート）

2.2 写真・イラストレーション

イラストレーションとはさし絵のことであるが、現在の VD では単に文章の説明・補足といった存在ではなく、その中心的な役割りを果たし、また多くの人の目を魅了する存在となっている。

イラストレーションの表現は、その目的を的確に表現するものであれば、用具や技法はまったく自由である。

イラストレーションを描くには、次の注意が必要である。

① 意図を十分理解すること：広告であればアートディレクターの、編集デザインであれば著者や編集者の意図を十分に理解して、それを絵として表現する。

② 表現の目的を考える：観光ポスターであればその地のもつ雰囲気や情緒などを表現することが大切であるが、科学的な説明図であれば正確さが要求されよう。その目的に応じて表す内容が異なる。

③ 表現の技法を考える：表現の技法はその表現内容と深い関係をもつ。烏口の硬く正確な線、筆の軟らかく伸びやかな線、平塗りの明確な色、水彩のぼかしによる微妙な色の変化など、それぞれ独自の効果をもっている。

④ 印刷効果を知ること：単色刷りか多色刷りか、単色でも亜鉛凸版か網版か。その効果と限界を知らねばならない。また製版のさいの縮小率が大きいと、筆のかすれ、タッチの跡など微妙な味が消えてしまう。仕上がりの寸法によって原画の大きさも考える。

⑤ その他：文字と組み合わされる場合には、そのレイアウトを考慮しながら描く。

イラストレーションは具象的・抽象的表現を問わず、絵としても魅力の高いものが望まれる。

写真についてはくわしくふれないが、イラストレーションに代わって多く用いられるようになった。しかしその用いられる目的は同じであるし、同じような注意が必要である。

明朝体	花鳥風月山紫水明・かちょう
ゴシック体	花鳥風月山紫水明・かちょう
丸ゴシック体	花鳥風月山紫水明・かちょう
楷書体	花鳥風月山紫水明・かちょう
教科書体	花鳥風月山紫水明・かちょう
行書体	花鳥風月山紫水明・かちょう
隷書体	花鳥風月山紫水明・かちょう
宋朝体	花鳥風月山紫水明・かちょう
アンチック体	かちょうふうげつさんしすい

文字の書体

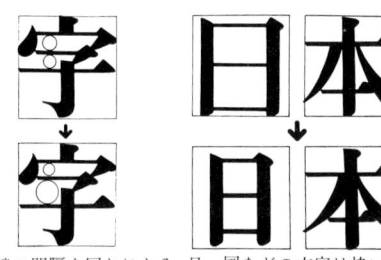

画線の間隔を同じにとるとバランスがとれない　日, 国などの文字は枠いっぱいに書くと大きく見える

文字のバランス

漢字の基本画線（明朝体とゴシック体）

2.3 レタリングI―和文字

レタリングとは，文字をデザインすることである．目的に応じ，任意のスペースのなかに，任意の形・大きさ・強弱などを表現していくところに特徴がある．

和文字の書体　日本で使用される文字は漢字・ひらがな・カタカナが併用され複雑であるが，基本的な文字の書体としては次のようなものがある．

- 明朝体：もっとも基本的書体．縦画が太く横画は細い．とめとはねを持っている．ふつうの文章に用いられる．
- ゴシック体：線が太く一様な書体．見出しなどに用いられる．線の切れ方が四角い角ゴシックと，丸く切れた丸ゴシックとがある．
- アンチック体：片仮名・平仮名のみ．子供の絵本などに用いられる肉太の字．
- 清朝体：筆書きの楷書風の字．挨拶状・名刺などに使われる．楷書体・正楷書体も似た書体．
- その他：宋朝体・行書体・草書体・隷書体などがある．

和文字の書き方と注意

①レイアウトと枠取り：全体の文字が入るスペースと入る文字の字数から，文字の大きさと字間の寸法を決める．和文字は縦横の比が1：1を標準としているが，スペースと表現意図との関係で変えてもよい．

配置が定まったら2B程度の鉛筆の先をとがらせ，文字の入るます目を軽く描く．大きな文字の場合は，ます目の上下および左右の中央にも線を入れ4等分してよい．

②輪郭を書く：次に鉛筆（2B程度）で枠のなかへ，バランスを考えながらフリーハンドで軽く文字を書き込み，次いで肉付けをする．デッサンが終わったら，今度は定規と2H程度の硬い鉛筆で正確に輪郭をとっていく．このとき字画の水平・垂直およびその太さが不ぞろいにならないよう注意する．できたら消しゴムで下描きの線を消す．

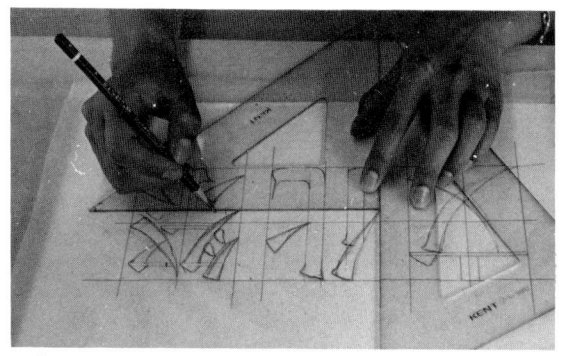

① トレーシングペーパーの上に，全体のレイアウトを考え鉛筆で枠取りをし，フリーハンドで文字を書き込む．

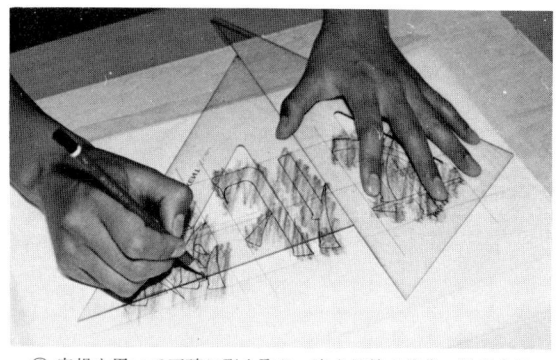

② 定規を用いて正確に形を取り，裏を鉛筆で塗り，紙の上に置き上からなぞる．

③ 烏口・溝引きで輪郭をとり，細筆で塗り込む．小さな部分などはフリーハンドで描かねばならないことが多い．

④ 最後に白のポスターカラーなどで修正して仕上げる．

和文字の書き方

なおここまでの作業は，たとえば地塗りなどしてあって紙を汚したくない場合には，トレーシングペーパーの上でおこない，裏を鉛筆などで塗り表からなぞって紙の上に移す．
③ 墨入れ：烏口に墨を差し，輪郭線を引く．次に細筆でそのあいだを塗っていき，同時にとめ・はねの部分などを書き込んで仕上げていく．十分乾いてから消しゴムで鉛筆の線を消し，汚れやはみ出しを白のポスターカラーで修正する．

こうした和文字を描く場合，次のような点について注意する．
・初心者は勝手に文字を作るよりも，印刷物の活字を参考にするとよい．ただし活字，特に明朝体は新聞社・印刷所ごとに多少違っているので注意する．
・字は異なってもはね・とめ・点・画などの基本形は共通である．これらの形・大きさは共通でなければならない．
・字は枠いっぱいに書くが，国・円・田などの字は枠いっぱいに書くと他の字より大きく見える．少し小さ目に書くこと．
・仮名も同様な理由で小さ目に書く．
・王・主などの字は，横画の間隔を同じにしてはバランスがとれない．上部の間隔をやや小さ目に．
・横書きの文字であれば横線の高さを，縦書きであれば縦線を，同じ行に書かれた文字全体を通して，できるだけそろえるようにすると，まとまった印象を与えやすい．
・はねの部分の先端など，筆で細く鋭い線を出すのはむずかしいので，印刷原稿の場合など，白で修正した方が鋭い感じが出しやすい場合がある．
・地塗りをした上に書く場合，地の色と同じ色を作るのはむずかしいので，修正をしなくともすむように．やむをえない場合は針先などで削る．また地塗りの上に消しゴムをかけると光ってしまうことがあるので注意する．

Century Old Style センチュリーオールドスタイル (オールド・ローマン体)	ABCDEFGHIJKLMNOPQRSTUVWXYZ abcdefghijklmnopqrstuvwxyz
Bodoni Book ボドニブック (モダン・ローマン体)	ABCDEFGHIJKLMNOPQRSTUVWXYZ abcdefghijklmnopqrstuvwxyz
Goudy Text ゴーディテキスト (ゴシック体)	ABCDEFGHIJKLMNOPQRSTUVWXYZ abcdefghijklmnopqrstuvwxyz
Alexandria Medium アレクサンドリアメディアム (エジプシアン体)	ABCDEFGHIJKLMNOPQRSTUVWXYZ abcdefghijklmnopqrstuvwxyz
Futura Medium フーツラメディアム (サンセリフ体)	ABCDEFGHIJKLMNOPQRSTUVWXYZ abcdefghijklmnopqrstuvwxyz
Grace Script Light グレーススクリプトライト (スクリプト体)	ABCDEFGHIJKLMNOPQRSTUVWXYZ abcdefghijklmnopqrstuvwxyz
FASHION SHADOW ファッションシャドー (ファンシー体)	ABCDEFGHIJKLMNOPQRSTUVWXYZ

2.4 レタリングⅡ─英文字

英文字の書体　英文字の書体は何千とあるが，大別すると次のように分類できる．

- ローマン体：和文字の明朝体に該当するもっとも基本的な文字．三角状のセリフをもつオールドローマンと，水平な細いセリフのモダンローマンとがある．
- ゴシック体（ブラックレター，テキスト）：ドイツ文字とよばれる．
- エジプシアン体：スクエアセリフ（四角いセリフ）ともよばれ，肉太のセリフをもつ書体．
- サンセリフ体：セリフがない書体．和文字のゴシックに当たる．
- スクリプト体：筆記体で，ペン書き風，筆書き風などの種類がある．
- ファンシー体：装飾書体で，見出しなどに用いられる．
- 数字の書体：数字はそれぞれの書体に合わせてデザインされているが，オールドスタイル系では，現在の数字とは違って，大きさがそろっていない古い型（ノンライニング）が用いられる場合がある．

英文字の構造　英文字の各部は図のような名称が付けられている．英文字は和文字と違い字によって幅が異なるので（たとえば i と w），字の高さによって文字の大きさを示す．したがって文字を描くときは，ベースラインやアセンダーラインなどのガイドラインを引いて描く．書体によってはアセンダーラインとキャピタルラインとは同じ高さになっているものも少なくない．

視覚的に文字のバランスをとるのは和文字も同じであるが，次の点に注意する．

- o, s, e, n などのように上下に曲線をもった文字は，曲線の部分をガイドラインから少しはみ出すようにしないと小さく見える．v, i など先端がとがった文字も同じ．

2. 視覚伝達デザインの構成要素

英文字の構造 — ステム（ヘヤーライン）、ステム、セリフ、アッセンダーライン、キャピタルライン、ミーンライン（エックスライン）、エックスハイト、ベースライン、デッセンダーライン

英文字の基本画線

英文字の太さと幅

幅＼太さ	コンデンス	リーン	スタンダード	ファット	ブロード	エキスパンド
ライト	H	H	H	H	H	H
スタンダード	H	H	H	H	H	H
メディアム	H	H	H	H	H	H
ボールド	H	H	H	H	H	H

上下が同じ大きさではバランスがとれない

SやiIは大きさを調整しないと小さく見える（左が調整済み）

英文字のバランス

英文字のスペーシング 垂直対垂直／斜線対垂直／斜線対斜線／曲線対垂直／曲線対斜線／曲線対曲線

- 斜線やローマン体のカーブした線は，垂直の線よりも細く見える．同じ太さに見えるよう調整する．
- H，B，eなど，中間のヘヤーラインは，中央より上にしないとバランスがとれない．
- 同一紙面に数種の書体を混用する場合は，それらの文字の調和に十分注意する．たとえばイタリック体を併用する場合，同じファミリー（後述）内の文字を使うのが無難である．もちろんコントラストのある組み合わせを用いてもよいが，たとえばオールドローマンとモダンローマンは同一の印刷物には混用しないのが常識であるように，注意を要する．海外の印刷物による研究が必要である．

文字の書く手順は和文字の場合と特に異なるところはないが，ローマン体などの下がきの場合，芯が板状になった鉛筆が用いられることがある．

ファミリーとメンバー　英文活字では一つの書体であっても，主要な書体にはステムの太さが細いもの（ライト），標準，太いもの（ボールド）の各種があり，文字の幅も狭いものや広いものがある．そしてそれらのイタリック体があるが，こうした個々のメンバーより成り立つこの系統をファミリーとよぶ．

スペーシング　英文字は字の間隔（スペーシング）が和文字のように簡単でない．基本型として次の6つのケースがあるが，いずれの場合も，字間の面積が視覚的に同じであるよう配慮する．

① 垂直対垂直：I-L，H-M，i-nなど
② 垂直対傾斜：A-H，V-B，l-wなど
③ 傾斜対傾斜：A-V，W-V，v-yなど
④ 垂直対カーブ：O-P，H-C，m-oなど
⑤ 傾斜対カーブ：O-W，V-C，y-oなど
⑥ カーブ対カーブ：D-G，O-C，p-eなど

タイポグラフィによるポスター
（西脇友一）

タイポグラフィ『豆ごはん』（西脇友一）

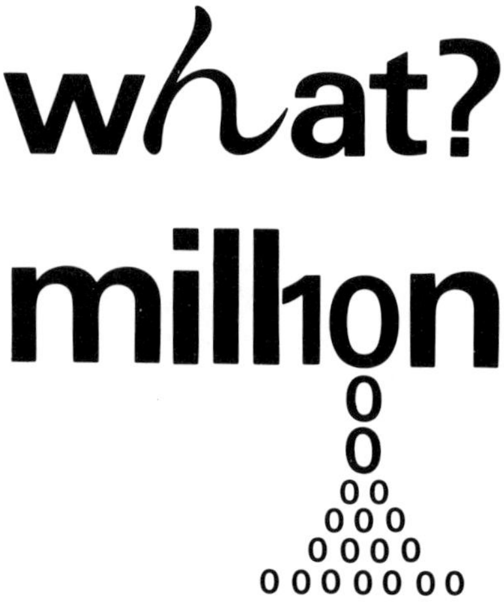

アナグラムによるタイポグラフィ
（北端信彦）

カリグラフィ
（トニイ・ディスピナ）
（Graphis より）

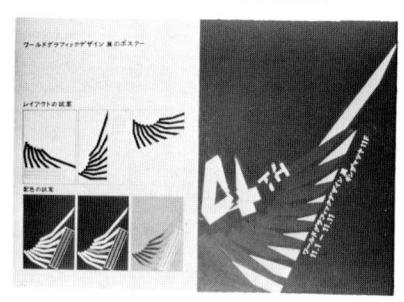

レイアウトの試み（生徒作品）

2.5 タイポグラフィ

レタリングは，特定のデザインのため，その目的に応じて文字をかくことであるが，タイポグラフィとは，活字（現在では狭い意味の活字だけでなく，写真植字による文字までも含んで用いられる）のようなすでにできている文字を使って紙面を構成していくことである．もちろん罫線や約物とよばれる種々の記号を用いてもよい．

北端氏の作例のように，文字だけの構成でもウィットに富んだ表現が可能である．

2.6 カリグラフィ

ペンや筆によって，文字を自由に装飾化して書くことである．個性的な表現や装飾的な効果が目的とされるので，読みやすさといったことはあまり問題にされない場合が多い．日本での書道もこれに当たるが，英文字ではスクリプトを自由に発展させた形式が多い．

欧文のペン字体では，この目的のためにラウンドペンなどが使用される．

2.7 レイアウト

文字・イラストレーション・マークなどのVDにおける構成要素を，その目的に応じて美しく機能的に配置構成することがレイアウトである．

レイアウトの目的としては，
①構成要素を効果的に配置し，人の目を引きつける，
②配置や文字の大きさなどを考え読みやすい文章にする，
③画面に統一感があり，美的な構成とするなどがあげられる．こうしたレイアウトの効果を生かすためには，その主眼とするねらいを明確にしておかねばならない．

レイアウトの具体的な方法は，それぞれの分野によって異なるが，たとえば広告のデザインでは，イラストレーションで人の目を引き，キャッチフレーズで関心をもたせて文章を読ませるというように，人の目の視線の流れを考慮するなどの工夫がなされている．

写真を用いたポスター，イラストレーションを用いたポスター（コシダ・アート）

3. 広告デザイン

3.1 ポスター

ポスターは，現在では量的には広告の中心にはないが，表現の自由さとその効果という点からスターの地位を保っている．

特色としては，画面が大きく印刷技術上の制限も少なく，自由な造形的表現が可能であることが上げられる．また広告媒体としては遠くの人目を捕えることができ，掲示期間も比較的長く，掲示場所によっては多くの人の目にふれることなどの特色をもっている．

使用目的からすれば，交通安全・省エネルギー・選挙などをテーマとした公共的ポスターと，商品ポスター・観光ポスターなどの商業的ポスターとに分けられる．

表現の形式としては，写真，イラストレーション（写実的なもの，抽象的なもの，漫画風なものなど），文字をそれぞれモチーフとしたものなどさまざまであるが，いずれの場合でも単に絵や写真を並べ文字で説明するというのではなく，絵や写真自身が，テーマの意図を新鮮な表現で語りかけてくるものでなければならない．また表現は印刷の版式の特色を十分に生かすことが大切である．特に最近は小部数の印刷もシルクスクリーン印刷によって可能となったが，この場合もいたずらに高度な技術を追うのでなく，他の版式では出せない効果を生かすことが基本である．

ポスターの大きさは，B1，B2，B3，A1判が多く用いられる．外国では屋外掲示場をもち，何枚も続けた超大型のものも見受けられる．掲示される場所によって，大きさの制限があるので，事前によく調査する．電車内吊りポスターはB3横位置で，上部3cm程度は枠で隠される．なお車内吊りポスターだけは，その性格上，少々の文章が入っていても読まれることが多い．

新聞広告の例　日本鳥類保護連盟・サントリー
（朝日新聞1981年5月10日，全面広告）

新聞広告の位置例
A　題字下（2段×題字幅）
B　記事中（1段×7cm）
C　突き出し（2段×5〜7cm程度）
D　目玉（記事中の約半分）
E　案内中

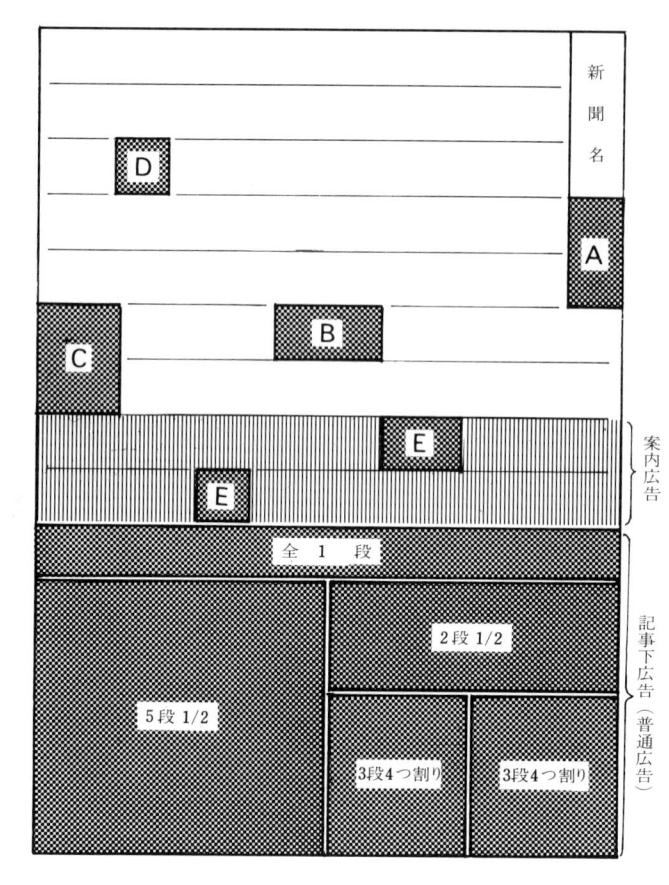

3.2　新聞広告

新聞広告の特色

① 発行部数が多く，あらゆる階層の人の目にふれる．
② 1部当たりの広告単価が安くつく．
③ 発行度数も多いため，迅速に掲載できる．
④ 反復掲載によって，印象を強めることができる．
⑤ 地方版の利用により，地域を限定できる．

　短所としては広告としての生命が短く，紙質も悪く，色を使うことも制限があり，また読者階層をしぼりきれないなどの点があげられよう．

新聞広告の位置・大きさ

　新聞広告は掲載位置により図のようによぶ．横組題字の新聞では「題字下」はなく，「題字脇」となる．

　新聞はふつう天地が15段なので，広告の大きさは図に示したように，全5段とか3段½というよび方をする．なお全面広告（全15段）は53.6cm×38.7cmの寸法である．

デザイン上の注意

　新聞はふつう亜鉛凸版の輪転機で，しかも黒（墨という）1色で印刷されるので，印刷の制限を知り，版の特色を十分に生かすことが必要である．たとえば亜鉛凸版にしても紙質が悪いので，精密な図は避けた方が無難であるし，また墨ベタ（墨の大きな面積）も美しく仕上がらない．写真は網版となるが，やはり紙質の関係で65線程度が多く，細かい階調は出しにくい．

　広告はイラストレーション（写真）と文案とで構成されるが，アイデアやねらいによってどちらを主とし従とするかも考えねばならない．新聞はいそがしい時間のあいだに読まれるものであるから，限られたスペースであっても盛りだくさんに詰め込むのではなく，空白を生かしながら，文字やイラストレーションの働きを十分に発揮させることが大切である．

3. 広告デザイン

「能」をテーマとしたカレンダー
(西脇友一)

3.3 雑誌広告

雑誌広告の特色 雑誌広告は新聞広告に比較して，広告としての生命も長く，印刷効果を考えることも新聞より自由である．さらに雑誌はサラリーマン向けの週刊誌，女性週刊誌，家庭雑誌，美術雑誌，音楽雑誌あるいは専門雑誌などのように，読者の層が雑誌によって限定されているので，広告のねらいも焦点を絞りやすい．したがって雑誌によっては専門的な説明も加えることができる．

掲載位置 広告が掲載される場所としては，表紙の2(表紙裏)，表紙の3(裏表紙の裏)，表紙の4(裏表紙．普通色刷りが用いられる)，目次ページ，記事中(記事の下や左右など)，グラビアページ，差し込み広告などがある．掲載場所により，スペース・印刷版式・色数などが異なるので事前に確認する．

3.4 ノベルティ

ポスターと新聞・雑誌広告以外の広告印刷物には，ノベルティとダイレクトメールなどがあるが，後者はパンフレット類が利用されることが多いので，ここではふれない．

ノベルティとはカレンダー，手帳，マッチなどの実用的価値をもつものの実物広告のことで，ここではカレンダーのみを取り上げる．

カレンダーは長期間掲示され，家庭やオフィスで親しまれて使用されるので，広告媒体としては有利な条件をもっている．しかし露骨な宣伝臭の強いものは，最初から利用されない．部屋の調度品・装飾品としての価値をもつものでなければならない．

形式としては壁掛け型，日めくり式柱掛け型，卓上メモ型，卓上立体型などがある．壁掛け型がもっとも多く，1枚物，2枚物，3枚物，4枚物，6枚物，12枚物がある．

表現様式としては名画，人物・風景写真，製品写真などさまざまな方法があるが，宣伝臭の強くないこと，品位があること，季節感の表現に注意することなどの注意が必要．

カレンダーの実用的な面で大切なのはタマ(日付けの数字)である．読みやすく美しい文字を選ぶように．タマの字体や大きさは，写真やイラストレーションなどとの調和を考えて決めるべきである．タマの部分のスペースが大きい場合にはメモ欄を設けたものもある．

絵や写真の部分とタマの部分とは，無関係に並べられるのではなく，双方がたがいにうまく生かされるレイアウトでなければならない．とくにイラストレーションのなかにタマが配置された図柄の場合には，有機的な関係をもって双方を生かすのはむずかしい．なお名画などを利用したものは，下手をすると古くさくなりがちである．レイアウトによって新鮮な感覚を盛り込むことが必要になる．

3.5 広告制作の方法

実際に広告ができるまでには，さまざまな手順が取られる．まず市場調査や各種の資料をもとに企画が立てられる．広告の地域や対象(主婦・学生など)，その時期や媒体(新聞・テレビなど)を決定する．

広告を具体化するには，まずどのような点を中心として訴えかけるかというコンセプトを立て，新鮮なアイデアにより具体化する．

制作はディレクターの下で分業され，文案(コピー)と美術(アート)に大別される．アートディレクターの下では，イラストレーター・写真家・レイアウトマンなどの担当者が連絡を取りながら作業を進めていく．パッケージ，ディスプレイの仕事も並行して進められることもある．でき上がった作品は，関係者によって承認を受け，広告媒体を通して消費者の目にふれるのである．

表紙カバー

ケース

本文レイアウト

本のデザイン（西脇友一）

身体障害者の絵本『わたしいややねん』（文＝吉村敬子，絵＝松下香住，偕成社刊より）

4. 編集デザイン（Editorial Design）

4.1 書籍

書籍のデザインは装丁と本文レイアウトに大別できる．

装丁の対象には次のようなものがある．

箱（ケース）　本を保護し装飾するためのもの．箱入りの本では，これが顔の役目を果たす．

カバー（ジャケット）　箱のない本では顔の役目を果たすだけに，一般に色数も多く視覚的な面からも重視される．表・背・裏・表裏の袖の各面の関連を注意する．

表紙　箱やカバーほど華やかではない．本製本の場合は仕上げ材も革・布クロス・紙クロス・レザークロス・ビニルクロスなど数多くの種類があり，文字も箔押し・空押し・印刷などの方法がある．

見返し　全体の調和から色と材質とを選定する．

扉　本文への入り口となる部分で，内容にふさわしい印象をもたせる．

本文はイラストレーションと文字のレイアウトが大切な仕事となってくる．文字を主体とするもの，イラストレーションを中心とするものなど，本の性格によって異なるが，その効果を十分に生かすようにする．

ページ数の多いものなどは，字詰め（1行の文字数）・行数・段数の計算がしやすいように，レイアウト用紙が作成されることが多い．

文字のレイアウトには次の点に注意する．
- 活字の大きさは，読みやすさを考えて決める．一般には8ポイント・9ポイント・5号程度の大きさが多い．
- 字間（文字と文字の間）は，あきすぎるとかえって読みずらい．ベタ組（字間をあけない）が多く用いられる．
- 行間は適当なあきが必要である．全角あきが多いが，字高の3/4程度のあきが読みやすいとされている．

4. 編集デザイン　109

ブックレット
　イラストレーション：真鍋博，佐々木侃司
　レイアウト：越田英喜
（世界インダストリアルデザイン会議・シティ委員会）

・字詰め（1行の文字数）も読みやすさに関係があり，20～30字が多く，最大でも50字程度が限界である．

4.2 雑誌

雑誌も文章を主体に読ませることを主としたものと，絵や写真を見せることに重きを置いたものとがある．最近は後者の，多色刷りで大型の雑誌が増えている．

雑誌は書店でひな壇型の棚に，上部をのぞかせて陳列されることが多いので，タイトル文字は上部にレイアウトする．表紙もその内容にふさわしいものであるように．

文章が主体の本文ページについては書籍の場合と同じであるが，絵や写真を中心としたグラフページは見開きでレイアウトを考えていく．概略のレイアウトから文字数の計算，写真などのスペース（該当の文字数を計算しながら），キャプション（図版の説明文），タイトルの書体・大きさなどを正確に割り出して，レイアウト用紙の上に割り付けていく．

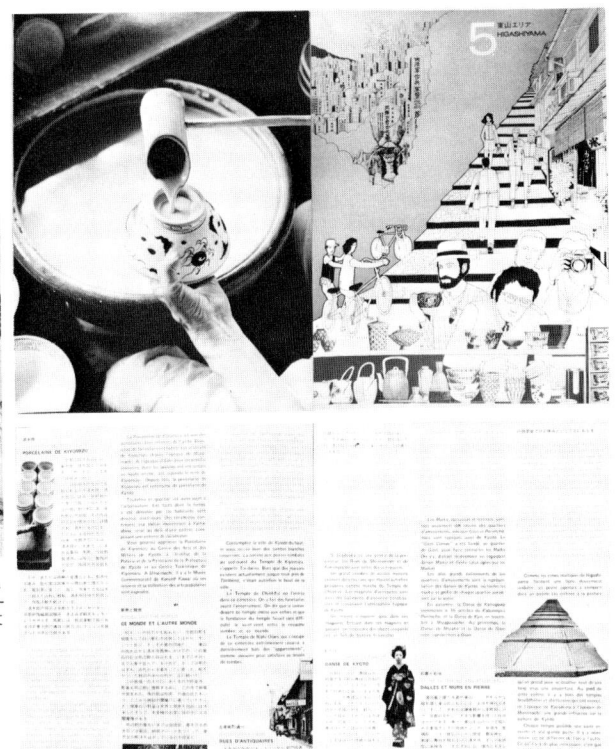

4.3 パンフレット類

パンフレット類には次のようなものがあり種々の目的に利用されるが，ダイレクトメールにも用いられる．

リーフレット　小型の1枚物で，多方面で利用．

ホルダー　折りたたむ小型印刷物で，折り方のくふうでさまざまのものができる．商品広告から展覧会の案内まで利用される．

ブックレット（パンフレット）　小冊子で比較的ページ数の少ないもの．広告物や音楽会のプログラムなど．

以上の形式上の分類のほか，内容からよばれるものとして，カタログやハウスオーガンなどがある．

カタログは商品紹介や営業案内の印刷物でデザインによって製品や企業の信頼を高めることができる．ハウスオーガンは会社や団体が従業員・販売店・消費者に対して発行するPRのための定期的発行機関誌であり，対象読者によって内容も異なる．

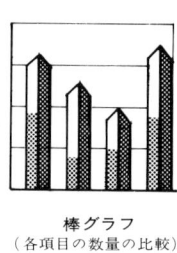

110　Ⅴ．視覚伝達デザインの基礎

棒グラフ
(各項目の数量の比較)

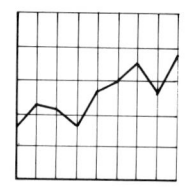

折れ線グラフ
(変動する数値の表現)

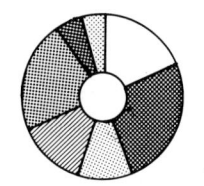

円グラフ
(内訳比の表現)

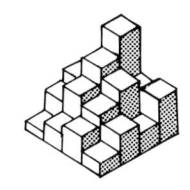

ステレオ(立体)グラフ
(項目の立体的表現)

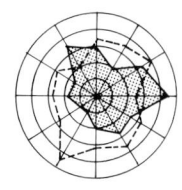

ポーラー(極)グラフ
(周期的変動の表現)

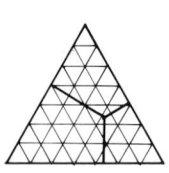

三角グラフ
(3項目間の関係の表現)

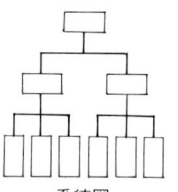

系統図
(経路・組織的な表現)

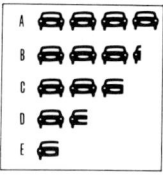

ピクトグラフ
(数量の絵画的表現)

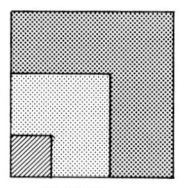

面積グラフ
(面積比較の表現)

カルトグラフ
(地域相互の比較表現)

図表の種類

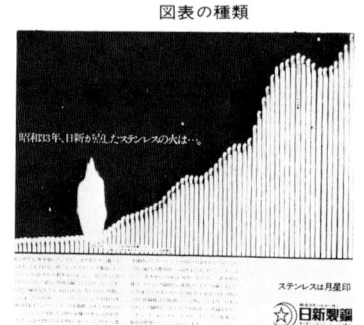

棒グラフ(日新製鋼) 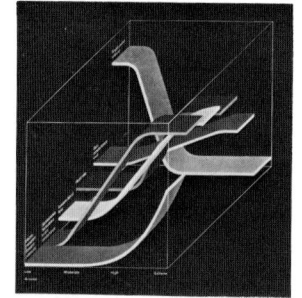　　折れ線グラフ(クランスキイ) 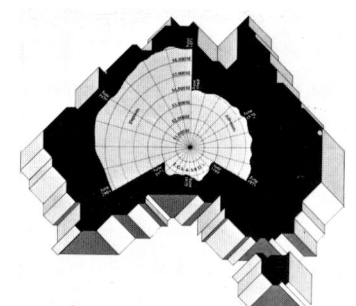　　ポーラーグラフ(タッカー)

5.　図表のデザイン

　さまざまな科学的な説明や統計量などの難解な知識や情報も，視覚化することによって理解が容易となることが多い．現在の社会ではこうした知識や情報を多量に必要としており，正確で美しいこれら図表の必要性はしだいに高まっている．

5.1　統計図のデザイン

　統計的な量も単に数字が並んでいるだけでは，直感的に理解しがたい．これらを図に表現する方法にはいくつかあるが，いずれも異なった特色をもっており，数字をどのように表すかによって選ばれねばならない．またその表現方法も，正しくわかりやすいものでなければならないと同時に，美しく楽しいものとなるようくふうされる必要がある．

・棒グラフ：各項目間の数量の比較に用いられるが，項目の内容比などの表現を織り込むこともできる．

・折れ線グラフ：数量の時間的変動などに多く用いられる．複数の線を用いて項目間の比較を示すことも行われる．

・円グラフ：ある量の内訳を示すのに用いられる．

・立体グラフ：項目間の量の立体的表現．

・極グラフ：月ごとの平均気温といった，量の周期的変動の表現に適している．

・三角グラフ：3つの項目の関係を表すのに用いられる．

・系統図：組織などの表現に用いられるが，製造工程・経路など時間的な流れを示す場合にも適する．

・絵図表(ピクトグラム)：量の表示を絵画的に行うもので，1925年のノイラート博士の研究がもととなっている．

　その他面積の比較を示す面積グラフ，地図と関係する量とを組み合わせて表現したカルトグラフなど，さまざまなものがある．

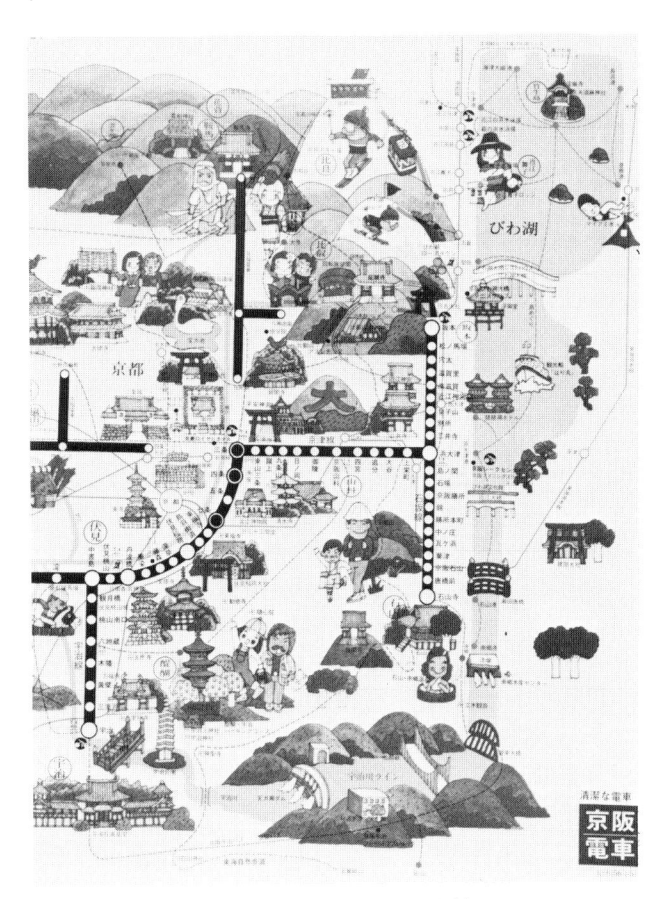

絵地図（部分）（京阪電車）

家の中の水

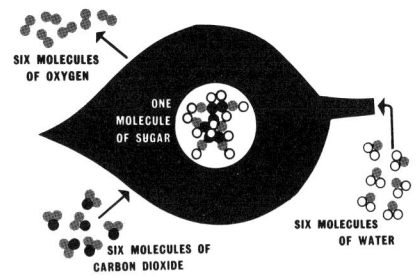

光合成のダイアグラム

5.2 絵地図のデザイン

　駅から自宅への地図を描くとき，教会・ポストなど目印となるものが記載された地図の方が，市街地の地図などよりわかりやすいことが多い．正確さを基礎としながらも，こうした心理的考慮をしながら，美しく楽しい地図がデザインされている．

　絵地図をデザインするには，まず作成しようとする区域を決め，縮尺を考え，表示する事項とその方法を決める．その目的に応じて適当な変形・省略・誇張などは許されるが，事実をゆがめて誤解を与えるような表現は許されない．名所・風俗・特産物を描き入れたり，見取り図的な要素を加えたり，色彩の効果をくふうしたりして視覚的にまとめる．用いられるイラストレーションも，表現技法や印刷効果なども考え，その目的に応じた美しく楽しいものにする必要がある．

5.3 説明図

　"百聞は一見にしかず"といわれるが，文字では十分に伝えきれないものでも，図を用いることによって相手に理解をしてもらえることが多い．

　機械の構造・人体の構造などのように，内部にあって直接見ることのできないものの説明や，原子構造・太陽系の惑星の運動など極大・極小の世界，植物の成長・製造工程など時間的経過を空間的に表示するもの，未来都市のように現実に実現されていないものなどさまざまな説明図が必要とされる．

　こうした図はその図の内容を十分理解し，どのような点を伝えたいかも把握してから描く．またその対象が専門家なのか，小学生なのかによっても表し方も違ってくる．とくに最近はこうした図の必要性が教育の場でも認識されているが，年齢による理解度・過去の学習経験など，十分な検討が必要である．

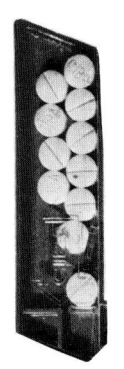

自然のパッケージと
人工のパッケージ

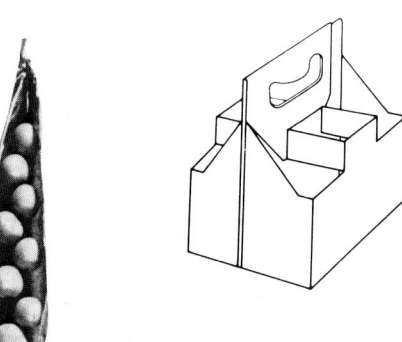

清涼飲料水入れのパッケージ

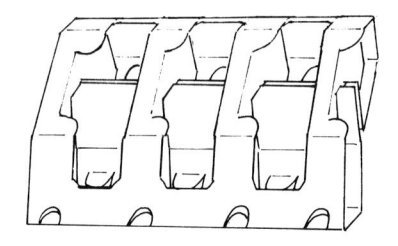

パッケージと構造

果物入れのパッケージ

6. パッケージデザイン

6.1 パッケージの機能

製品を包装するパッケージは，次のような機能が要求される．

- 製品の保護：振動・衝撃などの物理的刺激，湿度・温度・酸化・腐敗などの化学的変化から製品を守ることが，パッケージに課せられた第1の目的である．
- 商品性の向上：視覚効果を高めることにより，"物言わぬセールスマン" として，スーパーマーケットなどの陳列の場で，消費者にアピールする力をもつ．
- 使用性の便：適当な使用量が包装されている，持ち運びの便が考えられている，不用時の保管に便である，空容器が使用後にも利用できるなど，実生活のなかでの使い良さを満たすことも大切である．
- 生産性の考慮：材料や工程のむだを省きコストを下げ，印刷効果を生かしたデザインが要求される．

6.2 パッケージの材料・構造

パッケージに用いられる材料には，紙のほか金属・樹脂・ガラスなどが用いられるが，ここでは紙について注意すべき点を記す．

パッケージには，白ボール，コートボール（白ボールに樹脂コートし光沢を出したもの），マニラボールなどが多く使われる．紙器の基本型としては一重・二重・畳紙（たとう）・組み函・貼り函などがあるが，形態や構造は自由にアイデアを展開できる．紙の組み方も種々の方法があり，空箱のときには容易にたためて空間のむだをなくする方法もくふうされている．

紙は規定寸法（p.35）からむだが出ないよう，凹凸の組み合わせなどをくふうして面付け（展開の割り付け）できるように．

紙には縦目と横目がある．目の方向を考えないと，強度の弱いものができ上がる．また展開図を描くときは紙の厚さを考慮して寸法を取ること．

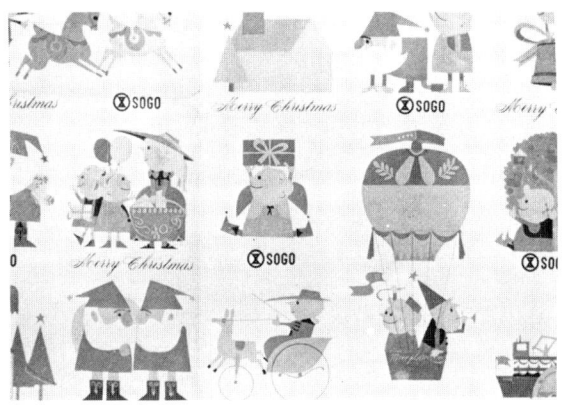

包装紙（コシダ・アート）

ジョン・ギルバート 　　ポール・ランド
紙　函

か　ん（コシダ・アート）
パッケージのデザイン

パッケージの取り扱いマーク

6.3 パッケージの視覚的表現

包装された内容を正しく明確に伝えることが要求されるが，これは単に文字だけで表記するのでなく，写真やイラストレーションなどを用いて理解させ，さらにはそれら全体で内容にふさわしいイメージを表現することが大切である．化粧品と機械部品とでは，当然表現は異なろう．

表現の主題としては文字をテーマとしたもの，イラストレーションを中心としたもの，写真を用いたもの，動きによる変化を利用したもの（モアレ効果など），紙の構造の造形的な面白さを強調したものなど種々である．

これらパッケージの文字や色彩について，デザイン上注意をすべき点について記す．

文字　ふつうパッケージに記入される文字は，製品名（ロゴタイプが用いられることが多い），商標，製品の型・種類・大きさ・数量，商品の品質，使用方法，使用・保管上の注意，製造会社，検査の合否，JISマークなどがある．

なお輸送上の注意を表示するマークがJISで定められ，外装などに記されていることが多い．

色彩　写真やイラストレーションが用いられたとしても，パッケージ全体の基調となる色彩が，その製品に性格を与える大きな力となっている場合が少なくない．たとえば清涼飲料水であれば濁った色は不潔感を与え，内容までがそうであるかのような印象を与えかねない．製品のもつ望ましいイメージを，色彩で表現するように注意する．ただ色彩は人の好みも強く，全体としての配色の調和を考えることはいうまでもない．また一方で多くのパッケージのなかで，人の注目を引くことも要求される．

一般に，店頭では同じ製品を並べて展示する．同じデザインのパッケージが多数並んだとき，その全体としての効果を考えてデザインされる場合も多い．また店頭でのPOP（次項参照）効果をねらったものも少なくない．

ショーウィンドー（クリスチャン・アーダ） 　　ショーウィンドー（阪急） 　　地下街ホール（阪急三番街）

屋外看板・ネオン 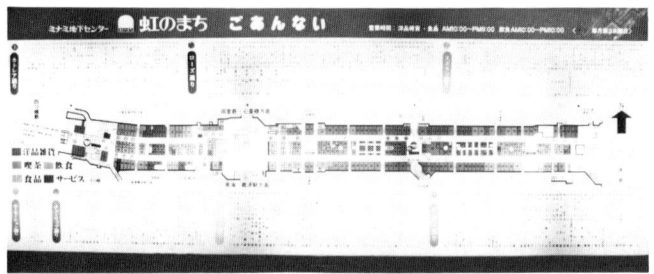　　　　　　　　　　　　　　　　案内板

店舗のデザイン

7. ディスプレイデザイン

ディスプレイは展示ともよばれ，商品や資料などを一定の目的・テーマのもとに陳列・構成することである．

7.1 店舗ディスプレイ

商品販売のための店舗は以下に述べるような部分から構成されるが，これらが統一的・総合的にデザインされねばならない．

ファサード　店の正面の外観で建築との関係が深い．ショーウィンドー・窓・看板・日覆いなどで，店の性格を印象づける大きい要素である．

ショーウィンドー　通行客の目を引き，購買心をそそり，客を店内に誘導する役目をもつ．道路や人の通行条件によって設置の場所などを考える．商品をただ陳列するというだけでなく，季節感を盛り込んだり，商品のもつ雰囲気を表現することが大切である．

店頭展示　店頭にショーケース・展示台を置いて展示する方法．ショーウィンドー的役目も果たすが，雑然となりやすいので注意する．

室内空間　天井は照明の場所でもあり，吊り下げを行う場合はこれらの関係に注意する．照明も全般照明ばかりでなく，スポットライトなどで局部照明を行うことも考えられる．壁面はもっとも人の目にふれる場所であるだけに展示に利用されるが，雑然としてはかえって気を散乱させる．壁の仕上げ材にも気を配る．柱は建築構造上必要なものなのでパネルを中心とした柱巻きのデザインが施されることが多い．

ショーケース　単に商品の置き場所としてではなく，空間を演出する構成要素として考えることが大切．ショーカード（商品説明札）などのデザインにも神経を配らせる．POP（point of purchase）広告物は，人目を引くためケースの上や天井から吊り下げられたりするが，動きを利用したり種々のくふうがされている．

展示会場(上)とショー
ルーム(下)のデザイン
(デザイン：日野正之)

7.2 博覧会・展覧会・展示会

博覧会・展示会は，万国博のような大規模なものから一室で行う小規模のものまでさまざまである．

博覧会などでは共通のテーマや色彩などで統一感をもたせるよう考慮されている．

展示会・展覧会は，その性格によって雰囲気が構成されるが，観客が入り口から出口までどのように動いて展示物を見るか，その動線の計画を立てることが基本となる．混乱をおこさず，見落としのないよう計画する．

展示物は人間の目の高さを基準として見られる．人間の視線に対し直角となる角度がもっとも見やすいので，天井近く・床近くの展示パネルなどは，傾斜して置かれることも少なくない．また視野の関係から，大きさによって見やすい距離があることも忘れずに．

ガラスケース内の物は，光線によってガラスが光り見ずらいことがある．照明にも十分考慮する．

7.3 屋外広告

ネオン塔・看板などの屋外広告は，商品の展示ではないが，技術的にディスプレイと共通性が多い．

看板（sign-board）には屋上看板・壁面看板・店頭看板などがあり，型式もさまざまである．いずれも建築との調和を考えねばならない．鉄道沿線に見られる野立て看板は大きさが必要で，風力に耐えなければならない．

電気サインは電球サインとネオンサインがあり，動きを利用したりして効果的であるが照明方式からみてそれぞれ次の3種に分類できる．

- 直射サイン（直接照明）：光源が露出した形式のもの．
- 反射サイン（間接照明）：光で看板などを照明したもの．見る人に光源は直接見えない．
- 透過サイン（拡散照明）：色ガラスなどの透過材のなかに光源が隠されたもの．

なおこうした広告物は法令・条例などの制限を受けることがある．

活版の組版

活　字

字面／谷／ステム／腹（ボデー）／高さ／ネッキ／角（サイズ）／溝／幅（セット）

	1号	4号	
初号	2号	5号	7号
	3号	6号	8号
4倍	2倍	基準号数	0.5倍

号数活字の大きさとその系統

活字の大きさと行間

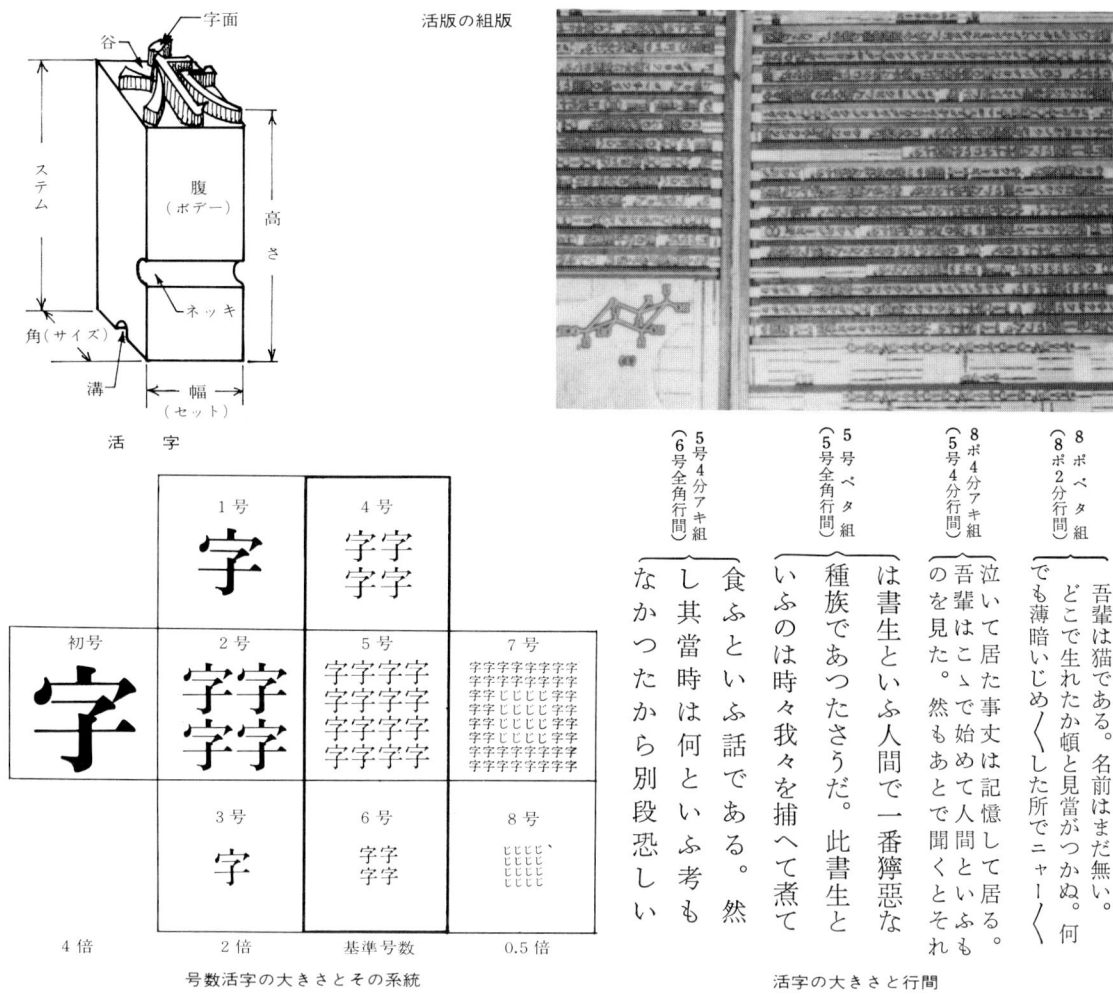

（6号全角行間）（5号4分アキ組）（5号ベタ組）（5号4分行間）（8号2分行間）（8ポベタ組）

吾輩は猫である。名前はまだ無い。どこで生れたか頓と見当がつかぬ。何でも薄暗いじめじめした所でニャーニャー

泣いて居た事丈は記憶して居る。吾輩はこゝで始めて人間といふものを見た。然もあとで聞くとそれは書生といふ人間で一番獰悪な種族であつたさうだ。此書生といふのは時々我々を捕へて煮て食ふといふ話である。然し其當時は何といふ考もなかつたから別段恐しい

8. 印刷による文字

　文章を印刷するには活字や写真植字（写植）による．活字による活版は凸版印刷の一方法であるし，写植は写真による文字原稿の作成法で製版によって平版・凹版・凸版などに利用されている．

8.1 活字の書体

　活字の書体はレタリングの項に述べたとおりだが，実際には印刷所・新聞社によって細部の特色が異なっている．

8.2 活字の大きさ

　和文字の活字の大きさは角の大きさ（図参照）でよぶが，号数活字系とポイント活字系の2種類がある．

　号数活字は初号-2号-5号-7号，1号-4号，3号-6号-8号の3系列ごとに1/2の大きさになる．番号が大きいほど小さくなるわけだが，この3系列間の相互関係はない．

　ポイント活字は1ポイントが約1/72インチに当たり，数字の大きいものほど大きい．

　現在ではポイント活字と号数活字とのあいだに互換性のある基準が設けられている．なお和活字は正方形（新聞の本文活字は1：0.8の扁平）だが，ポイント活字は胴いっぱいに，号数活字はやや小さ目に字面ができている．

　欧文活字はサイズは同じであっても，セットは文字によって異なることはいうまでもない．

写真植字の文字の大きさ

9 Q（6ポイント）
10 Q（7ポイント）
11 Q（6号）
12 Q（8ポイント）
13 Q（9ポイント）
14 Q（10ポイント）
15 Q（5号）
18 Q（12ポイント）
20 Q（14ポ・4号）
24 Q（16ポ・3号）
32 Q（2号）
50 Q
62 Q（初号）

活字の大きさの対照

写植級数	ポイント活字	号数活字	高さ（mm）
7級	5ポ	8号	
8		7	2
9	6		
10	7		2.5
11		6	
12	8		3
13	9		
14	10		3.5
15		5	
16	11		4
18	12		
20	14	4	5
24	16	3	6
28	20		7
32	22	2	8
38	26	1	9.5
44	31		11
50	34		12.5
56	38		14
62	42	初	15.5

（厳密には多少異なる場合がある．文字の高さは写真植字の余白を含む寸法）

24級正体
平体1番
平体2番
平体3番
長体1番
長体2番
長体3番
正斜体2番右肩上がりライン揃え
正斜体2番左肩上がりライン揃え

レンズによる写植の変形

1ポ表罫
1ポ裏罫
5号八分波罫
4号四分かすみ罫
5号四分子持罫
5号四分無双罫
表リーダー罫

5号四分装飾罫

罫のいろいろ

8.3　字間・行間

　字間とは行のなかの文字の間隔，行間とは行と行との間隔である．活字の大きさ・字間・行間によって，文章のスペースが決まる．

　字間を取らずに組むものをベタ組とよび，字間を取る場合には4分（1字の1/4）あき，3分あき，2分あきなどがある．

　行間はふつう5号活字を基準としてトタン（5号8分）行間，4分行間，2分行間，2分4分行間，全角行間などがあり，6号全角行間，9ポ全角行間なども使われる．

8.4　写真植字（写植）

　写植はネガ文字盤の下から光を当て，レンズで拡大して上部の筒のなかの印画紙に焼き付ける方法である．レンズを変えることによって拡大倍率も異なる．

　写植文字の大きさは級数で表す．1級は1/4mmなので16級の文字は1辺が4mmとなる．また，字間や行間も同じ級数で指定する．したがって「20級，歯送り20」と指定すればベタ組のことである．

　写植は特殊なレンズを使うことによって，文字を変形させることができる．平体・長体とも1番から3番まであり，1番が10％，2番が20％，3番が30％程度縮小する．正体に対し平体では文字の天地が，長体の場合は左右が縮小される．斜体（右上がり，左上がり）はレンズの曲げ方によって1番から3番まで変化できる．

　なお写植の書体も活字と同様に各種のものがそろっている．また新しい書体も種々デザインされている．

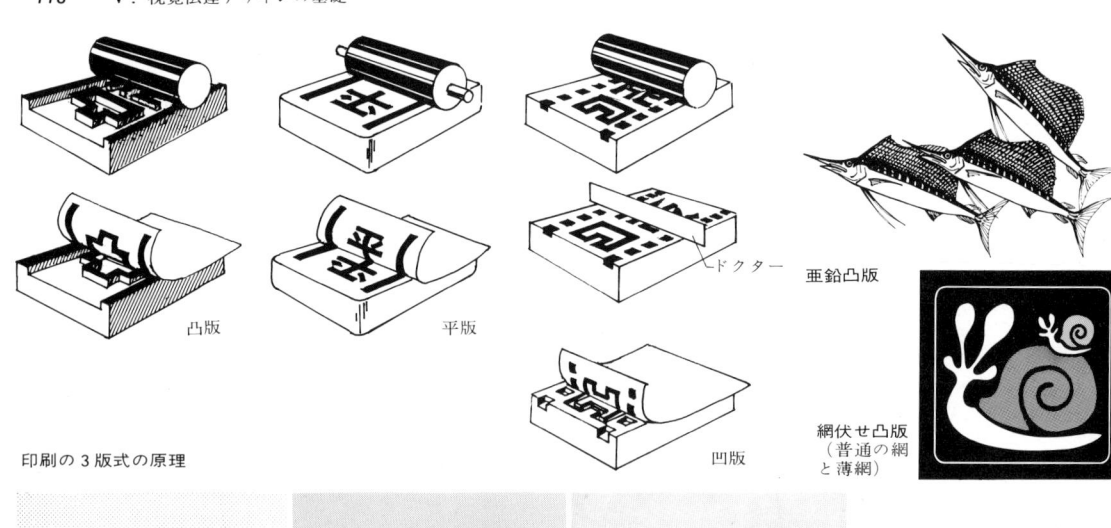

凸版　平版　凹版　ドクター　亜鉛凸版　網伏せ凸版（普通の網と薄網）

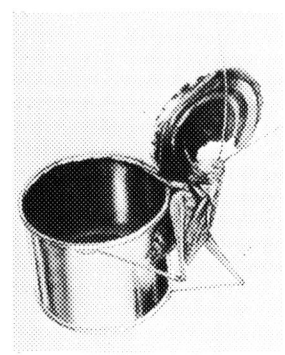

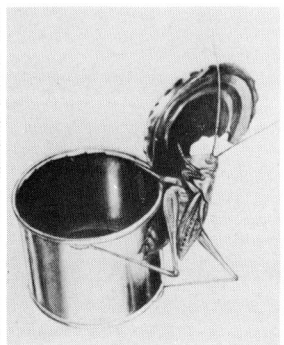

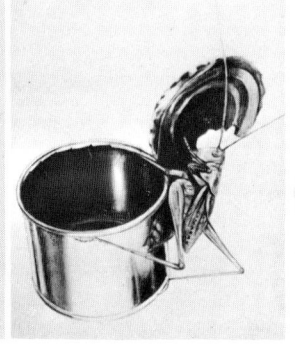

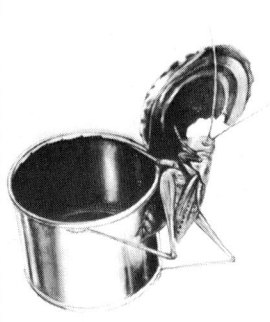

印刷の 3 版式の原理

60 線　120 線　150 線　ハイライト版（120 線）

写真版

9. 印刷の版式

9.1 凸版

版の高い部分にインクを付けて紙に印刷する方法．活字による活版印刷もこの方法であるが，ここでは図版の製版の種類について記す．

木版　浮世絵のように，日本の木版は板目に彫刻をする．小部数の簡単な図に利用されることもある．

木口木版　西洋木版ともよばれ，木口に彫刻され精密なものができる．

亜鉛凸版　線画のように黒白が明確な図に用いる．精密な図では，亜鉛のかわりに銅を用いることがある．

網伏せ凸版　亜鉛凸版の一部に，網点や地紋などを焼き込んだもの．原稿の段階でスクリーントーンなどで網点を付けてもよい．

ハイライト版　新聞小説の挿し絵のように，濃淡は網点で表現できるが，写真版とは違って白の部分（ハイライト）には完全に網点がない．鉛筆画・毛筆画などの表現にもっとも適している．

写真版　写真の明暗を網点の面積の大小に置き換えて表すもので，白の部分も小さな点が残る．網目は 1 インチのなかの線数で表し，細かい線数ほど階調も美しく表現できるが，紙質の関係で新聞紙は 60～70 線，アート紙でも 133～150 線程度である．なお印刷された網目のある写真を原稿とすると，製版によってモアレが生じる．次ページのような特殊なスクリーンを用いた製版もできる．

原色版　色の付いた原稿を，シアン，マゼンタ，イエローに分解し，この 3 色と墨とを刷り重ねたもので，凸版印刷であるだけにオフセット印刷よりもインクが厚く付き，色の再現性はもっとも良い．そのため名画の複製などに利用されるが，大型のものは印刷できないし，コストも高い．

砂目スクリーン 　　　　　　　　　　　同心円スクリーン

クロスラインスクリーン 　　　　　　　万線スクリーン

特殊製版の例

9.2 平版

水と油（油性インク）の反発力を利用して，平らな版の上にインクを付け印刷する方法．

石版（リトグラフ）　石版石に描き印刷するもの．現在では版画・美術的印刷などにしか用いられない．

描き版　亜鉛板の上に直接原稿を書き込みオフセットで印刷するもので，多色刷りの場合は色数だけの版を必要とする．

コロタイプ　ゼラチン被膜の凹凸で印刷するもので網目がない．記念アルバムなど小部数の印刷に利用．

プロセス平版（写真平版）　写真版・原色版のように網版で階調を表現するが（亜鉛凸版のように網目のないものでもよい），版から直接印刷するのでなく，一度ゴムローラーにインクを移すオフセットとよばれる方式で印刷する．耐刷力も強く大型の印刷も容易なので，大型ポスターにも利用されている．

9.3 凹版

版のくぼみにインクを埋め印刷する方法．

エッチング　銅板を腐食して線などをくぼめ印刷する方法．版画などにしか用いられない．

彫刻凹版　きわめて精密でインクが盛り上がる．製版費は高い．有価証券などに利用される．

グラビア　グラビア印刷は写真のような濃淡を表すのに適しており，週刊誌のグラビアページなどに利用されている．濃淡は網点の大小でなく（これを併用したものもある），穴の深さ，つまりインクの厚さで表す．製版費が比較的高いので大部数の印刷に用いる．

9.4 特殊印刷

孔版については次項に述べるが，金属・樹脂などの材料へ印刷するには，それぞれ特殊な技術が用いられる．また紙に空押しをした浮き出し印刷や，樹脂質のインクを加熱膨張させる盛り上げ印刷などもある．

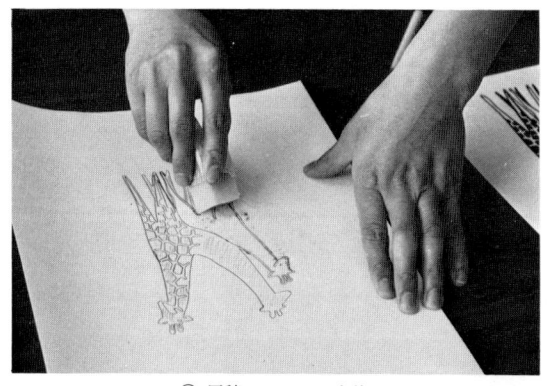

① 原稿にワックスを塗る

③ 木枠に湿した絹を張る

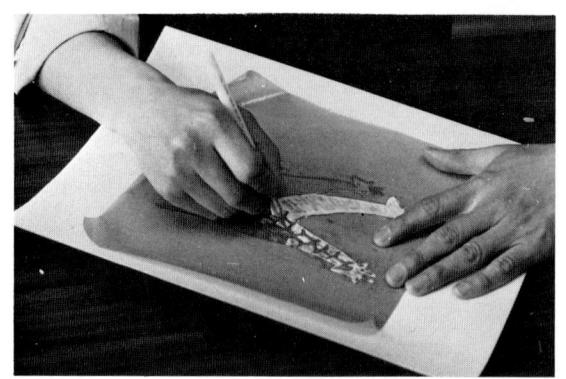

② 原紙を張り、切り抜く

④ まず1辺を付け次に対応する辺を中央から

切り抜き法

10. シルクスクリーン印刷

シルクスクリーン印刷は謄写版・合羽版（かっぱ）などと同じ孔版（孔からインクを押し出して印刷する）の一種であるが、他の印刷にはみられない特殊な効果が表現できるし、大きな設備を必ずしも必要としないので小部数でも印刷でき、デザインの場でも広く用いられる。

10.1 切り抜き法

① 原稿は厚手のケント紙の上に鉛筆で輪郭を描いたものでよい。多色刷りであっても、原稿は1枚でよい。

② 原稿にワックスを塗り、原紙を張る。ワックスは全面に塗る必要はないが、切り抜き個所付近はワックスで原稿と十分密着させる。原紙はパラフィン紙にラックニスを塗ったもので、ニスを塗った方が上面である。

③ ナイフで原紙を切り抜く。ナイフは細いものの方が、細部が切り抜きやすい。多色刷りの場合は同色の部分だけを切り抜き、色数の枚数だけ版を作る。この場合、色合わせのためのトンボ（各版とも同じ位置に十字を切ったもの）を忘れないように。切り抜いた部分は原稿からはがし取る。

④ 枠に絹を張る。原稿よりやや大き目の木枠にラックニスを十分塗り乾燥させる。120メッシュ程度の絹を水に湿し、水を切ってから枠に張る。まず枠を裏返し絹をのせ、長辺の1辺をピンと引きアイロンを当てる。アイロンの熱でニスが軟らかくなり、さめて固くなったときに絹を接着するので、まだ熱いうちは動かさない。アイロン掛けは下に新聞紙を1枚敷いて行うとニスでアイロンが汚れなくてよい。1辺が張れたら対応するもう1辺の中央を同様に絹を強く張りながら接着する。次いでその辺を両端に向かって順次張っていく。最後に残った2辺を同様にして張っていくが、絹の目がゆがんだり、たるみが出ないよう十分注意する。絹を均一に引っ張るための道具や、すでに絹を張った枠も市販されている。小型の場合は、5mm程度の合板の中

10. シルクスクリーン印刷

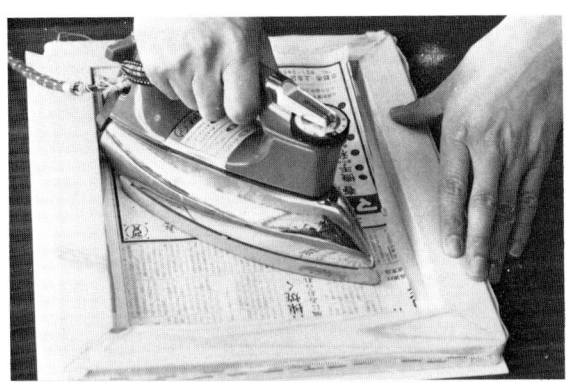

⑤ 原紙をアイロンの熱で絹に張り付ける

⑦ 印刷位置を定める（手前の黒い紙）

⑥ 補強のため原紙の周辺部にテープを張る

⑧ スキージでインクを手前に引き印刷する

（注）写真⑥以下は感光法のものであるが、方法は切り抜き法でもまったく同じである。

をくり抜いたものでもよい．
⑤ 原紙の上に乾いた絹枠を置き新聞紙を1枚当て，アイロンで原紙を完全に密着させる．白っぽい色の所は完全に接合していないので注意する．細かい部分はとくに念入りに．
⑥ 裏面の周辺部は補強のためにガムテープなどを張る．なお枠からはみ出た絹は枠の側面に接着するとよい．
⑦ 枠を蝶番で印刷台（厚い合板など）にとめる．
⑧ ガラス板・金属板などのインク練り台の上でインクを練る．インクは数種あるので目的に応じて選ぶ．ポスターカラーや油絵の具も使用できる．インクにはその目的に応じて次のような材料を混合する．
・溶剤：インクを薄め，乾燥を早める．多量に用いないこと．
・透明剤：インクに透明感を与える．インクの3〜10倍程度用いる．乾燥を遅くする．
・増量剤：1〜2割から1〜2倍まで適度に用いる．
・乾燥剤：インクの乾燥を早める．数滴程度用いる．

以上を木・金属などのへらで十分混ぜ，マヨネーズ程度の硬さに練りあげる．
⑨ 版の下に印刷用紙を置き，印刷位置を正しく確認し，紙テープなどで四隅を正しく位置決めする．
⑩ 枠の手先側にインクを置き，印刷面が1回で刷れるだけの幅のスキージで，手前に傾けながら力を入れて引く．途中で止めると印刷面に跡が残る．2枚目以降も同様にして印刷する．
⑪ 印刷中，穴があいたりして余分の個所にインクが付く場合，版の裏からクリヤーラッカーで埋める．
⑫ インクが乾燥するまでは紙を重ねない．乾燥に場所を取るようだったら，麻ひもに洗濯ばさみを通してはり，そこにはさんで乾燥させるとよい．

最後にインクで汚れた用具は溶剤や石油を含ませたボロ布できれいにふき取っておく．

① ツーシェで絵を描く

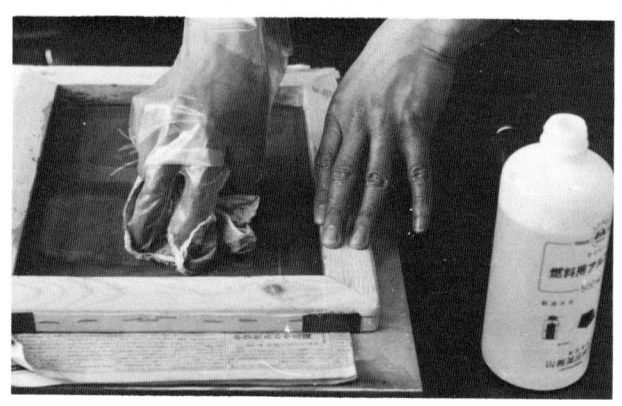

② バケットでヒーラーを塗る

③ 石油でツーシェを溶かす

描画法

10.2 描画法

絹の上に直接絵を描き，残りの部分の絹目を埋めた後，最初に描いた部分を溶剤で抜く方法である．

① 色数の枚数だけ絹を張った枠を用意する．
② 原画の上に絹枠をのせ，サインペン，万年筆などでその色で印刷する部分の輪郭を写し取る．
③ 市販の描画用ツーシェで印刷部分の絹目を埋めるように塗る．このとき絹枠はツーシェがにじまないように台から浮かしておく．ツーシェは筆で塗りにくい場合は割りばしで作ったへら（一方を薄く平らに，他方を針状にするとよい）で描く．
④ ツーシェが乾いたら絹枠全体にヒーラーをひく．ヒーラーを枠幅のバケットに入れ，枠を斜めに立て，絹面にヒーラーを注ぐようにして下から上まで一定の速度で引き上げる．途中で止めると厚さに段ができるので注意する．

小さな枠の場合は，バケットの代わりに，枠の一方の内側にヒーラーを流し，ボール紙で作ったスキージで均一になるよう引いてもよい．
⑤ 絹枠を水平にして，ヒーラーを十分乾燥させる．
⑥ ツーシェで描いた部分を石油で溶かす．絹枠の裏面を上にし古新聞を1枚かぶせる．石油を注いでしばらく置くとツーシェが溶け出す．ボロ布でふき取り，表からももう1度同様にして再度溶かす．乾いてから光にすかしまだ絹目が埋まっているところは，脱脂綿に石油を含ませたものか，表からラバーセメントでこするかして完全なものとする．
⑦ 印刷を行う．方法は前項の⑦以下に同じ．

なおこの方法は，シルクスクリーン用のクレヨンを用いてもできる．この場合は粗いサンドペーパーの上で描くと，クレヨンのタッチの跡を表すことができる．またタイプトーンをツーシェの代わりに用いて，文字を印刷することもできる．

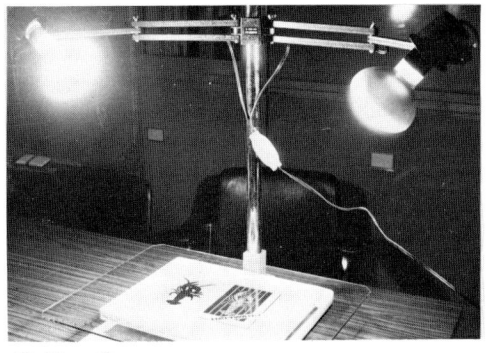

① 露　光

③ 印　刷

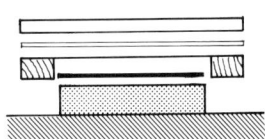

ガラス板
原稿
絹枠
黒紙
スポンジ

② 水で現像

完成作品

感光法

10.3　感光法

この方法は光によって水溶性であるヒラーを硬化させるものである．

① 絹枠を色数だけ用意する．この場合，絹は150メッシュ程度の細かいものを用いてもよい．

② 感光用ヒラーに感光剤を混ぜ，バケットなどで絹面に塗布する．薄暗い部屋でこれを行い，暗室で水平に置いて乾燥させる．なおヒラーを塗布してから感光剤を刷毛で塗布するもの，ヒラーに墨で直接描画してから感光剤を塗布する方法などもある．

③ 透明な薄いセルロイド板・塩ビ板に油性の墨で図を描く．多色刷りの場合は色別に，色数だけの枚数が必要．タイプトーンなどを使用してもよい．

④ ヒラーを感光させる．厚いスポンジ状のもの（発泡スチロールを枠の内側の大きさに切ったものでもよい）．黒紙・絹枠（この場合裏を上に）・透明原図・ガラス板の順に重ね，原図と絹枠が圧着するようにして，太陽光・写真電球・蛍光灯（焼き付け器が市販されている）などで露光する．露光時間は光源の強さ，感光剤の種類や量などで異なるので，説明書に従う．一般には太陽光で5～20分程度のものが多い．

⑤ 露光した絹枠を水で洗い現像する．原図の墨の部分は光が当たらないのでヒラーは水で溶ける．水や温湯につけ，刷毛などでヒラーをよく溶かす．露光不足では他の部分が溶け，過度だと印刷部の目が抜けにくい．光にすかして印刷部の絹目が完全に抜けるまでよく洗い，乾燥させてから印刷に移る．インクは水性でも油性でもよい．

このようにシルクスクリーン印刷は印刷しない部分の絹目を防げばよいので，描画剤，ヒラー，インクの油性・水溶性の関係を利用すれば，さまざまな技法の展開ができる．

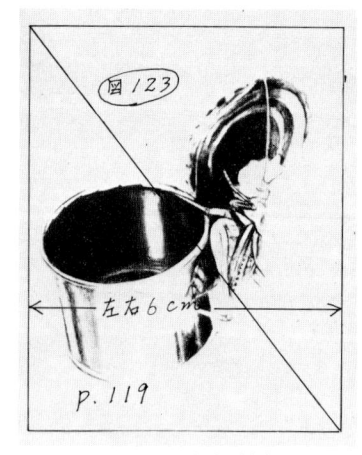

写真原稿の指定（左右を
6cmに仕上げたいとき）

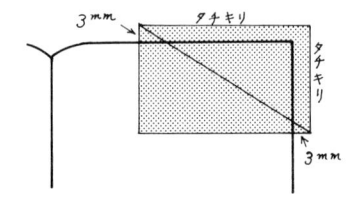

図版のたちきりの指定

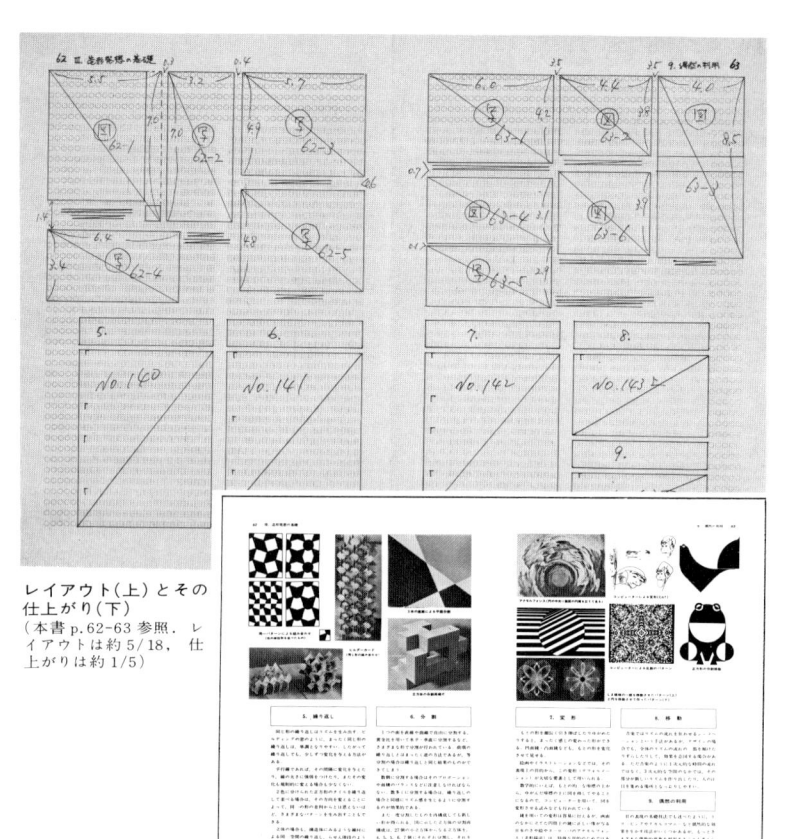

レイアウト（上）とその
仕上がり（下）
（本書p.62-63参照．レ
イアウトは約5/18，仕
上がりは約1/5）

11. 原稿の指定

11.1 文字原稿の指定

印刷による文字の項（p.116）で述べたように，文字原稿の印刷は活版と写植とで組み方が異なる．いずれもスペースと文字の大きさ・あきの関係を十分調べてから行わねばならない．活版・写植とも，割り付けに便利なような割り付け表や割り付けスケールが市販されている（印刷器材店・デザイン材料店）．

活版は「明朝5号，4分あき組，25字詰，行間全角」のように指定する．これは明朝体5号活字，字間4分アキ，1行25字詰め，行間全角アキの意である．

写植は「明朝15級（♯15，15Q），歯送り19，25字詰，行送り30」のように指定する．

原稿中の一部の文字の書体を変えたいときは，その部分をはっきりさせ，赤字で「ゴチ（またはG）」などと指定する．

11.2 図版原稿

亜鉛凸版などの版下原稿は白のケント紙，厚手のトレーシングペーパーなどに描き，墨入れする．網伏せをする場合には指定でもできるが，スクリーントーンなどを最初から張り込んでおいた方がよい．

写真原稿は光沢のある印画紙に，やや軟調（コントラストをあまりつけないもの）で焼き付けたものがよい．

一般に図版原稿は2/3程度に縮小して製版すると結果がよい．原稿にトレーシングペーパーをかけ，必要な部分を線で囲み対角線を引く．天地または左右の印刷寸法を矢印とともに記入する．

断ち切り（図版が紙面の端まで印刷される場合）のときは，その場所を3mm程度大きく原稿を作り，たちきりと指定する．

図版の周囲は印刷の関係上，文字との間隔を2mm以上取っておく．

本の各部の名称

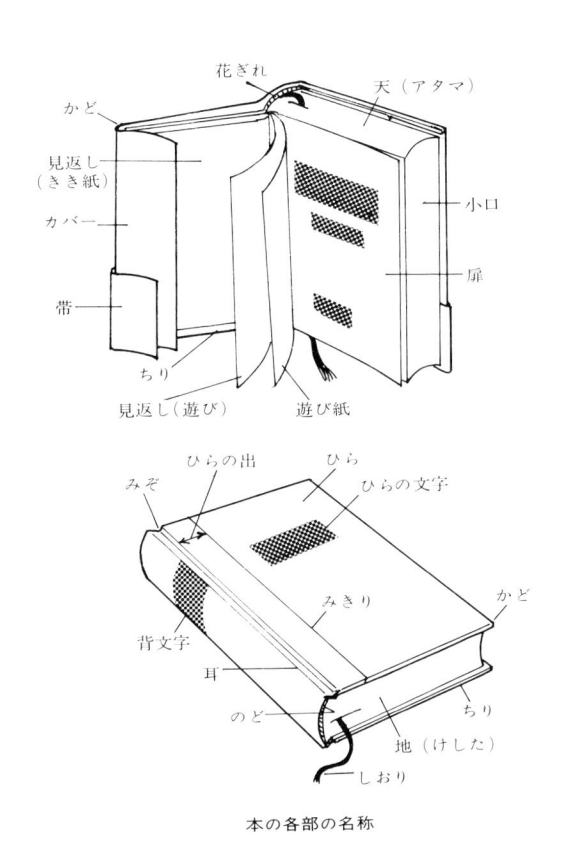

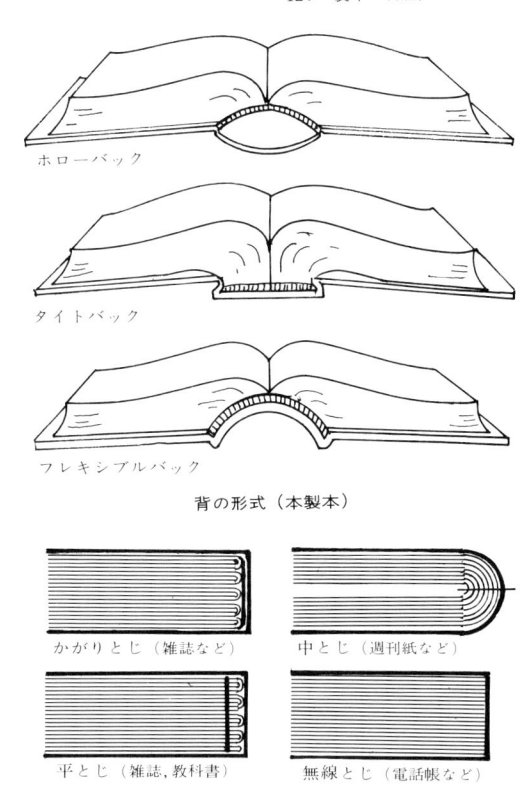

背の形式（本製本）

本のとじ方（仮製本）

11.3 割り付けと校正

図と文字が混じった原稿は割り付け用紙を作り指定する．割り付け用紙は仕上がりの印刷物と同寸法で作り（周囲には余白を取る），本の場合は見開きで1枚とする．

割り付け用紙には，それぞれの原稿の位置を原寸で正確に指定する．図と文字は混同しないように指定の線の色を変えたり，対角線の方向を変えるなどの方法が取られる．文字原稿・図版原稿とも，割り付け用紙の位置および原稿の両方に番号を打っておくとよい．

印刷所に原稿を渡すとやがて校正刷り（ゲラ刷り）が返ってくる．誤植・脱字などを訂正するわけだが，文字原稿は校正記号が定まっているので，それに従って訂正する．活版はゲラ刷りに直接記入してよいが，写植の場合は上にトレーシングペーパーを掛けそれに青で記入する．図版は版式によって指定方法も異なる．再校・三校と校正を行い，完全となれば校了とする．

12. 製本の知織

製本の方法には昔からの和綴じと，明治期以降の洋製本とがあり，現在では特殊なもの以外は洋製本が用いられている．洋製本は本製本と仮製本とに分けられる．なお本の各部にはさまざまな名称が用いられているが，それらを図に示す．

本製本（上製本）　中身を糸で綴じ，表紙には芯を用い，中身より一回り大きい．背の形には丸背（タイトバック，フレキシブルバック，ホローバックの3種）と角背がある．

仮製本（並製）　中身の綴じ方には，文庫本などの糸によるかがり綴じ，雑誌などの針金による平とじ，週刊誌などの中とじ，電話帳などの接着剤による無線とじなどがあり，表紙の形式も，くるみ（おかしわ），切り付け，がんだれ，フランス表紙など各種のものがある．

［参考図書］

〈視覚伝達デザイン全般に関するもの〉
ホグベン（寿岳・林他訳）『コミュニケーションの歴史』岩波書店
藤沢・滝本・中村『ビジュアル・コミュニケーション』ダヴィッド社
高橋正人『視覚デザインの原理』ダヴィッド社

〈構成要素に関するもの〉（イラストレーションについてはⅢ章を参照）
稲田茂『レタリング入門』ダヴィッド社
柳下秀雄『レタリングの基本』理工学社
中田功『レタリング入門（アルファベット）（漢字／かな）』美術出版社
技法叢書編集室編『レタリングの技法』美術出版社
　その他レタリングに関する図書は多数出版されている．
桑山弥三郎『グラフィックエレメント集（1～10）』柏書房
ドレイファス（八木酉訳）『シンボルの原点』グラフィック社
高橋正人『日本のしるし（1～4）』岩崎美術社

〈グラフィックデザインに関するもの〉
田中正明『グラフィックデザイン』近藤出版社
上口睦人『グラフィックデザインの実技』グラフィック社
技法叢書編集室編『グラフィックデザインの技法』美術出版社
デザイン編集室『編集ハンドブック』ダヴィッド社
上昭二『編集レイアウト』ダヴィッド社
森下暢雄『地図をつくる』美術出版社
伊藤幸作『設計図表』ダヴィッド社

〈パッケージ・ディスプレイに関するもの〉
清水・曾山『パッケージプラン』美術出版社
森・寺沢『ディスプレイ小辞典』ダヴィッド社

〈製版・印刷に関するもの〉
安達史人『印刷・製版テクニック』美術出版社
技法叢書編集室『シルクスクリーンの用具と技法』美術出版社
吉江審『やさしいシルクスクリーン』マール社

VI. プロダクトデザインの基礎

ウィリアム・モリス『壁紙』

パクストン『水晶宮』

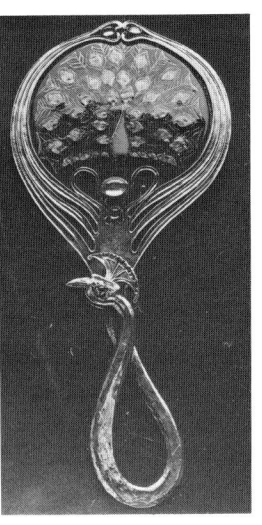

アール・ヌーボーの工芸品
（ティファニー）

1. プロダクトデザインの意味

1.1 アーツ・アンド・クラフト運動

産業革命以降、機械が登場し同一の製品が同一の品質を持って多量に作られるようになった。しかし当初には、機械による製品は手仕事の時代の様式の模倣に終始した悪趣味なものが多かった。また当時の過酷な労働条件の下で、働く者は自分たちの作った製品に誇りを持ちえない状況でもあった。

これに対しウィリアム・モリスは「民衆のための芸術」という理想によってアーツ・アンド・クラフト運動をおこすと同時に、自ら良い品の製作を行った。ただ彼は、機械による生産方法を積極的に認めようとしなかったが、その思想は欧州諸国に影響を与え、近代デザイン運動の口火を切る形となった。

1.2 アール・ヌーボー

一方近代の工学技術は目覚ましい発展をとげていた。とくに建築の分野では、過去の石や木材に代わって鉄・ガラス・コンクリートなどの新しい材料が生まれ、構造技術の発達にともなって、1851年ロンドン万博のパクストンによる水晶宮、1889年パリ万博のエッフェルによるエッフェル塔、デュテールとコンタマンによる機械館などが建造され、工学的技術による近代造形美を表現した。

また当時のヨーロッパでは、過去のアカデミズムに対抗して、新時代の息吹を表現しようとする新しい芸術運動が、各地に芽生えつつあった。なかでもフランス・ベルギーを中心としておこったアール・ヌーボーは、植物の生命感をモチーフとした流れるような曲線美を特色とし、建築・室内装飾・家具・工芸品・ポスターから絵画に至るまで、1900年のパリ万国博を頂点として、たちまちのうちに全欧州を燎原の火に巻き込んだ。しかし結局は一つの新しい装飾様式を創ったにとどまりその流行はやがて衰えていった。

一方ウィーンでは過去の芸術からの分離を旗印として、ゼセッション（分離派）の運動

Ⅵ. プロダクトデザインの基礎

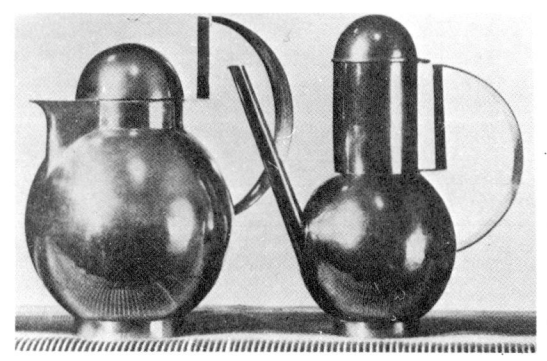

バウハウスの工芸品

レイモンド・ローウィー『機関車』

がおき，材料の特性を生かし，直線を強調した新しい建築や工芸が作られた．

1907年，ヘルマン・ムテジウスの用を基本とした新しい機械様式の提唱によって，良質生産を目的とするドイツ工作連盟が結成された．この会は芸術家・建築家・工芸家・技術者・教育者・企業家などが協力して，デザイン運動を推進したところに特徴をもち，欧州各国もこの影響を受け各地で工作連盟が結成された．

1.3 バウハウス

ドイツ工作連盟の一員であったグロピウスは，1919年ワイマールに新しい教育理念に基づく総合造形学校バウハウスを創設した．ここでは建築を中核としてすべての芸術を総合化することを目指し，基礎教育をはじめ新しい教育方法が取られた．この学校は当時の政治・経済状況のために1933年に閉鎖されたが，その教育理念と方法はその後全世界に影響を与えた．

1.4 工業デザインの発生

伝統をもつ欧州各国に対し，新大陸アメリカでは機能を第1とする工業製品が作られていた．また工業の発達によってミシン・自動車などが量産によって作られ，工芸・応用美術という言葉に代わって，インダストリアルデザインという言葉が現れてきた．1930年ごろには，不況に対応する手段としての工業デザインが企業家にも注目され，新しい工業デザイナーという職業が確立した．

第2次大戦直前にはナチスに追われたバウハウスの関係者が相次いで米国に移住し，米国のデザイン教育に影響を与えた．

1.5 第2次大戦後の世界のデザイン界

第2次大戦後，技術革新による産業の発達にともない，工業デザインは質・量とも発展し，現在では工業生産の重要なプロセスの1つとなっている．

また各国でも政府が中心となったデザインの振興機関が次々に設立され，デザインの振興ばかりでなく，消費者の啓蒙も行われている．

1.6 日本の工業デザインの発達

明治6年（1873）日本政府はドイツ人ワグネルの指導の下に工芸品を中心としてウィーン万国博に出品した．またその折に海外の技術を学ぶために伝習生を送った．そのなかの1人納富介次郎は帰国後，工芸品の輸出振興のための指導に当たり，各地に工芸学校を設立しデザインの振興をはかった．その後産業工芸の振興を旗印として数多くの人々がデザインの展開に努力した．昭和3年（1928）には国立の産業工芸指導所が設立され，12年には日本工作文化連盟の結成をみたが，戦争のためにそれらの動きは消えてしまった．

戦争後は産業の復興とともに，昭和26年ごろから米国の影響を受け家庭電気業界や自動車業界がデザインに関心をもち，デザイナーを採用しはじめ，翌年には工業デザイナーの職能団体も結成された．

当初は海外のデザインを一部の企業家が盗用し問題となったが，政府の指導によってこれを防ぐ機関が作られ，またデザイン振興のための制度（Gマーク制度など）や機関など

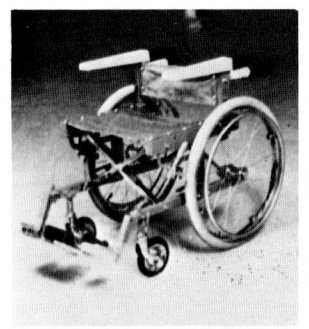

古賀唯夫『折りたたみ車椅子』　　石井賢康『遊具』　　日野永一『トラクター』

も設立されている.

1.7 現代の動向

デザインの発展とともに，その基礎研究の必要が高まり，日本でもデザイン学会や人間工学会なども発足した．また科学技術の進歩にともない，電子計算機の利用も試みられている．

またその対象領域も次第に拡大し，建築や視覚伝達デザイン・クラフトデザインとの接点を，共同で行う仕事もみられる．さらに社会的に弱い立場に立つ人たち—身体障害者・病人・児童・開発途上国の人—に対するデザインに真剣に取り組む人も増えてきた．

1.8 工業デザインの分類

工業デザインの対象は前述のように拡大しつつあるが，現在では一応次のように分類できよう．

① 家庭用機器：一般の日常生活で用いられる機械・器具や，調理用具・食卓用具・文房具から，スポーツ・レジャー用品まで，無数の種類が対象となる．

② 産業機器：工作機械・農業機械から商店の設備・事務機器など．

③ 交通機器：自動車・鉄道・航空機・船舶など．

④ 公共設備：街灯・ベンチ・くずかごなどのストリートファニチュアとよばれるものから学校や病院の諸設備など．

その他建築やインテリアデザインとの境界に量産家具や量産建築が，また製品を保護するパッケージなども工業デザイナーが行うことも少なくない．

1.9 工業デザインの条件

工業デザインは人間が用いる道具をデザインすることであり，美と機能が必要とされる．デザインに当たって満足させねばならない条件として，次のようなものがあげられよう．

機能性　機能とは物の働きを指す．これが狭義に解釈され「機能主義」が主張されたこともあったが，現在では次のように広く解釈されている．

・物理的機能：製品の性能，丈夫さ，構造，耐久性など．

・生理的機能：製品の使いやすさ，操作の安全性など．

・心理的機能：色や形の好みや装飾の欲求など．人間の心理的欲求に答えること．

・社会的機能：社会的習慣などによって物に対する意味が変わる．たとえば腕時計は性能よりも，社会的地位にふさわしい銘柄，デザイン，価格であるかによって求められることが多い．

審美性　工業デザインは何かを付け加えて美しくするのでなく，機能を満足させる形体そのものが美しくなければならない．

生産性　機械で作る以上，生産方式に適した形でなければ，コストの上昇，不良品の発生や故障の原因となる．

経済性　より良いものをより安くというのが使用者の要求である．生産・流通の無駄を省くデザインが必要．

創造性　新しいより便利な機能と，新鮮な造形感覚をよびおこす創造性が必要．

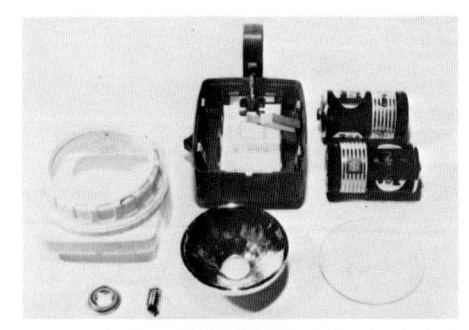

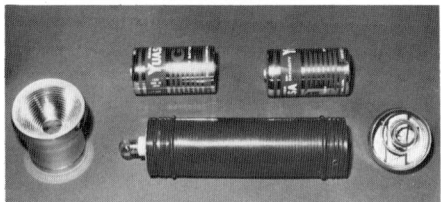

130   Ⅵ．プロダクトデザインの基礎

① 製品の調査

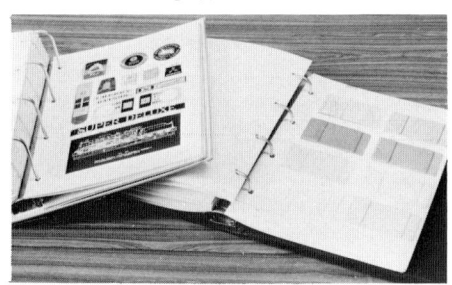

② 材料の研究

③ 製品の企画

懐　中　電　燈
用途　一般用
使用電池　単2×2
製品のねらい
　合成樹脂ボディ
　小型・軽量化を
　はかる
　……………
　……………
　……………

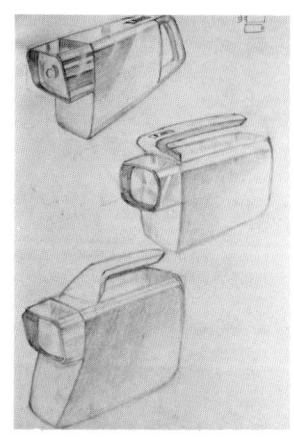

④ アイデアスケッチ

⑤ ラフスケッチ

2. デザインプロセス

　工業デザインは，経営・設計・製造技術・営業など，多くの他分野の人々と，意見を交換し，打ち合わせをしながら仕事を進めることが多い．こうした共同の作業では，1人で仕事を行うのとは異なり，手順をきっちりしておかないと，能率的に作業が進まない．そうした意味からデザインの手順（デザインプロセス）が重視される．

　デザインの種類や条件によってこの手順は異なるが，一般に次のように行われることが多い．

　調査・資料の収集　　デザインの一般的傾向，競合他社製品，消費者の欲求や生活環境など製品のデザインに必要な情報を集める．

　資料の分析　　集めた多方面の資料を総合的に分析・判断し，製品の性能・価格・デザインの方向などを決める．

　デザインの基礎研究資料　　新しい材料，機械の操作性などの人間工学的な研究，色彩の用い方など，資料によることもあるが，必要に応じて実験などを行いデータを出すこともある．

　製品計画　　まったく新しい製品ばかりでなく，既存製品の改良など，製品のデザインも種々の段階がある．その製品と他製品との関係，品質・価格などの諸要素を検討し，製造・販売・広告の日程まで含めて計画を立てる．

　アイデアスケッチ　　この段階から具体的なデザインの作業に入る．企画の意図，デザイン上の条件などを十分に理解してから，スケッチによってアイデアを展開させる．

　ラフスケッチ　　多数のアイデアを整理して数点にまとめあげ，スケッチや図面によって，関係者がデザインの方向を検討する．

　モデルによる形の検討　　スケッチや図面だけでは立体となったときの寸法や割合の実

⑥ クレイモデル

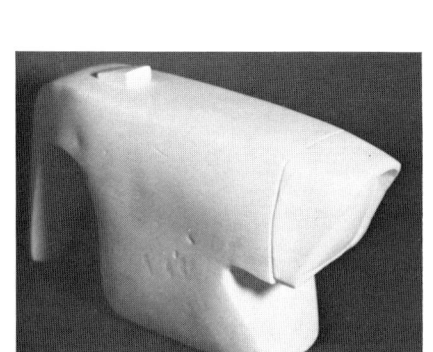

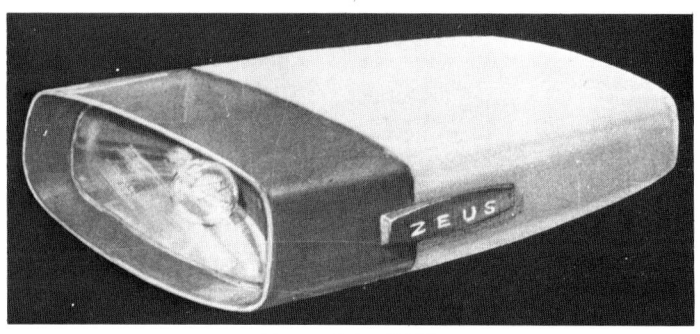

⑧ レンダリングの例

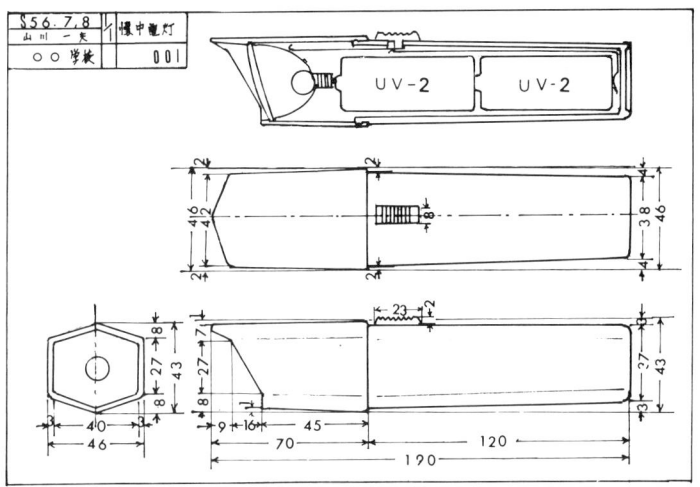

⑦ 石膏モデルの例

⑨ 製 図

感がつかめない．一般に油土を用いてモデル（クレイモデル）を作り，寸法の割合・曲面の曲率などを検討し，必要に応じて修正する．なお大型の製品の原寸模型（材料は油土と限らない）をモックアップとよび，ときには人間工学的な研究に用いられることもある．

外形図の作成　モデルによって形が決定したら，それを読み取って図に直す．細部の曲率まで，外形に関する正確で詳細な製図を描く．内部の機構も含めた図も，ときには必要となる．

レンダリング　細密な外観の見取り図．パステル，マーカー，ポスターカラー，色鉛筆，水彩，エアブラッシュなどさまざまな技法がある．技法上からはラフスケッチと区別がつき難いが，より高い精度が要求される．

プレゼンテーションモデル　クレイモデルとは異なり見せるための模型であり，製品と変わりがない仕上げが要求される．石膏が用いられることが多いが，木材・樹脂・金属など各種の材料と技法が用いられる．

プレゼンテーション　デザインの成果を最終的に関係者に提示することで，デザイナーの意図したデザインを正しく相手に伝えるため，ふつう次のものが準備される．

- レポート：調査結果やデザインの意図を，文字や図表で示す．
- スケッチ：アイデアの発展を理解させる．
- 製図（外形図）
- レンダリング
- プレゼンテーションモデル
- 構造分解図：製品の組み立て関係や構造を示すテクニカルイラストレーション
- 版下原稿：マーク，ダイヤル目盛などの原稿．

アフターケア　製造部門では製品を何回もの試作をして修正を行う．デザイン上の修正を要求されることもある．また販売に際してパッケージや広告部門との関係をもつことも少なくない．

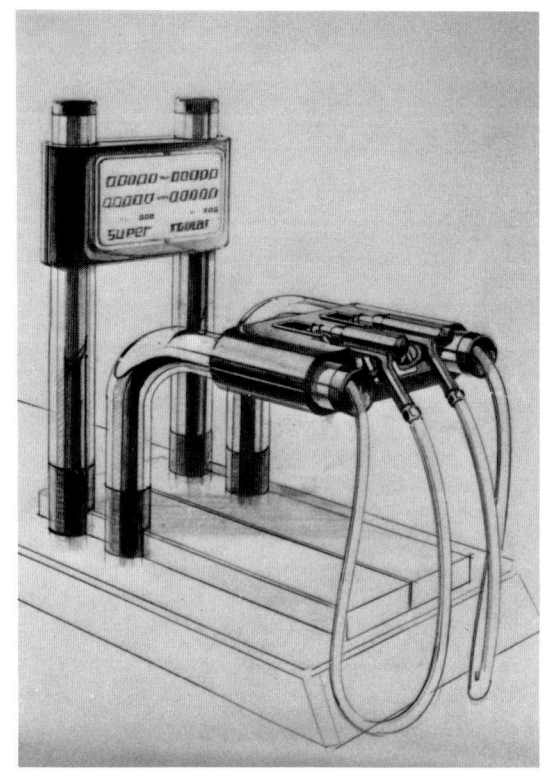

鉛筆によるレンダリング（広井成男）

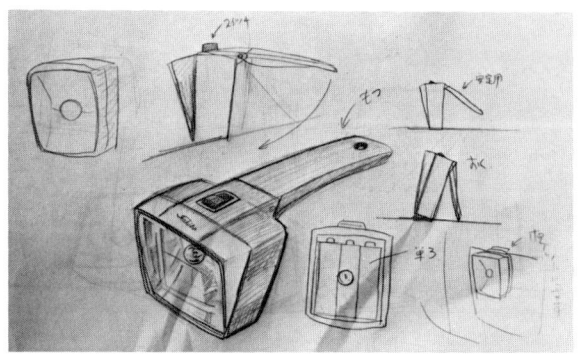

鉛筆によるアイデアスケッチ

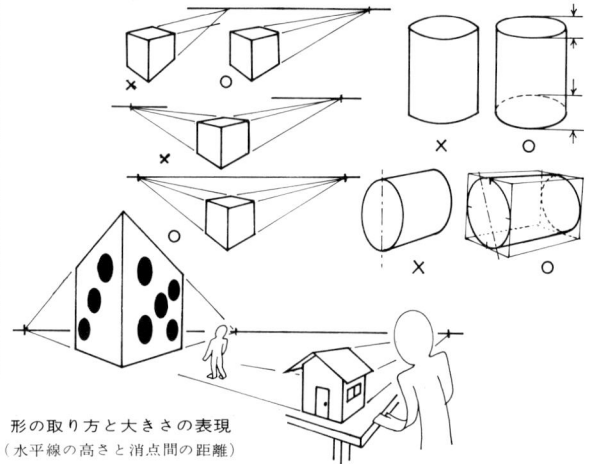

形の取り方と大きさの表現
（水平線の高さと消点間の距離）

3. 鉛筆スケッチの技法

3.1 アイデアスケッチの方法

アイデアを展開させるためのアイデアスケッチには，ふつうザラ紙か上質紙のスケッチブックと，HB～2B程度の鉛筆を用いる．

機能・構造・材料・加工技術などの条件を理解して発想するわけだが，発想は全体の形のイメージから出発して細部に至る方法と，反対に機構や工作上の制約から出発する方法などがある．スケッチも全体を透視図的に描く場合や正面・側面から描くもの，あるいは部分や機構を断面で示したものなどさまざまである．要するにその目的に応じて使いわければよいのである．こうしてアイデアを出すわけだが，数多くのアイデアを出すことが大切で専門のデザイナーの場合，小さな製品でも数百のアイデアを出すのがふつうである．

3.2 形の取り方

透視図法は別章で述べたが，スケッチの場合にはフリーハンドでこうした表現を行わねばならないので，適確な描写力が必要となる．ここでは透視図の原理を理解した上で，注意すべき要点について述べる．

・消点は水平線上の1点に集まる．同じ点に集まらなかったり，左右の消点の高さが異なってはならない．

・水平線は人間の目の高さにできる．したがって物を描く場合も，特別な効果をねらう場合以外は，平常見なれている目の高さから見たように描くこと．

・物に近づいて見た場合は左右の消点間の距離が短くなる．したがって一般には，建築物のように大きなものは比較的消点間の距離を短く，卓上の小物などの場合には比較的大きく取る．物の大きさの感じは大きく描いたから出るというものではない．目の高さと消点間の距離によって表されるものなのである．

床からの反射
光の反射
目の方向
平行光線

最明部　最暗部
円柱形の明暗

立方体の明暗

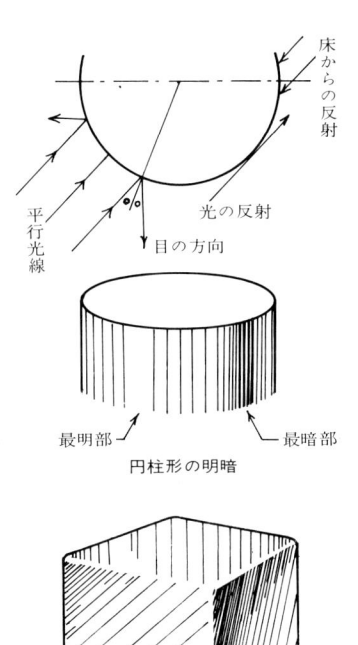

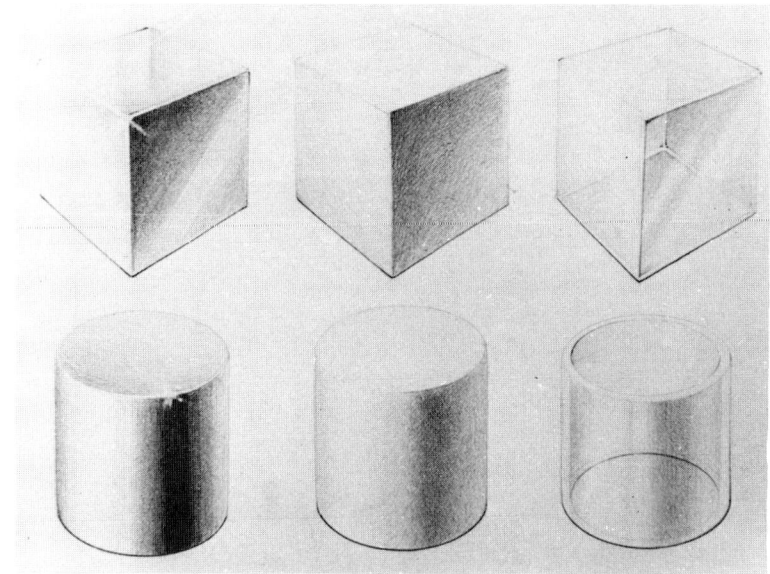

基本形の材質感（光沢・無光沢・透明）

・手前の個所は明暗の差を大きく，線も強く描くと，遠近感が強調される．線に勢いをつけ流してもよい．また細部の描き方も手前と遠くの方では異なる．
・円は透視図では楕円となる．びんなどを描くとき，楕円が木の葉形にならないように．またこのとき水平線の近くでは楕円の短軸が短く，離れるに従って大きくなることに注意する．
・車輪など垂直な円の透視の場合，楕円の長軸は垂直とならない．外接する正方形を想定して描くとよい．
・複雑な形は基本形の組み合わせでとらえたり，途中の断面を想定したりして描く．

当初に形をとることがむずかしい場合，基本となる直方体を描き，そのなかに当てはめて描くとよい．アイデアスケッチではこうした補助的な線を消す必要はない．

なれるに従って，どのような角度からでも想定して表せるようになってくる．

3.3 陰影と材質感

陰影はふつう物を見ている人の左後方からの光を想定すると描きやすい．このとき上部面がいちばん明るく，左下，右下の順に暗くなる．右下の面は対比や反射の関係で，他の面に接した部分がもっとも暗く感じられる．

鉛筆のタッチの方向も重要で，基本的には図のような方向が感じを出しやすいが，材質や曲面をもつ場合など，それに応じたくふうが必要である．

円柱状の形の場合に注意することは，最明点，最暗点が両端よりやや内側にあることである．

材質感は無光沢・光沢・透明に大きく類別できる．金属・塗装などの光沢面は反射による明暗の差が非常に大きいが，木材・石こうなどの無光沢面はそれほどでない．透明なものは反射で光った部分は向こう側が透けて見えない．実際の種々の材質を観察して，その特色をつかみ取る練習を行うとよい．

パステル
① 透視図ガイド板で形を取る 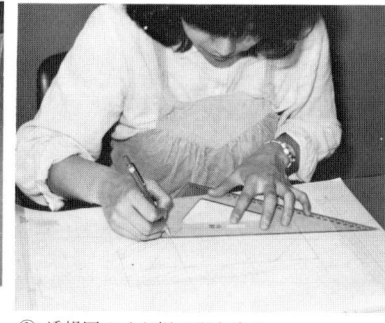
② 下がきの上にレイアウトペーパーを重ねパステルを塗る．パステルは横に寝かして使う． 
③ パステルは指で伸ばす． 
④ はみ出した部分は紙片，字消し板などを当て，練りゴムで消す． 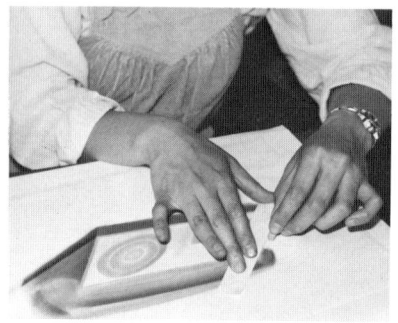
⑤ ハイライトなどの細かい部分は，2枚の紙片の間にすき間をあけて消す． 

パステルレンダリングの技法 I

4. レンダリングの技法

前述のように，ラフスケッチとレンダリングのあいだには明確な区別はなく，同じ技法で描いたものでも，細密の度合いによって使いわけられることもある．ここでは数多くの技法のうちいくつかの技法について述べる．

4.1 形の取り方

トレーシングペーパー（レイアウトペーパーでもよい）の上に透視図法で，直方体を組み合わせたような基本形を描く．必要があれば拡大図法で所要の大きさに拡大する．前もって表したい自分のイメージをスケッチしておくと，角度や目の高さなどを決めるのに便利である．

なお透視図の目盛りを印刷した透視図ガイド板（パースガイド）が市販されている．この上に半透明紙を置き，必要寸法に該当する目盛りを用いて描くと能率的である．

円の透視は，外接する正方形を描きその中へ描くが，市販の楕円定規を用いると早く美しく描ける．

4.2 パステルの技法

パステルは絵画用のソフトパステルではなく，セミハードパステルを用いる．色数の多い方が便利．正確に透視図法で描いた下がきを，レイアウトペーパーの下に置く．動かないよう製図用テープでとめてもよい．

パステルは横に寝かせて使う．長い場合は折って使う．一つの平面を塗る場合，他の面に接した部分を細長く切った紙でおおい，適当な色調のパステルを横に寝かせて，紙に接した部分に塗る．指先・布などで，パステルを十分に伸ばす．ムラが残らないように十分に伸ばすが，伸ばし方によって自然なボカシが表現できる．

上から他の色を塗り重ねることもできる．この場合も色をよく伸ばす．また，別の紙の上で何色かのパステルの粉を混ぜて指先に付

⑥ 色鉛筆などで細部を書き込む

⑦ 楕円定規などの定規を用いて細部を仕上げる

⑧ ハイライト部はポスターカラーの白で

作品例

パステルレンダリングの技法 II

け，紙の上で伸ばしてもよい．

　パステルを消すには練りゴムを用いる．テープ状の紙片を当てはみ出した部分を消すときれいに消える．したがってパステルを伸ばす段階で，はみ出しを気にしなくともよい．

　狭い部分，たとえばハイライトの線などを消すときには，やはりテープ状の紙を2枚，必要な間隔をもたせて並べ，そのあいだを消すようにする．練りゴムは紙面をこするように使えば完全に消せるが，たたくように，あるいは押さえるように用いると調子を付けて消すことができるので便利である．曲線状の輪郭で消したい場合は，紙を雲形定規などでその形状に切って用いるとよい．またごく小さい部分を消すときは，製図用の字消し板を利用すると便利である．

　立体の陰影の調子が整い，光沢感が描けたら，細部を色の水性サインペン，または色鉛筆で描き込む．

　輪郭の線は，スケッチの項でも述べたが，線に強弱をもたせて描く必要がある．近くは強く，遠くは弱く，また明るい面は半ば消えるような細い線，暗い面は太い線というのが一般的な原則．とくに机上・床上に接している面は影ができるため太く描く．

　輪郭内の細部についても同様であるが，立体感・材質感の表現に注意する．また，たとえば携帯ラジオのスピーカーグリルやダイアル目盛りなど，全部描くのではなく，一部から全部を想像させるように描く．特殊な技法としては，シボ革など実物の上にのせてパステルでこすり出し材質感を出す方法がある．

　初心者が忘れやすい事項として，角の丸みの表現（暗い線で描くのでなく，逆に明るいラインで表す）や，厚味の表現（とくに透明な材質），反映（光沢のある物では突出部や周囲のものが映る）などがある．

　最後に机上への反映・バック・周囲の点影などを描き，汚れを消してから，フィクサチフをかけてパステルをとめる．

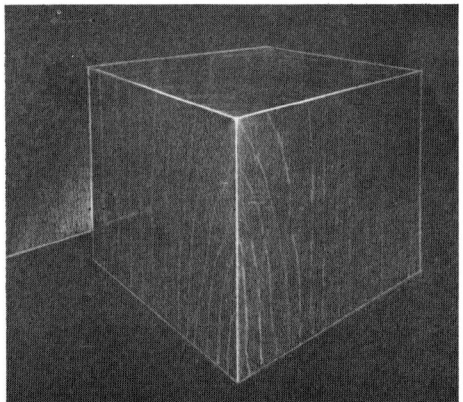

ハイライトと黒（マーカー）を用いた
レンダリングの描き方

① 白い紙に鉛筆で形をとる

② 裏に白チョークを塗り，紙を当てて表からなぞって形を写す

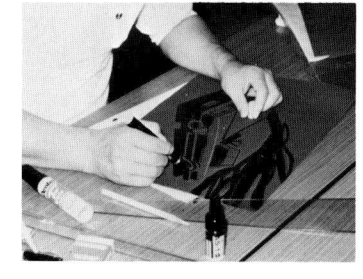

③ マーカーで暗い部分を描く

ハイライト法によるレンダリング

4.3 ハイライト描法

ふつうの描き方とは逆に，暗い紙の上に明るい色で描く方法である．

トレーシングペーパーなどの上に描いた下がきを裏返し，裏を白のパステルか色鉛筆で塗る．次に表にして用紙の上に固定し，表から下がきの紙をなぞると用紙の上に白い線が残る．トレースのし残しを確認しながら行う必要があるので，紙は上端だけを固定し，下からのぞけるようにして行うとよい．

用紙は黒・灰の木炭紙が一般的だが，たとえば赤い自動車を描く場合は赤い木炭紙を用いるという方法もある．この場合でもあまり明るい色は用いない．色木炭紙はイラストレーションボードのなかに用意されているのでそれを用いる方が描きやすい．

紙の上に残された白い線を手がかりに，白の鉛筆でトーンをつけながら描いていくのだが，次のような点に注意する．

① 白で全体をくまなく調子をつけていくのではなく，できるだけ白で塗る部分を少なくして，それで感じが出るようにくふうする．

② 鉛筆は先が鋭い場合と丸い場合とで強さが異なる．最初は先の丸い鉛筆で調子をとり，次いでハイライトの部分を鋭い鉛筆で描き，またトーンを付けるというように常に全体の調子を見ながら描く．

③ 消しゴムは紙を痛めるので，最後にどうしても必要な部分だけにとどめる．調子を落とす部分は，消しゴム・練りゴムをたたくようにして用いるが，練りゴムもあまり多用すると油分が付き，後で描きにくくなる．

④ 最後にとくに強いハイライトの部分を，白のポスターカラーで描く．必要によっては黒で影を描くこともある．またアクセントとして，部分的に他の色鉛筆・ポスターカラーを用いて色を付けることも効果がある．

4.4 マーカー

油性のフェルトペンである．他の画材に比較し高価であるのと，速乾性で手ぎわのよさ

4. レンダリングの技法　137

④ 白鉛筆でハイライトを描き込む

⑤ 完成作品

マーカーによる作品2例（広井成男）

マーカーによるスケッチの描き方

① サインペンで形をとりマーカーで描く　② 完成作品

　が必要なため習練を要することから、まったくの初心者にはとっつきにくい技法かも知れない。しかし素早く効果的に仕上げられるという利点から、専門家のあいだでも最も多く用いられている技法である。

　紙はレイアウトペーパーを用いる。下がきは鉛筆で直接紙に描くより、別紙に描き下に当てた方がよい。

　マーカーは色も多数あり重ね塗りもきくが、価格の点からグレーセットを購入し、トーンをグレーでとり、色はガッシュ、パステルなどでつける方法も多くとられる。グレーセットはウォームグレー（やや暖色）とクールグレー（やや寒色）とがあり、それぞれ10段階の明るさがセットされている。

　マーカーは親指と人差し指で持ち、中指の先を軽く紙に当てて支え、ひじを動かすようにして描く。定規を用いることも多いが、定規は紙に接する面が斜めにカットされたものを用いないと定規の下にインクがにじみ出す

ことがある。雲形定規などは下端がカットされていないので、下にもう1枚薄い定規を敷いて用いるとよい。

　色を重ねる場合、必ず明るい色を先に塗り暗い色を重ねる。反対の場合、明るい色のチップ（先端のフェルト）を汚すことがある。

　チップは方向を変えることによって、線の太さが変えられる。1つの面をムラなく塗るためには、線が重なり合わないようにして、マーカーの速度を均一にする。線の一部が重なり合うようにしたり、紙の下に種々のもの（紙やすり・金網など）を置いたりして材質感を表すこともできる。揮発性が高いので、使用後はただちにキャップを確実に閉める。

　細部の技法もだが、大切なことは、透視図上の3つの面が、それぞれどの程度の明るさにしたら立体感が出るか、その感覚を正しくつかむことである。

　細部は先の細いマーカー、水性マーカー、色鉛筆などで仕上げる。

最初に全体の断面を作る

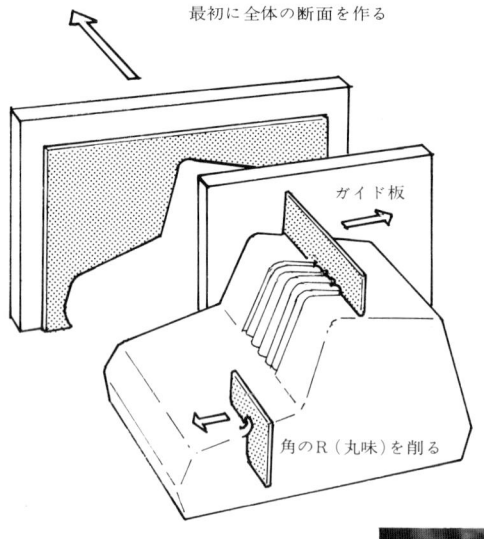

ガイド板

角のR（丸味）を削る

最初に基本的な形の骨組みを合板などで作り，油土を付けていく．

油土が多いところは筋がつく

油土が不足したところはすき間ができる

図面から一定間隔ごとの断面のテムプレートを作り，モデルに当てて修正する．

複雑な形のモデルの作り方

油土に筋を付けないよう，この角を丸くする．

テンプレートによる油土モデルの作り方
（テンプレートは薄い金属板で作り，合板などで補強する）

骨組みに油土を付ける．

金切りのこで平らにする．

5. 工業デザインのモデル

工業デザインでは，作業の能率上，スケッチや図面を中心として作業を進めていく．しかし立体的なものでは，平面上の作業だけでは正しく形が捕えられないので，モデルを作成する必要が生じる．このモデルはp.130で述べたように，大別してデザイナー自身が形を検討するために行うものと，最終製品の外観を人に見せるためのものとに分けられる．

5.1 形の検討のためのモデル

簡単なものはボール紙などで作り，大体の見当をつけるだけという場合もあるが，一般には油粘土（油土）を用いたクレイモデルによる場合が多い．

まず外形の図面が必要となる．ラフスケッチの段階で平行してかかれることが多い．次にその図に応じて骨組みを木材などで作る．この段階では大きな形の変更はおこりえないので，大きさによって異なるが，表面より1～3cm程度小さなものとする．骨組みを作るのは油土だけでは弱い，重くなる，費用がかかるなどの理由による．

木材の表面に油土が付きにくい場合は，小釘を打ったり，ひもを巻いたりするとよい．

正確に形をとるには，合板・ボール紙などで，何カ所か断面の外側のテンプレート（ゲージ，型板）を作り，当てながら作業を進める．形によってはシルエット状の板を油土の両側に立て，そのあいだを平らにするという方法もとれる．

表面を平らにするには，必ず油土を少し余分に付け金切りのこ歯状のカキヘラで削り，後をヘラでなでつけ滑らかにする．最初から直線状のカキヘラで削ると波を打つ．

モデルができたら，全体や部分のプロポーション，角の丸味，面のふくらみなどを検討

5. 工業デザインのモデル　139

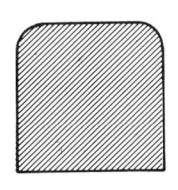

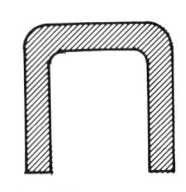

石こうモデルの内部断面
(内部が空洞になっていないと, 割れたり塗料がはがれたりする)

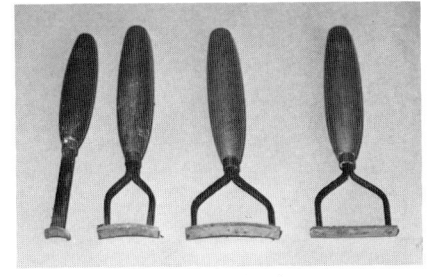

油土用のかきべら

油土によるモデルの製作

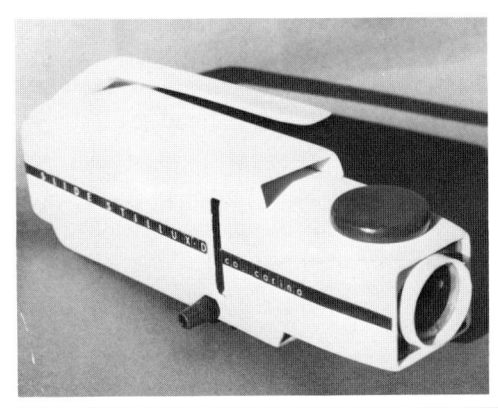

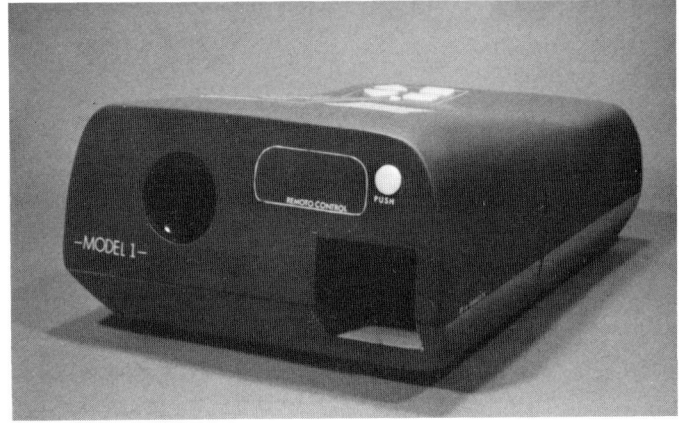

プレゼンテーションモデル(学生作品)

し，必要に応じて修正する．修正したモデルから，また図面をおこすのである．

5.2 プレゼンテーションモデル

プレゼンテーションモデルとは，人に提示し見せるためのモデルであるので，外観が実物の製品そっくりに作られるものである．専門的な技術を必要とするので，木材・石こうなどで製作を行う専門家もいるほどである．

ここでは初心者が石こうで製作する場合を仮定し，II章で述べた石こうの技法以外の注意事項を述べるにとどめたい．

① 前述のように石こうモデルでは，油土モデルを原型として雌型-雄型と作る場合と，各面・各部分を作り接合する方法とがあるが，いずれの場合でも内部を中空にし，底面・裏面など目立たない部分を開け，コの字形の断面とする．内部の水分が逃げず，変形・割れの恐れがあるからである．

② 塗装の前には十分乾燥させること．塗膜が

はがれる恐れがある．

③ 石こうのままでは，表面が乱反射をしているので，平らに見えても，塗装すると意外に凹凸の激しいものである．パテ，サーフェーサーなど下塗りを十分に行い，細かいサンドペーパーで空研ぎ（木片などに巻いて行う）をし，その上で上塗りをする．

④ 色の塗り分けは，明るい色を塗ったのち紙粘着テープで境界をおおい，暗い色で塗装し，完全に乾燥しないうちにテープをはがす．

⑤ 金属部分は，金粉・銀粉塗料を用いるか，アルミ箔を接着する．

⑥ 無光沢の塗装は，塗料の無駄は多いが，十二分に距離をとってスプレイすることによっても得られる．

なおモデルの形状によっては木材・バルサ材・紙・樹脂・金属などを用いた方が，より適切で能率的な場合があることはいうまでもない．

VI. プロダクトデザインの基礎

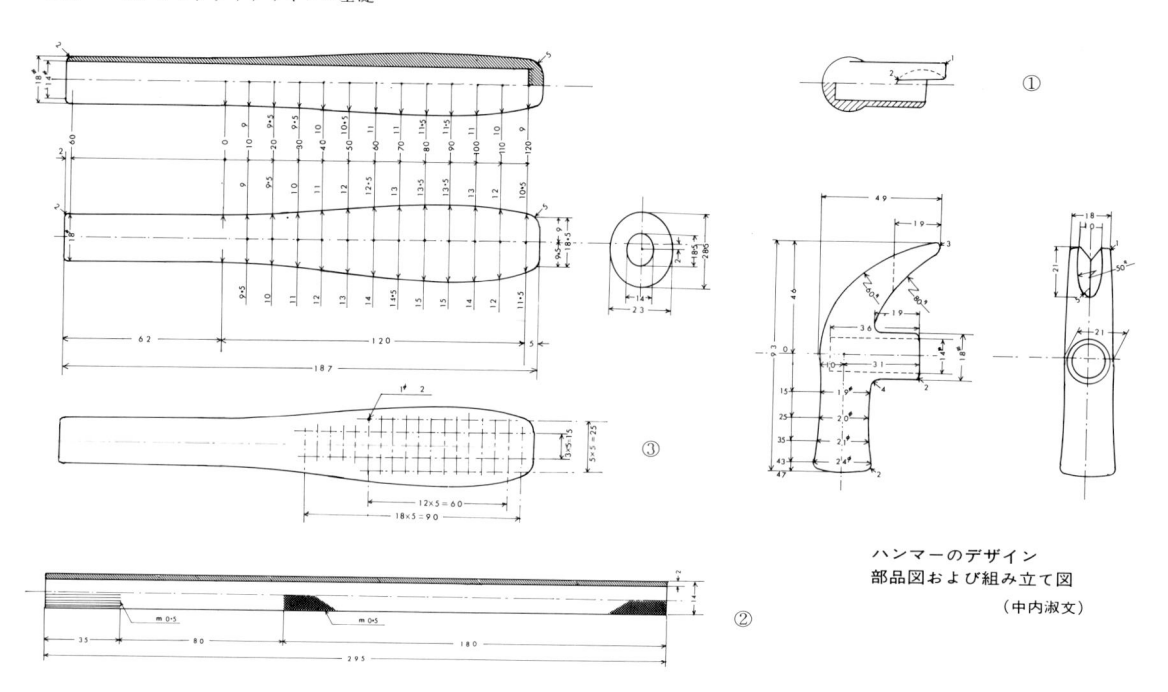

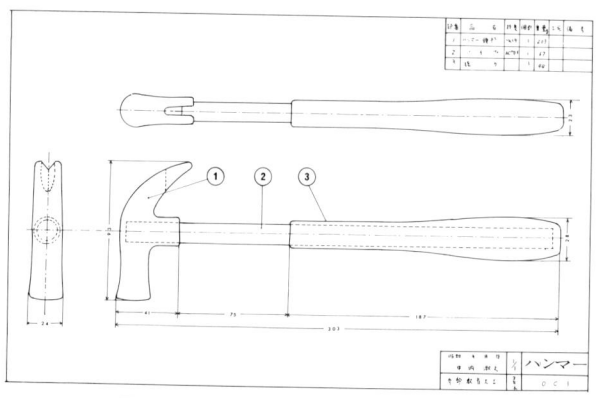

ハンマーのデザイン
部品図および組み立て図
（中内淑文）

6. 工業デザインの製図

6.1 略設計図

デザインのプロセスのなかでアイデアがまとまり，幾つかの方向づけが行われ，ラフスケッチが描かれるが，それと前後して全体の寸法の検討のため，外形の略設計図が描かれる．またこの図はクレイモデルを作るための図としても用いられることが多い．

図は正投影図法の三角法で描かれるが，寸法の記入は細部まで記入せず主要寸法だけに省略される場合もある．ただこの段階の図では，形を表示するというよりも，図によって形を考えていくという意味が強いので，機械内部の部品の配置を断面図によって考えたり，下がきの段階が重要である．そのため初心者はグラフ用紙（大判のもの）に下がきを行い，完成後トレースを行うのが能率的である．

6.2 外形図

略設計図からクレイモデルをおこし，モデルでの検討を加えて形を修正したのち，最終的な形態を図によって表示する．このときの図の描き方はもちろんJIS規格に基づき，正投影三角法によって表す．外形に関係する部分は細部まで寸法の記入を行うのが原則で，必要に応じて部分の詳細を描くこともある．しかし対象物が大きくて縮小率が高いときや，複雑な形で寸法記入が繁雑になる場合など，主要寸法の記入だけに終わることもある．これらの場合，各部品の寸法を記入した部品図には，詳細な寸法が記入されていることはいうまでもない．生産の現場では部品図は機械の設計者が描くことが多い．また全体を組み立てた外形の図を，組み立て図ともよぶ．

実際の生産を目指したデザインでは，トレーシングペーパーに描かれ青写真に焼かれるが，コンクールなどの場合には，表現効果の点からケント紙の上に墨入れして描く方法が選ばれることが多い．

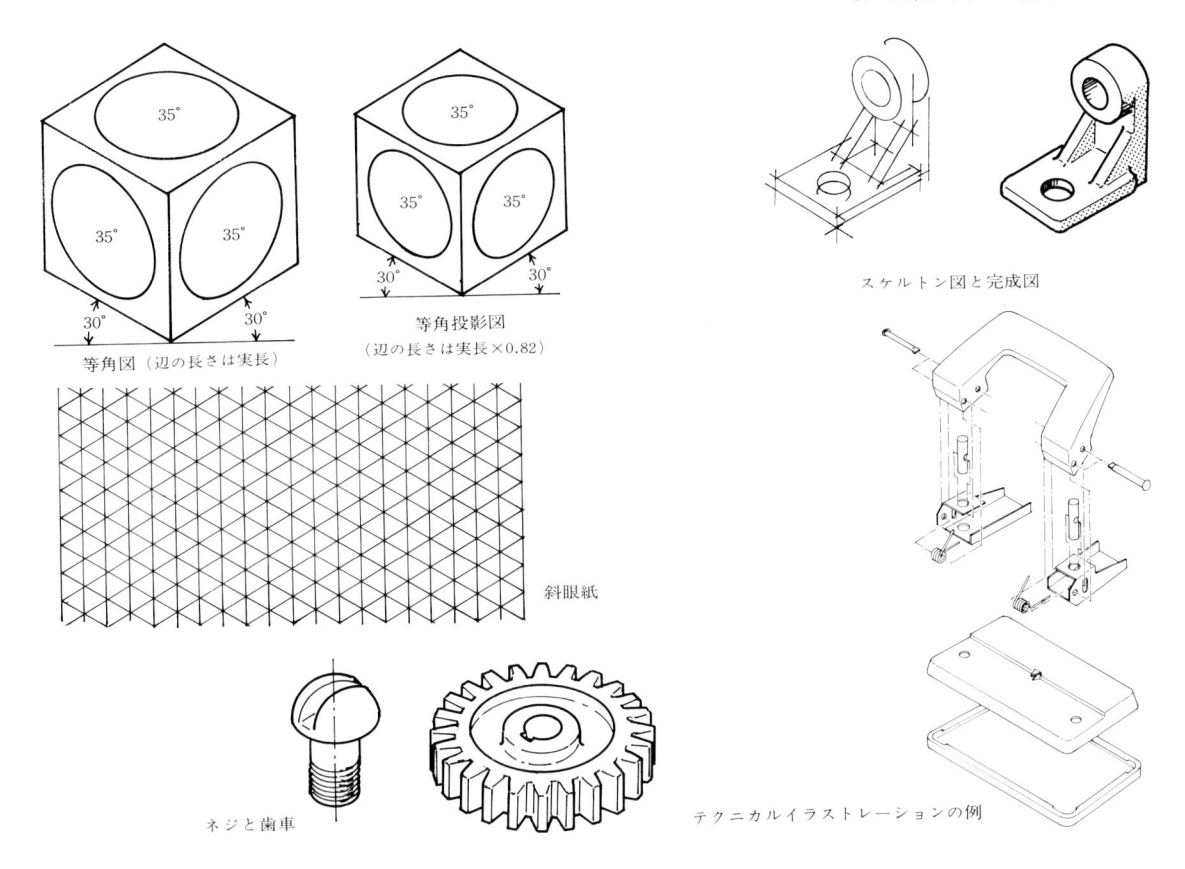

等角図（辺の長さは実長）
等角投影図（辺の長さは実長×0.82）
斜眼紙
ネジと歯車
スケルトン図と完成図
テクニカルイラストレーションの例

6.3 テクニカルイラストレーション

テクニカルイラストレーションとは，機械の形を立体的に表した図で，プラモデルの組み立て図にも利用されているが，工業デザインにおいては，部品がどのように組み立てられるかの分解図（アッセンブリ）によく用いられる．

このための投影法としては等角投影法，斜投影法，透視図法などが用いられるが，描き方の便などから等角投影法が多く用いられている．この投影法で描く場合，各辺の長さを実寸にとる等角図と，投影面に投影された寸法（実寸の $\sqrt{2}/\sqrt{3}$，約 0.82 倍）に描く等角投影図とがある．前者は描きやすく，後者は実物の大きさが実感できるという特色を持つ．立方体の各面上の円は，35°の傾きをもつ楕円となる．

描き方は次のような順序による．

・基礎的な図法の知識をもち，描く形を図面から理解する．

・どの図法がもっとも適しているかを考え，紙面にうまく納まるよう，部品の寸法・数量を検討し，縮尺寸法を決める．

・主要な部品を中心として，各部品のレイアウトを考える．

・スケルトン図（正確なスケッチ図）を描く．各部品は，それを含む直方体を描きそのなかへ描くとよい．主要部品から付属部品という順に，相互配列を考えながら描くが，ボルト，ナットなど相手の部品と相互に関係があり一直線上に位置するものは，中心線を引きその上におのおのをのせていくようにする．

・定規を用い烏口・テクニカルペンなどでトレースして墨入れを行う．

・必要に応じ線の太さ，陰影の表現などで立体感を表し，点検を行い修正して仕上げる．

なおこれらの図を描くために，斜眼紙，特殊な定規や分度器，35°の楕円定規などが市販されており，これらを用いると作業が能率的である．

ダイアルの操作実験

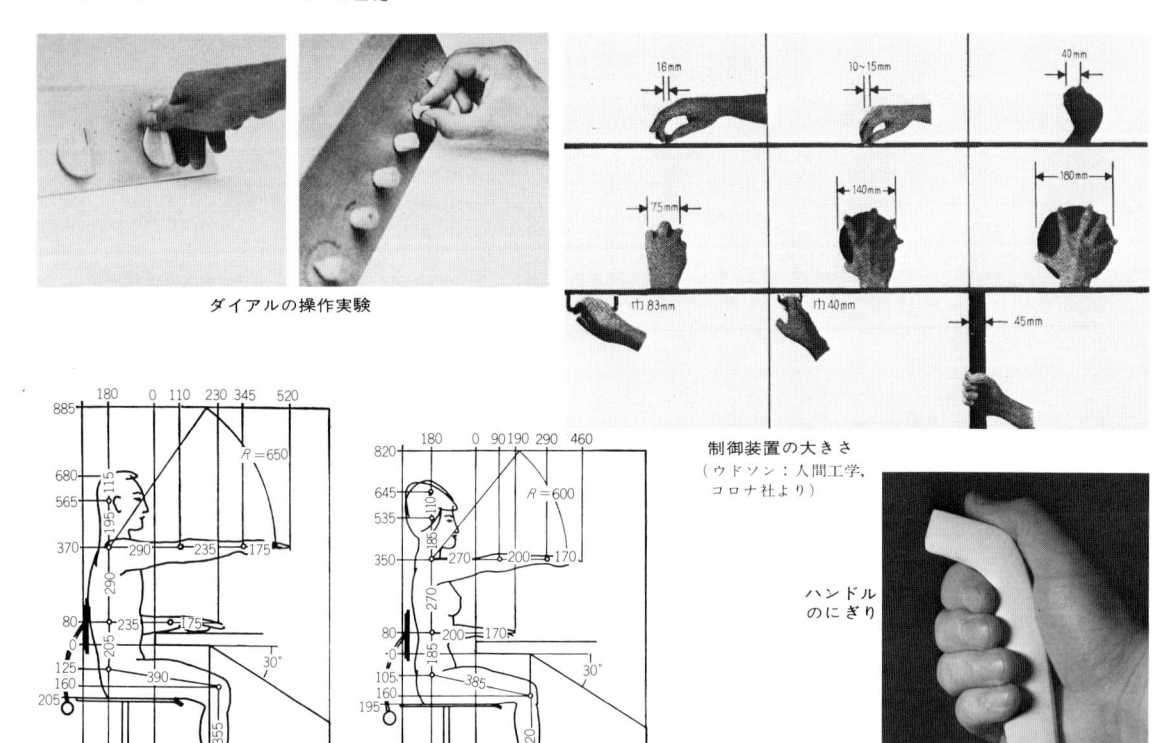

制御装置の大きさ
（ウドソン：人間工学，
コロナ社より）

ハンドル
のにぎり

作業スペース
（人間工学人体計測
編集委員会編：
人体計測値図表，
人間と技術社より）

7. 人間工学とデザイン

7.1 人間工学とは

　工業デザインは，「人間」が使用する機器のデザインを行うものであるが，人間と機械との関係を研究し，人間と機械との関係を合理化するための学問が人間工学である．したがって工業デザインでも，使用者が容易に正確に使用できるよう機械を設計するため，人間工学の研究成果をデザインの上に生かす必要がある．またときにはデザイナー自身が，モックアップなどで実際に実験を行う場合も少なくない．

7.2 人体の動作と知覚

　ハンドルやダイアルなどは適切な形や大きさでなければ，人間の手に合わず操作しにくい．高すぎる椅子は腿の裏が圧迫され痛くなる．このように機器類は人体の寸法・動作などと深い関係があるので，人体の寸法・動作などの基本的な調査が必要となる．

　また計器類の文字や目盛りも，見やすいものも見にくいものもある．照明や色彩も視覚に影響を与える．生理学的・心理学的な知覚の研究も大切である．

7.3 環境の条件

　暑い季節には間違いをおこしやすい．空気が濁ってくると作業能率も下がる．騒音・振動の害もよくいわれることである．

7.4 疲労と能率

　長時間の作業に使用する機器類は，疲労がなるべくおきないよう配慮が必要である．

　以上のような分野について，さまざまな研究データが発表されている．デザインにあたっては，それらの十分な活用が必要である．

　また単にこうした条件を満足させるだけでなく，その機器を使うことが楽しいという気持ちをおこさせるデザインにまで高めることを忘れてはならない．

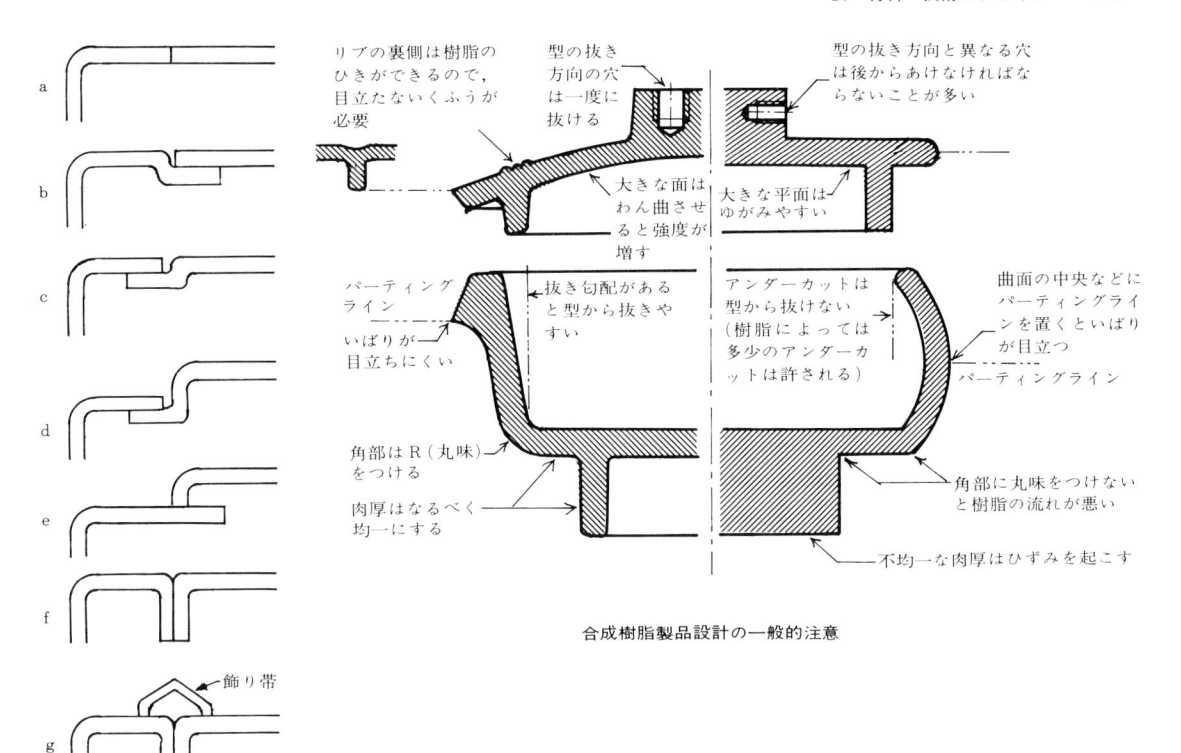

鉄板の突き合わせ法のいろいろ

（図中注記）
- リブの裏側は樹脂のひきができるので，目立たないくふうが必要
- 型の抜き方向の穴は一度に抜ける
- 型の抜き方向と異なる穴は後からあけなければならないことが多い
- 大きな面はわん曲させると強度が増す
- 大きな平面はゆがみやすい
- パーティングライン
- いばりが目立ちにくい
- 抜き勾配があると型から抜きやすい
- アンダーカットは型から抜けない（樹脂によっては多少のアンダーカットは許される）
- 曲面の中央などにパーティングラインを置くといばりが目立つ
- パーティングライン
- 角部はR（丸味）をつける
- 肉厚はなるべく均一にする
- 角部に丸味をつけないと樹脂の流れが悪い
- 不均一な肉厚はひずみを起こす
- 飾り帯

合成樹脂製品設計の一般的注意

8. 材料・技術とデザイン

　工業製品の場合にはさまざまの材料が用いられ，しかもそれぞれの材料によって成型技術が異なり，またその材料の特性を生かすためにデザインも変えねばならない．その材料の特質や成型の技術については，とうていここでは述べきれない．必要に応じてそれらについて研究することが大切である．ここでは設計上注意すべきことがらの数例をあげるにとどめておく．

・材料どりを考える：金属板など規格の寸法がある．材料のむだが出ないよう．また樹脂などでも，機械によって成型できる大きさなどに制限がある．

・アンダーカットを作らない：合成樹脂の成型にしろ金属の鋳造・プレスにしろ，型を用いて成型する場合，型からの抜き取りには抜き勾配（ドラフティングテーパー）を必要とする．逆勾配（アンダーカット）があっては型から抜けない．

・分割線（パーティングライン）の位置をくふうする：樹脂の型の合わせ目は，樹脂がはみ出したり跡が残ったりしては見苦しい．目立たない位置や仕上げが楽な位置をくふうする必要がある．

・角部に丸味をつける：樹脂の成型，金属の鋳造やプレスなど，それぞれの理由で，角部には最低限の丸味をもたさねばならない．

・製造誤差を考慮する：実際の大量生産の場では，寸法など多少の誤差はさけられない．たとえば金属板で箱状の形を作る場合，その角部の構成はさまざまな形式が考えられる．図のaのような形では寸法に少しの誤差も許されない．bでは逆勾配ができる．

　以上のほかにもさまざまな問題があるのでその材料や加工技術について十分調べると同時に，実際の製品についても細部の処理の仕方まで研究し参考にするとよい．

9. 金属材料と加工法

9.1 金属材料

i) 鉄（iron）

純鉄　軟らかく高価なので，電磁石の鉄心などに用いられるが，構造材としては使用されない．

鋼（steel）　1.7％以下の炭素（C）を含む．Cの含有量の多いものほど硬い．熱処理によって強さ・硬さなどの性質を加減できる．鋼塊を圧延機にかけて板・棒・帯・線・管・形材の形状に加工する．Cが0.1〜0.3％程度の一般構造用圧延鋼材は，釘・ボルト・鉄骨・亜鉛鋼板などに，0.2〜0.6％程度の機械構造用圧延鋼材は管・板・レール・歯車・針金など，0.6〜1.6％程度の炭素工具鋼は工具や刃物などに多く用いられる．

合金鋼　鋼に各種の金属を加え，特別な性質をもったさまざまな特殊鋼が作られる．

［ステンレス鋼］さび難い鋼．Cr 13％の13ステンレス，Cr 18％-Ni 8％の18-8ステンレス鋼などがある．

［ばね鋼］Si，Mn，Crなどを含む．焼き戻しをして使うが，スプリング，ぜんまい，ピアノ線などに使用．その他高速度鋼，磁石鋼など各種のものがある．

鋳鉄（cast iron）　1.7％以上のCを含む．もろく引っ張りに弱いが圧縮には強い．多く鋳物に用いられ，機台，ベルト車，万力など複雑な形のものも安価に作れる．

ii) 銅（copper）

純銅　軟らかく，電気と熱の伝導性がよい．電気材料や工芸品などに使用されるが，有毒な緑青（ろくしょう）を生じる．

黄銅（真鍮，brass）　黄色の銅-亜鉛合金．耐食性もよく鋳造や加工も容易なので，日用品，工芸品，建築金具，楽器，仏具などに用いられる．

青銅（唐金，bronze）　銅-錫（すず）合金．鋳造性がよいので，銅像，工芸品，機械部品などに用いられる．機械部品としてはSn 10％-Zn 2％程度の砲金が多いが，工芸関係ではSn 20％程度の鐘金（鐘，鈴など），Sn 34％程度の鏡金などが古くから用いられている．

白銅　Ni 9〜11％の1種，Ni 29〜33％の2種があり，家庭用品，工芸品，貨幣などに用いられる．

洋銀（洋白）　Ni 8〜20％，Zn 5〜25％を含み，洋食器，装飾品，工芸品，金具，楽器などに用いられる．

赤銅　銅-金合金．各種の発色をし，工芸品に使われる．

朧銀　銀-銅合金．このほかアルミ青銅など各種の合金も作られている．

iii) アルミニウム

軽く熱と電気の伝導率がよい．鋳造・加工もしやすい．鋳物用・鍛練用の合金がある．家庭で用いる製品には，アルマイト処理とよび，表面に透明な酸化被膜を作り，腐食がおきないような処理がされている．またアルミニウムは染色も可能である．

iv) その他の金属と合金

マグネシウム合金　ダイカストによるタイプライター，計器類などの軽量であまり強度を必要としないものに使用される．

亜鉛　鋼板の腐食用メッキ（トタン）やダイカスト用合金として使われる．

錫　腐食用メッキ（ブリキ）や絵の具のチューブなど．

金　酸化しにくいので装飾用や電気接点用メッキなど．18Kなどの記号は，24分のいくら金が含まれているか（残りは銅）の表示として用いられている．

銀　装飾品・工芸品などのほか，写真などの感光剤にも用いられる．

鋳物の最低肉厚の標準　　　（mm）

	簡単なもの			普通のもの			複雑なもの		
	小型	中型	大型	小型	中型	大型	小型	中型	大型
鋳 鋼	5	6	8	6	8	9	6	8	10
普通鋳鉄	4	6	7	5	6	8	5	8	10
青 銅	3	5	7	3	6	8	5	6	8
軽合金	2	5	6	2	5	8	4	6	8

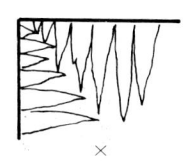

鋳物の角部が鋭いと金属結晶の境目に不純物がたまりやすい．角部には丸味が必要である．

9.2 金属加工法

i）鋳造

金属を熱して溶解し，鋳型に注入して製品を作る方法．複雑な形のものが安価に作れるが，引っ張りの力に弱い．鋳鉄・銅合金・アルミ合金などが広く用いられている．

砂型鋳造　木型・金属型の原型を抜き取った砂型のなかへ溶けた金属を流し込んで作る．原型を抜き取るため砂型は割り型とするが，工芸品などの場合は，ろう型も使用される．角や隅が鋭いともろくなるので適当な丸味をつけ，冷却時にひずみを生じないためなるべく均一な肉厚となるよう，割り型の抜き勾配を考慮するなどの注意が必要．精度が低いので正確な寸法は得られない．

ダイカスト　溶けた金属を圧力によって金型のなかに注入する方法．きわめて精度が高く，表面にそのままメッキもできる．型の製作費が高いので生産個数が多くないと採算がとれない．カメラ・ミニカー・自動車部品など，製作品の分野は広い．

ii）鍛造

金属を加熱軟化し，打撃・圧力によって目的の形状を得る方法．強度が増すので機械部品・工具・刃物などに利用される．

iii）圧延

常温・高温の金属塊を回転ロールのあいだに通し，板・線・棒・形状を得る方法．

iv）引き抜き・押し出し

型の穴を通して金属を引き出し，目的の太さの線材を得る引き抜き，加熱した金属を型の穴から押し出しアルミサッシのような同一断面の形を得る押し出しがある．

v）塑性加工（プレス加工）

金属板を上下の型のあいだで圧力を加え，表面に凹凸を与えたり，折り曲げ・絞りなどの方法で必要な形状の立体を得る技術．

剪断加工　型で板金から目的の形状を打ち抜く打ち抜き加工，多数の小孔を打ち抜いて装飾板として利用される punching metal などを作る穴あけ加工，板に多数の切り目を入れ引き伸ばした expanded metal を作るための切り目入れ加工などがある．

折り曲げ加工　金属を折り曲げたり縁を立てるフランジ加工，バケツの縁に見るようなカウリング加工などがある．

型打ち加工　硬貨・メタルなどの模様を打ち出す圧印加工，帽子の記章のように薄板に浮き出しを作る型打ち加工がある．

絞り加工　旋盤に取り付けた原型を回転させながら板金を押し当てて絞るへら絞りもあるが，自動車のボディ・鍋・弁当箱など継ぎ目のない箱状の形を作る絞り加工が，工業製品には多く用いられている．

vi）溶接・ろう付け

溶接　アセチレンや水素のガスを燃やした熱で溶接部を溶かし接合するガス溶接，接合部と電極のあいだにアークを発生させ溶接するアーク溶接，金属板に電流を流し接触部の電気抵抗熱で接合するスポット溶接・シーム溶接などの電気抵抗溶接が利用されている．

ろう付け　金属間に別の溶けた金属を流し接合する方法．低温の軟ろう（半田）と高温の硬ろう（銀ろう・黄銅ろうなど）がある．

vii）切削・研削加工

金属を削り，切断する加工法であるが，旋盤・ボール盤・フライス盤などの工作機械はこの加工に用いられる．

viii）表面処理

金属の表面に他の金属の薄膜を作るメッキや，薬品などで色をつける着色・塗装などのほか，ほうろう引き・ライニングなどさまざまな方法がある．

合成樹脂の成型法

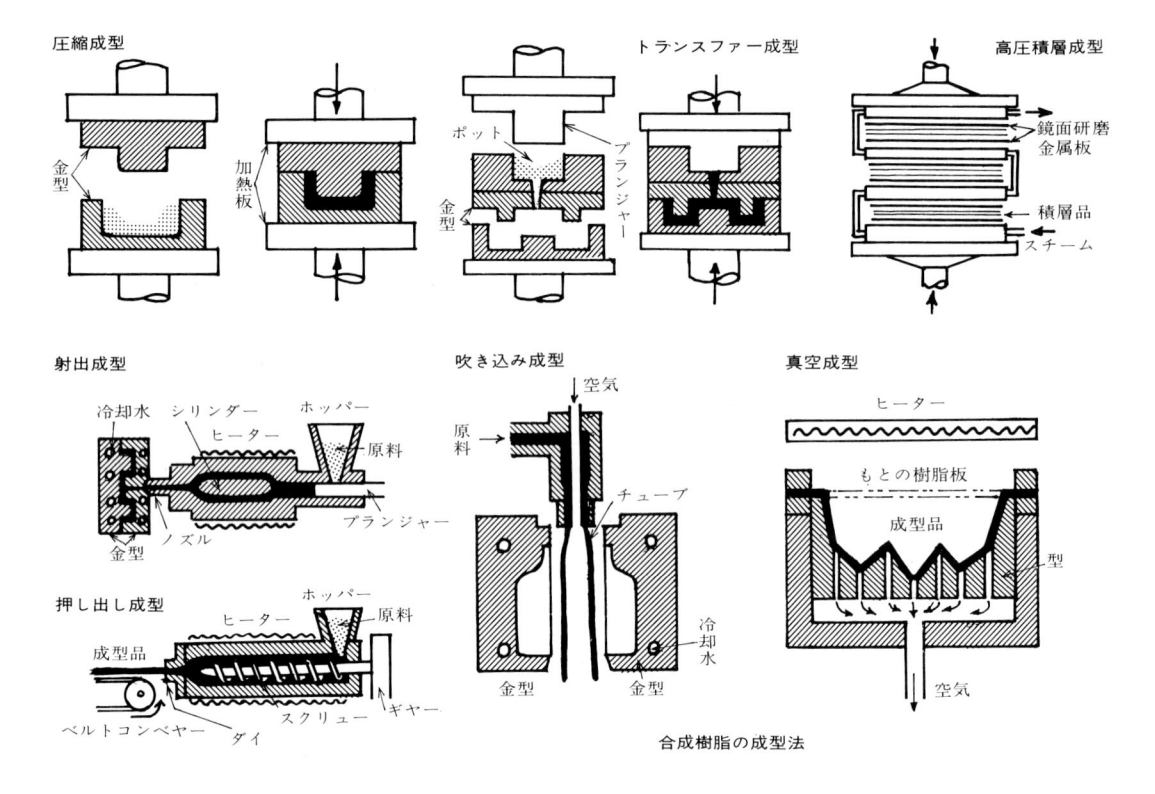

10. 合成樹脂の材料と成型法

10.1 合成樹脂の種類

合成樹脂（プラスチック）は化学的方法により合成された可塑性高分子物質である．数多くの種類があるが，加熱によって硬化しそのままの形を保つ熱硬化性合成樹脂と，加熱によって軟化し冷却によって硬化する熱可塑性合成樹脂の2つに大別できる．そのおもなものの種類や性質については表に示す．

一般に合成樹脂は金属より軽く，耐食性もよく，熱や電気の絶縁性が高いなどの特色をもつ．しかし高温に弱く，熱で有毒ガスを発生するものもある．また帯電性がありよごれやすい．使用後の廃棄処理が困難なものもある．

10.2 合成樹脂の成型法

圧縮成型 金型内に粉末材料を入れ，加熱・加圧して成型する．熱硬化性樹脂のもっとも一般的な成型法で，食器・容器・電気部品・電話器などが製品例としてある．

トランスファー成型 熱硬化樹脂をポット内で加熱軟化しておき，これをプランジャーで型内に送り込む．正硬で，金具などの挿入もできる．

射出成型 熱可塑性樹脂をシリンダー内で加熱軟化しておき，ピストンで金型のなかへ射出する方法．スチロールの台所容器・ポリバケツなど，この方法によるものは多い．

高圧積層成型 布・紙などに液状樹脂を含浸させ，金属板のあいだで加熱・加圧し硬化させる．メラミン化粧板などはこの方法による．

低圧積層成型 液状樹脂を基材に含浸させ，木型・石こう型などに張りつけ空気圧・

おもな合成樹脂とその性質

種類		原料	耐熱性(℃)	透明性	おもな特性	おもな用途
熱硬化性樹脂	フェノール樹脂	石炭酸 ホルマリン	120	×	耐酸・耐水・耐熱・絶縁性大,アルカリに弱い,暗色	電気絶縁材,機械部品,食器,塗料など
	ユリア(尿素)樹脂	尿素 ホルマリン	75	◎〜×	無色,着色自由,安価,耐水・耐熱性に劣る,老化性あり	ボタン,キャップ,雑貨,接着剤など
	メラミン樹脂	カーバイド	100	○	無色,着色自由,非常に硬い,耐水・耐熱・耐薬品性に優れる	化粧板,食器,焼き付け金属塗料など
	ポリエステル樹脂	マレイン酸 グリコール スチレン	170	◎〜×	淡黄色・透明,電気絶縁性・耐薬品性大,硬化剤により常温常圧でも硬化,FRP(ガラス繊維を用いた強化ポリエステル)は金属に近い強さ	波板,グライダー・ヨットなどの本体,ヘルメット,昆虫の封入標本など
熱可塑性樹脂	塩化ビニル	アセチレン,塩素	硬質 50〜70 軟質 65〜80	◎〜× ◎〜×	硬質と軟質とがある,安価,強度・電気絶縁性・耐水性に優れる.老化性あり	〔硬質〕水道管,雨どい,文具(下敷き,定規),玩具,看板,レコードなど 〔軟質〕ビニルレザー,農業用シート,電線の被覆など
	アクリル(メタクリル)樹脂	アセトン,青酸	60〜90	◎〜×	透明度最大,耐光性良,割れにくい,表面硬度は低い	照明,レンズ,看板,風防ガラス,入れ歯,展示ケースなど
	スチロール樹脂(ポリスチレン)	ベンゼン エチレン	60〜80	◎〜×	無色透明,硬くややもろい,耐水性・電気絶縁性が高い,安価,失透性を生ずる,性質を改良したABS樹脂などあり	携帯ラジオなどのケース,パンケース・バター入れなどの食卓用品,商品容器,玩具,プラモデル,発泡材など
	ポリエチレン	石油ガス	100〜120	◎〜×	水より軽い,柔軟,耐水・耐薬品・絶縁性大,接着・印刷は困難	ポリバケツ,包装用フィルム,容器など
	ポリカーボネート	石炭酸,アセトン	135	◎	耐酸・耐水・耐熱・耐寒性大,衝撃にも強い	ほ乳びん,機械部品など
	ポリアミド樹脂(ナイロン66)	アビジン酸 ヘキサメチレンジアミン	130〜150	○〜×	すべりがよく耐摩耗性大	繊維,小型歯車など
	アセチルセルロース	セルロース,酢酸	60〜104	◎〜×	難燃性,弾力性あり割れにくい	フィルム,テープ,ハンドル,扇風機の羽根など

硬化剤・加熱などで硬化させる.ガラス繊維を基材とした強化ポリエステル樹脂の成型にも用いられる.

押し出し成型 シリンダー内で加熱軟化した材料をスクリューによって型の穴から押し出し,同一断面の形状を得る.管・雨どいから金属と樹脂の張り合わせ,電線の被覆にも利用される.型から押し出されたパイプに空気を吹き込んでふくらませ薄肉のチューブを得るインフレーション法によるポリエチレンの袋は,パンや菓子の包装にも使われる.

吹き込み成型 熱可塑性樹脂のシート・パイプを加熱し,金型にはさみ,空気を吹き込んで型の内部に密着させる方法.台所用洗剤,しょうゆなどの液体容器やポリタンクなどの容器もこの方法による.

真空成型 熱可塑性樹脂の板材を加熱して型と材料のあいだを真空にし,型に密着させる.包装,卵などの食品包装,お面・看板などの製品例がある.

カレンダリング 加熱ロールのあいだで圧延し,フィルム,シート,ビニルレザーなどを作る方法.

注入成型 液状樹脂を型などに流し込み硬化させる.アクリル板や標本の封入などに利用される.

スラッシュ成型,ディップ成型 液状樹脂を型の内側に付けて人形などの中空品を作るのがスラッシュ成型で,外側に付けて手袋などの製品を作るのがディップ成型である.

〔参考図書〕

〈プロダクトデザイン全般に関するもの〉
『工業デザイン全集（全8巻）』日本出版サービス（① 理論と歴史，② 製品計画，③ 設計方法，④ デザイン技法—造形技法，⑤ デザイン技法—材料・加工技術［上・下］，⑥ 人間工学［上・下］，⑦ 工学技術，⑧ 機種別デザイン事例集）

〈考え方に関するもの〉
リード（勝見・前田訳）『インダストリアルデザイン』みすず書房
栄久庵憲司『インダストリアルデザイン』日本放送出版協会（NHKブックス）
豊口協『IDの世界』鹿島出版会
パパネック（阿部公正訳）『生きのびるためのデザイン』晶文社
柏木博『近代日本の産業デザイン思想』晶文社
パウルソン（鈴木訳）『生活とデザイン』美術出版社
横山貞子『日用品としての芸術』晶文社
ローウイ（藤山訳）『口紅から機関車まで』鹿島出版会
小池岩太郎『新版デザインの話』美術出版社
ヘスケット（栄久庵訳）『インダストリアル・デザインの歴史』晶文社

このほか序章に示したものにも含まれている．

〈工業デザインのプロセス・技法に関するもの〉
石川弘『工業デザイン計画』美術出版社
小原二郎編『デザイン計画の調査・実験』鳳山社
渡辺恂三『デザインスケッチ』美術出版社
石川弘『工業デザインプログラム』美術出版社
阿佐ヶ谷美術学園『完成図の描き方』アトリエ社（別冊アトリエ）
FD編『レンダリングの描き方』アトリエ社（別冊アトリエ）
渡辺貴夫『透視図の描き方』アトリエ社（別冊アトリエ）
FD編『レンダリングの表現』アトリエ社（別冊アトリエ）

VII. クラフトデザインの基礎

ヴェニーニ

ヤコブセン

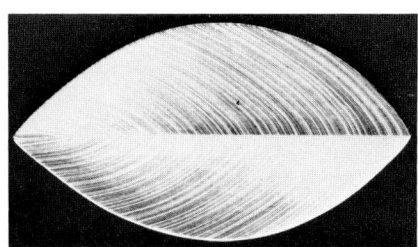

ウィルカラ

サルパネバ

ウィルカラ

ウォーランス

アホ

　デザインの他の分野では，計画（デザイン）と製作のあいだに明確な線を引きやすいのに対し，クラフトの場合には手仕事を中心とした比較的少量の生産であり，しかもその技術に精通していなければならないなどの理由により，デザインと製作のあいだに線が引きにくい．実際にも製作者兼デザイナーという場合が大多数で，一つの技術を習得し精通した者が自分の技術を生かしたデザインを行うというのがふつうである．したがってまずそれらの技術について述べ，次いでそのデザイン方法を述べるのが順序であるが，クラフトの技術も無数にあるので，初心者が取り組みやすい，しかもあまり設備などを必要としない方法のなかからいくつかの例を取りあげてみたい．そのため，技法も本格的な方法ではなく，簡略化したものも少なくない．なお木工については本シリーズのなかにすでに刊行されているので省略した．

　これらクラフトのデザインの方法は，他の分野のデザインと基本的には共通と考えてよいが，伝統的な文様が用いられることが多いで，その問題については項をおこして述べることにした．

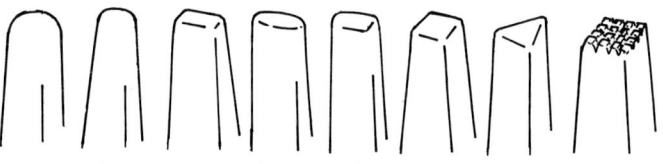

坊主たがね　なめくり(ひょうたん)たがね　作りたがね(各種)

たがね(やすりで先端を形づくる)

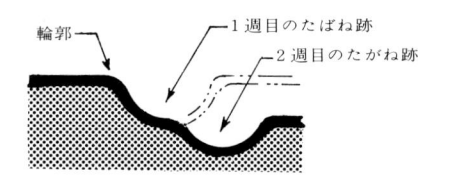

輪郭　1週目のたばね跡　2週目のたがね跡

たがねによる打ち出し方

① アルミ板の上に油性フェルトペンで図を描く

② ゴム板、新聞紙、週刊誌などのクッションの上で、なめくりたがねで輪郭を打つ.

③ 板を裏返し、半球状の坊主たがねで打ち出す.

1. 金属工芸

1.1 金属の基本的な工芸技法

次の3つに分けられる.

① 鋳金：鋳物である．砂でできた雌型のなかに鋳込む部分のすき間を作り、溶解した金属を流し込んで作る．石こう・木型などで原型を作る方法のほか、ろうで原型を作り雌型を作った後に熱でろうを溶かして空間を作るろう型の技法、原型を作らず挽き型とよぶ板を回転させて回転形の雌型を直接作る惣型などいくつかの技法がある.

茶釜・鉄びんなどの鉄鋳物、釣り鐘・花器・銅像などの青銅類（銅と錫を主体にした合金）のほか各種の金属が用いられる.

② 槌起：金属を槌でたたいて伸ばしたり曲げたりして成型する技法．1枚の板から継ぎ目のない筒状のものも作れる．やかん・自動車のボディなどの機械によるプレス製品も、この技法の1種とみることができる.

③ 彫金：たがねを用い金属の表面に文様を彫る技法．他の金属をはめ込む象嵌とよぶ技法も含まれる.

1.2 金属板のレリーフ

ここでは金属板を用いてレリーフを打ち出す技法を述べる.

① 下絵を描く：0.8～1mm程度の厚さのアルミ板か銅板を用意し下絵を描く．下絵は油性フェルトペンか、カーボン紙で写す．なお図柄は完成後周囲を平らにするため板からはみ出さないように．とくに後述のように板に四角のまま取り付ける場合は、周囲に5～10mm程度余裕をもたせるように.

② たがねを用意する：専門家はカブとよぶ鋼の棒から作るが、10cm程度の釘の先を図のような形にやすりで仕上げたものを数種用意する．先端をブンゼン灯などガスの炎で赤く熱し、水中で急冷し焼きを入れるとよい．ふつうの釘では柔らかいので、コンクリート用の赤釘が入手できれば望ましい.

③ 表から輪郭線を打つ：ひょうたんたがねを親指と4本の指のあいだに軽く持ち、垂直に立てて金槌で頭をたたく．このとき専門家はやに（松脂と地の粉に植物油を加えたもの）の台の上に金属板を熱で付けるが、厚手の漫画週刊誌（紙質の悪い方がよい）などの上で行ってもよい.

1. 金属工芸　151

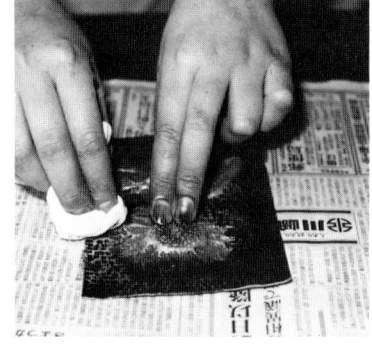

④⑤
⑥

④ 打ち出しが終わったら，表から木たがねでゆがみを直す
⑤ 背景部分もさまざまな形の作りたがねで模様を付ける
⑥ 油絵の具，ラッカーなどで着色し，乾かないうちにボロ布でふきとる

作品例

④ 裏から打ち出す：輪郭が全部打てたら，板を裏返して坊主たがねで肉付けを考えながら打ち出していく．最初は輪郭の内側を打ち，全体を1周するように内側へと打っていく．
⑤ 焼きなまし：金属板はたがねで打つと硬くなる．一度全体を打ったら焼きなまして元のように柔らかくする．銅板はガスで赤くなるまで熱し水で冷やす．アルミ板は溶かしてしまう危険があるので，電熱器の上で均一に熱するが，このとき赤鉛筆で印をつけておき，それが変色したときに熱するのをやめて空気中で徐冷するとよい．
⑥ 表から細部を仕上げる：裏から何回か打ち出し，全体の肉付けができたらふたたび表からひょうたんたがねなどで輪郭のまわりを打って形をはっきりさせたり，細部を凹ませたりする．このとき凸部は下が空洞となるので裏から粘土をつめたり，雑布などを当てたりして打つとよい．
⑦ 仕上げ：板の平らな部分がゆがんでいたら，木で作ったたがねで，平らな台の上で直す．板の余白部分はたがねを用い粗密の調子を付けて表から打つが，このとき断面が三角，六角などのたがねを用いても面白い．縁を金切りばさみや糸のこで切り抜いたり，やすりで仕上げたりする．
⑧ 着色する：アルミ板は油絵の具で塗り乾かないうちに布でふき取ると透明感のある色が得られる．ラッカーも同様な方法で使えるが不透明なので，余白部分のみに用いた方が効果があろう．銅板の場合には薬品などで処理する方法が種々あり，発色もさまざまである．
・洗面器8分目のぬるま湯に，ムトウハップ（薬局で売っている）をふた半分くらい入れ，油分や汚れを落とした銅板を入れて軽く動かす．液温・濃度によって色も異なる．うまくいかない場合は磨き砂で落としてやり直す．色が濃すぎたらナイロンたわしで適当に落とすこともできる．この方法は銅を硫化させるので，暗茶色となる．
・銅を酸化させると緑青色となる．人工的にこれを得るには，塩化アンモニウム溶液（他の薬品を入れることもある）を温めながら塗ったり，硝酸に鉄を溶かして次亜硫酸ソーダを少量加えたものを温めて何回か塗り，灰にまぶしておくなどの方法が取られている．

着色後合板に布を張り，その上に小釘で止めると，壁飾りなど装飾品ができる．

金属板の特徴

板材	性質	耐腐食性	価格	市販寸法・厚さ(mm)
鋼板	加工容易，安価，さびやすい	−	1	914×1,829
亜鉛メッキ鋼板(トタン板)	さびにくい，比較的安価	++	3	914×1,829
錫メッキ鋼板(ブリキ板)	安価，薄い板が得られる	+	2	508×710　0.23〜0.32
銅板	加工しやすい，熱電気の良導体，緑青を生じる	−	6	365×1,200
黄銅板	加工しやすい，熱電気の良導体，さびにくい，金色光沢	++	5	365×1,200
アルミニウム板	軽い，加工しやすい．はんだ付けはできない．	+	4	400×1,200

耐腐食性の ＋ は強いこと，− は弱いことを示す．
価格の数字は一般的価格の安い順を示す．
市販寸法は一般に入手しやすい寸法のものを示す．

直刃：直線を切るときに用いる

柳刃：曲線を切るときに用いる

えぐり刃：円の内周をえぐるときに用いる

はさみの柄の持ち方

1.3　金属板の加工

金属板の規格　金属の種類にはさまざまなものがあり，それぞれ特色をもつが，一般に表に示したものが入手しやすい．これらは材料によって寸法が異なるので，デザインをする場合にも，その規格寸法を考慮する必要がある．

罫がき　デザインができて展開図がかけたら，金属板の上に図を移して材料取りを行う．定規は鋼製のものを用い，罫がき針で線を引く．円は罫がきコンパスを用いる．寸法を測るときは定規を立てて材料に密着させ，定規の端からでなく目盛りを1つ外へはずして読む．簡単に展開図を移す方法として，展開図をかいた紙を板の上に貼り，角部など目印となるところを，センターポンチで打っていく方法もある．

切断　薄い金属板を切断するには，押し切りがあると便利であるが，金切りばさみによるのが一般的である．金切りばさみの刃先の形は3種あり目的が異なるが，直刃でも多少の曲線は切れる．はさみは柄の先端をてのひら全体で握るように持つ．そのとき小指または人差し指を柄の内側に入れ，刃を開くときのスプリングの役目をさせてもよい．はさみの要(かなめ)には遊びがあるので，板を切る点で刃が合うように，薄板の場合は人差し指を要の付近に当て，刃の合わせを調節する．切断中は刃を完全に閉じないようにし，刃の中央で切り進めるようにする．切断によって切り口にひずみができた場合は，平らな台の上で打ち木か木槌で軽くたたいて直す．

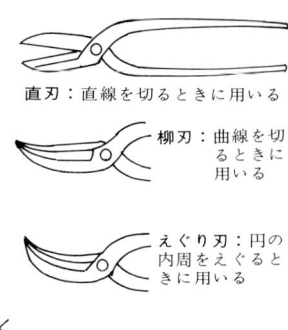

曲げ　薄板の場合には打ち木と折り台を用いる．折り曲げ線を台の縁に合わせ，端を指で折り，引っかかりをつけてから，打ち木で全体を強く打ち，折り曲げる．90°以上に折り返すには，刀刃を用いる．裏から当て，打ち木でたたく．

円筒形に曲げるには，丸い棒の上で全体を少しずつ曲げていく．

穴あけ　ハンドドリル，電動ドリルを用いるが，必ず穴の中心位置にセンターポンチで凹みを打ち，金属板の下には木の台を当てておく．糸のこ（金属用の歯を用いる）で複雑な形を切り抜くこともできる．

接合　はんだ付け，アルミリベット付け，ネジ留めなどの方法があるが，工芸品にはろう付けが用いられることが多い．アルミリベットは2枚の板に穴をあけ，リベットを通してから金敷きの上などで金槌でたたいて他端を平らにつぶす．

やすり掛け　表面を磨くにはサンドペーパーを用いるが，形を整えるためには金やすりを用いる．荒目・中目・油目など仕上げの程度により選ぶ．金やすりは押すときに磨けるので，押すときに力を入れるようにする．目がつまったらワイヤーブラシで落とす．

表面処理　塗装，着色，メッキなどで最後に表面の仕上げを行う．塗装については本シリーズの『塗装』を参照されたい．

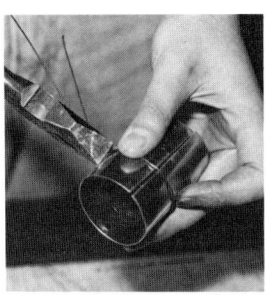

① 接合部をよく磨き、からげ線で固定する
② 接合部にフラックスを塗る 
③ 接合部に小さく切った銀ろうを置く。銀ろうは、接合部を熱してフラックスが沸いてから置いてもよい 
④ ブローパイプは、足踏みふいごを用いて火力を強くする 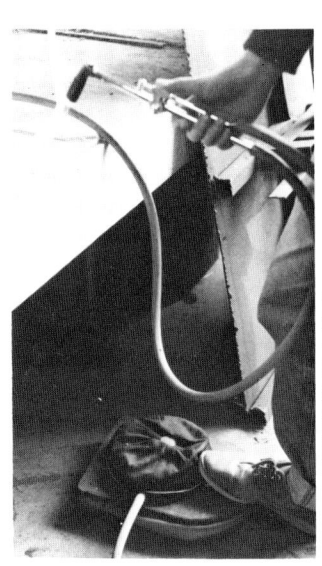
⑤ 接合部を銀ろうが流れるまで熱する 
⑥ 接合後ワイヤーブラシで水洗いまたは酸洗いする 

1.4 ろう付け

アクセサリーなど、板や針金などを接合して作ることがある。こうした接合は、はんだ付けでは弱いのでろう付けが行われる。

ろうは各種のものがあるが、銀、銅、黄銅、鉄などの接合には一般に銀ろうを用いる。

接合部をよく磨きフラックスを水に溶いて塗る。接合部が動かないようにして、耐火レンガか石綿板の上に置き、ブンゼン灯、ブローパイプなどで熱する。フラックスが沸いてきたら1〜3mm角程度の銀ろうをピンセットで接合部に置き、さらに熱する。接合部が赤くなると銀ろうは自然に流れていく。接合部が大きい場合は、順に銀ろうを置いて全体を接合する。

このとき次のような注意が必要である。

・炎の勢いなどで接合部が動かないように。ときにはからげ線（細い鉄線）で固定してもよい。

・接合部にすき間があるとろうは流れない。最初に十分密着するよう仕上げておく。

・接合部の金属の両方が溶解温度に達することが必要。両方が同じ温度になるように熱する。

・小物などは、最初にろうをはさんで置いてもよい。

・打ち出しによるブローチの裏板などは平らな板にろう付けし、接合後に形を切り抜く方がよいが、膨張した空気が抜けるよう背後に小穴などをあけておく必要がある。

・何カ所も、何回かに渡ってろう付けを繰り返す必要のあるときは、同じ銀ろうでも何種か融点のちがうものがあるので、最初に融点の高いろうで付け順に低いものを用いると、先に付けた部分が取れずにすむ。

・火気を用いるので注意する。木材の上に金属板などを置いて行うと、板の背後が気がつかないうちに燃えてしまう。

・ろう付け後の銅板は表面が酸化被膜のため黒くなっている。これを落とすため酸洗いを行う。30％程度の硝酸液または2％程度の希硫酸を作り、そのなかへ銅板を入れ表面の酸化膜を落とし、すぐに水洗いする。よく落ちないときは磨き砂を用いる。水洗いが終わったらすぐに油気のない布や紙でふき取り、十分乾燥する。酸の取り扱いには十分留意する。溶液を作る場合は必ず水のなかに少量ずつ酸を入れる。逆にすると危険である。

銅板は周囲をいもづちなどでたたき、ふくらみをつけるとよい

釉薬は水洗いしたら沈殿後上水を捨てるかスポイトで吸い取る

さまざまなホセの先端

ステンレスの焼成板

ステンレスのくら

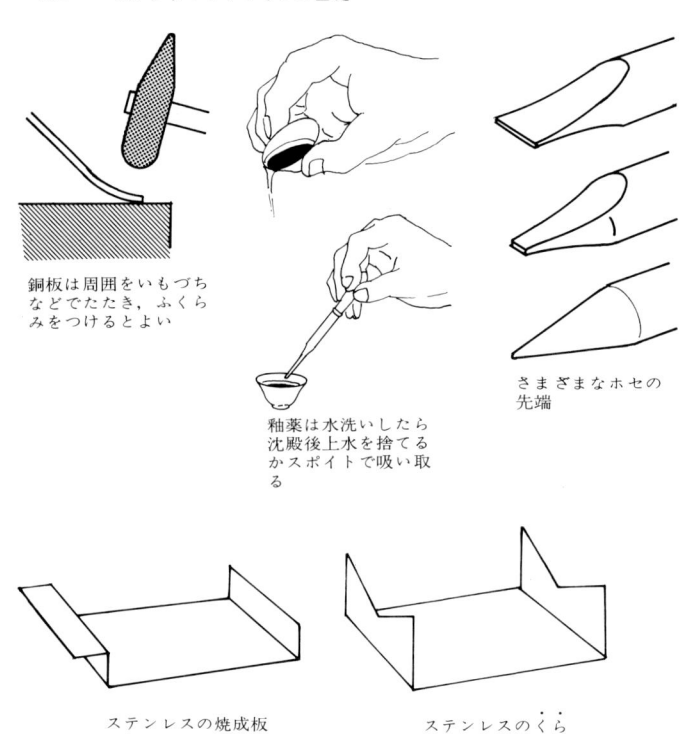

① 酸洗いをする。酸はタイル用洗浄剤（サンポールなど）でもよい。必ずピンセットを用いること

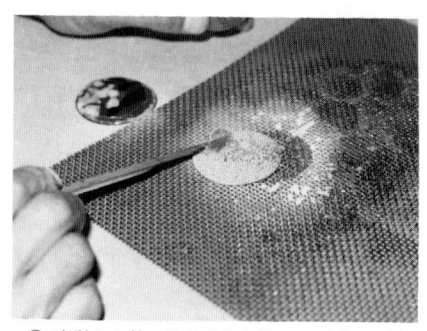

④ 裏引きが乾いたら表を向け、デザインに従ってホセで色釉を置いていく

2. 七宝

七宝は金属板の上に釉薬をのせ、熱で溶解して作る。各種の技法があるが、ここでは基本的な有線七宝、無線七宝について作り方を述べる。

①準備・酸洗い：デザインを決め、銅板に写し、切り抜く。銅板は 0.4〜0.8 mm 程度のものがよい。切り抜いた銅板は硬い金属の上でいも槌で縁をたたき、中央をややふくらますようにする。打ち出し、切り透きなどは、必要に応じて行う。ろう付けは先に行うが、融点の高いものを用いるほうが無難である。酸洗い（30％硝酸液）し、水で洗う。この後は銅板に指などの油分を付けないよう注意する。

②釉薬を溶く：釉薬を盃や小皿などに取り、水を加えてはしなどでよく混ぜる。沈殿するまで待ち、濁った上水を捨てる。この水洗いを4〜5回繰り返す。別にCMC（白い粉末、水に溶き糊とする）茶さじ半分くらいを水100 ml に溶き、これを釉薬に数滴混ぜる。

③裏引き：最初は裏面に裏引き釉を引く。これは熱による膨張・収縮による破損・変形を防ぐためである。全面にCMCを塗り金網でふりかける方法をとるのもよい。

④線を置く：色の境目に線を入れたものを有線七宝とよぶ。無線七宝の場合は、この工程は必要ない。幅1 mm 程度の細い銀線をピンセット、ヤットコ、ペンチなどで下絵に合わせて線を作る。CMCを少し濃い目に溶き、これを付けて銅板の上に銀線を立てていく。置き終わったら白透釉をふりかけて焼く。

線は銅の細い針金も使える。

⑤釉薬を置く：竹ばし・割ばしの先を薄く削ったホセで銅板の表に釉薬を置いていく。有線七宝の場合は前述のように白透釉で焼き付けてあるので、その上に置く。

釉薬には透明釉と不透明釉がある。それぞれの効果を考えて用いる。絵の具のように混

② 酸洗い後水洗いし、乾いた布で水分を切っておく

③ 裏引きをする。ホセで裏引き釉を置く。裏の全面にCMCを塗り、金網で振りかけてもよい

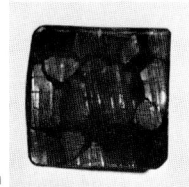

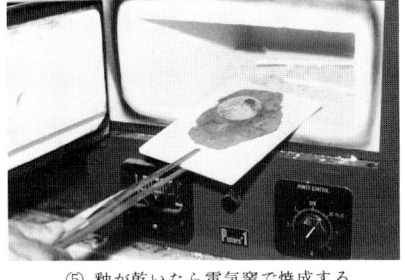

⑤ 釉が乾いたら電気窯で焼成する

⑥ ブンゼン灯で焼くこともできる

『ブローチ』

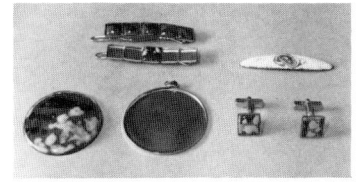

焼き上がった作品と取り付け金具

七宝額

色することはできない．とくに不透明釉では混ぜても，色の粒を並置したような感じになる．したがって特別な目的以外，色が混ざらないよう注意する．ホセなども他の色との兼用は絶対行わない．

透明釉は地金の色が出るので，銅板の表面に下引き白釉で銀箔（アルミ箔ではない）を焼き付け（紙のあいだにはさんでしわを作る方法もある），その上に釉薬を置くこともある．色をぼかすには，2色を併置して置き，針金の先を細く磨いたもので少しずつ，引っかくように混ぜていく．

⑥ 焼成：釉が半乾きになってから焼成するが簡単な方法としてはステンレスの金網の上に置き，ブンゼン灯で釉薬を溶かす方法がある．ただしこの場合は，発色が完全に出ないことがある．

一般には七宝用の電気窯を用いることが多い．作品をステンレスの焼成板・金網・くらなどの上に置き，窯に入れる．釉薬は色によって異なるが750℃くらいで溶ける．窯の温度を上げて置き，5～10分程度で焼き上げるようにする．釉薬が赤くなり，表面に輝きが出てきたら窯から出してよい．耐火レンガ，石綿板の上でそのまま冷やす．次に焼く作品を窯の上などに置き，釉を乾燥させて置けば次々と連続して焼ける．

⑦ 再焼成：一度焼成をしただけで完成させる場合もあるが，有線七宝で釉を厚くしたいとき，透明釉を何色か重ねて深い発色にしたいときなどは，何回か釉薬を置いては焼き付けを繰り返すことがある．

⑧ 仕上げ：最後に表面を滑らかに仕上げたいときは，グラインダーで研ぎあげ，砥石や耐水ペーパーで磨き，最後に窯でさっと焼いて光沢を出す．とくに有線七宝では，線が出るまで磨かなければならない．銀線はそのままでよいが，銅線・黄銅線の場合は，簡易メッキ装置などでメッキをするとよい．市販の銅板では，その大きさに対応した外枠の金具も売っているので，それに取り付けると見ばえのよい効果が得られる．

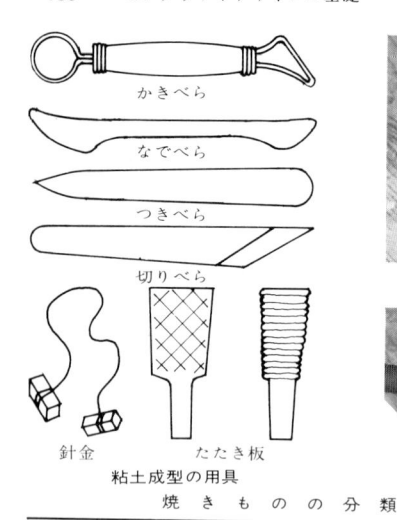

粘土成型の用具

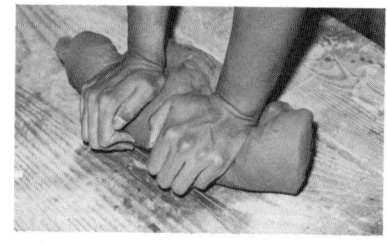

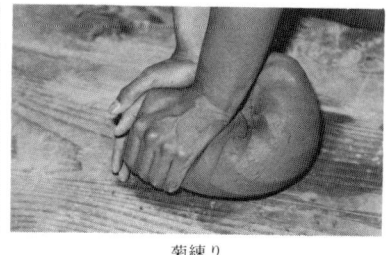

菊練り
粘土の練り方 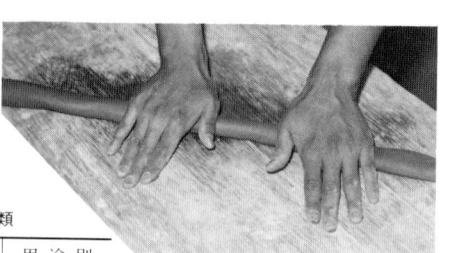

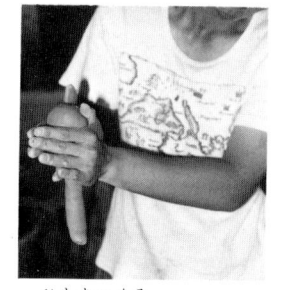

ひもをつくる　　ひもを巻き上げてつくる
ひもづくりによる成型法

焼きものの分類

種別	焼成温度 (℃)	特性	用途別
土器	600～900	無釉が多い，吸水性がある．もろくて弱い	植木ばち 土管 かわら
陶器	1,100～1,300 (楽焼き800くらい)	施釉．素地は不透明で吸水性がある	食器・茶器 衛生陶器 民芸陶器
せっ器	1,100～1,300	無釉が多い．素地は不透明で吸水性なし	食卓器 タイル 化学用品
磁器	1,200以上	施釉．素地は半透明で吸水性なし	高級食器 化学用品

3. 焼きもの

　焼きものとよばれる陶磁器類は，表のような4種に大別できる．高温で焼成するには大きな窯を必要とするので，七宝の炉と兼用できる楽焼きの方法について述べる．

　楽焼きは陶器の1種であるが，800℃前後で溶けるよう，鉛分を含んだ特別の釉薬が使われる．

粘土　粘土を粉から練り上げるには多少習練を要するので，初心者は練った焼きもの用粘土を用いるのがよい．粘土の硬さは耳たぶほどが標準とされる．

成型法
- ひもづくり：粘土を手のひらにはさみ，片手をもむようにしてひも状の粘土を作る．容器であれば別に底を作っておき，その上にひも状の粘土を巻いていく．形が少しできたら指で押さえるように継ぎ目を消していく．形が大体できたら，内に手を入れ，外からたたき板（筋目を入れたり縄を巻いてもよい）でたたき，厚さを均一にし形を整える．
- 板づくり：タタラ板で厚さを定め，粘土を細い針金で薄く切り取るか，丸棒で伸ばして板を作る．この板を定規とへらで切って組み立てる．接合部はドベ（粘土を泥状にしたもの）を塗り押さえる．空びんに紙を巻きその上に粘土板を巻いたり，皿・ボールなどを型とし押しつけて成型するのもよい．

　以上のほか手びねり，ろくろ造りなどの成型法がある．また半乾きのとき彫刻や型押しなどで加飾を加えることもある．

乾燥　成型した作品は風通しのよい日陰で1週間ほど乾燥させる．乾燥中ひび割れがするときは，粘土のねばりを弱くするためシャモット（素焼きの粉）を入れて調整したもので作り直す．作品は乾燥・素焼きによって2割前後収縮する．最終作品に一定の寸法が必要な場合には，収縮率をみて大きく作る．

たたら板(厚さ定規)の上に針金をすべらせて板を切る 　　切りべらで板の形を整える 　　ドベを接合部に塗り板を接着する

板づくりによる成型法 I

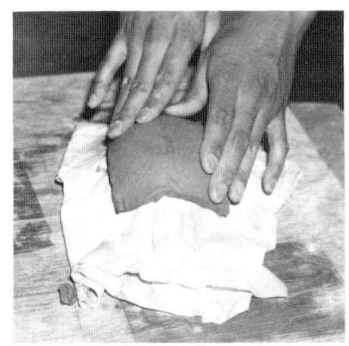

ボールなどの容器に布を敷き粘土板をかぶせて成型する 　　牛乳びんなどに紙を巻き，板を巻きつけて成型する

京都デザイン研究会『花を入れるもの』

板づくりによる成型法 II

素焼き　十分に乾燥した作品を窯につめて焼く．素焼きの場合は作品が重なったり触れたりしてもかまわない．最初は徐々に温度を上げていき，あぶりと称し，200～300℃くらいで粘土中の水分を完全に抜く．のぞき穴などにガラス板を当て，水分が付くようではならない．水分がなくなったら温度を上げ，700～800℃くらいで焼く．焼けたら火を止め窯のなかで常温に戻るまで徐々にさます．肉厚の厚いもの，厚さが不均一なもの，粘土中に気泡の残っているものなどは焼成中に割れることがあるので，成型時に注意する．

下絵付けと施釉　素焼きの上に釉下顔料（金属の酸化物が多い）を用い，筆で文様を描き下絵付けを行う．次にどろどろに溶いた透明釉薬を全体に掛ける．釉薬のなかに素焼きを浸すか，ひしゃくでかけるなどの方法がある．窯の底部に接する茶わんの糸底など，釉薬が付いていると台に付いてしまう．ぬらしたスポンジなどで釉薬をふいておく．釉薬には透明釉のほか，これに顔料を混ぜた色釉がある．なお釉薬は溶解温度の異なるさまざまなものがある．七宝用の電気炉などの場合は，楽焼き用の低火度のものを用いる．

本焼き　施釉後十分乾燥させた作品は，窯の周囲に置き温めておく．窯が800℃くらいの温度になったら，金属製長柄の火ばさみではさみ，窯のなかへ入れる．10～15分程度で釉薬が赤く輝き出したら，火ばさみで手早く取り出し，耐火物の上に置き，次の作品を窯のなかへ入れ順次焼き上げていく．窯の内部の大きさによっては，数個を一度に焼くことも可能であるが，素焼きと異なり，他の作品に触れないように注意する．

七宝にしろ楽焼きにしろ，窯から出してみるまでは成功か失敗かわからない．述べた以外に種々の技法があるので，調べたり実験をしたりして独自の表現技術を身につけ，その効果を生かすデザインを行うようにする．

印刀　丸刀　三角刀　平刀

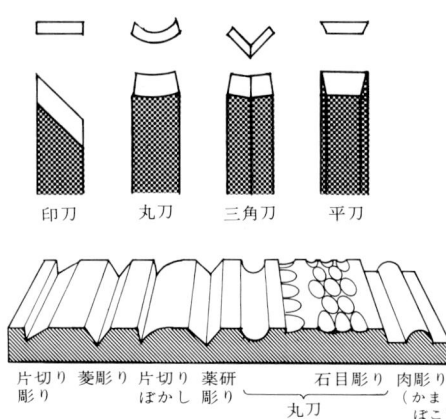

片切り　菱彫り　片切り　薬研　石目彫り　肉彫り
彫り　　　ぼかし　彫り　　　　　　（かま
　　　　　　　　　　　丸刀　　　　　ぼこ）

彫刻刀の種類と彫り方の基本

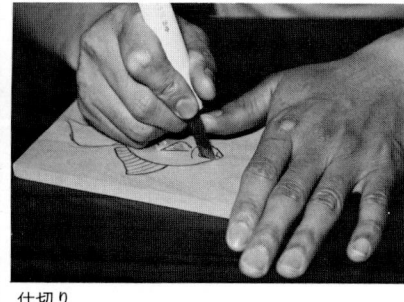

仕切り
（左は長い線を仕切る場合＝強仕切り）

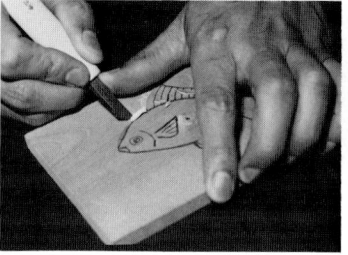

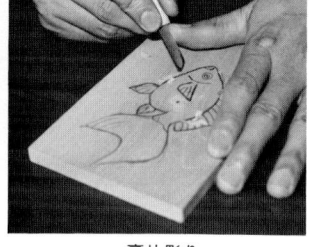

表片彫り　　　　　　　裏片彫り

4. 木 彫

4.1 木 材

　木彫に用いられる木材はどんなものでもよいが，彫刻の容易さ，入手の便，価格などの点から，次のようなものが一般的である．
- 桂（かつら）：適度な硬さで軽く狂いも少ないので，木彫には最適．
- 榀（しな）：軽く柔らかい．木地は白っぽく合板やマッチの軸などに使用される．
- 朴（ほう）：軽くて柔らか．狂いも少ない．版画用として文具店でも売っている．木地は緑がかっている．
- ラワン：東南アジアからの輸入材．幅も広く節が少ない．木質は荒いが安価で入手しやすいため，木彫にも多く使われている．

4.2 糸のこ

　木材を自由な曲線で切り抜くためには糸のこを用いる．電動糸のこは能率がよいが，弓かけ糸のこの場合には図のような板を作り，机と引き出しのあいだなどに引っかけて用いるとよい．歯には向きがあり，図の場合には下に引いたとき切れる方向とし，刃は強めに張る．中央部を繰り抜くときはきりで穴をあけ，刃を通してから弓のこに取り付ける．

4.3 彫刻刀

　彫刻刀には次のような種類がある．

　印刀（いんとう）　切り出しともよぶ．小刀の形をしているが刃先がもっとも大切なので折らないよう注意する．左きき用もある．
- 仕切り（切り込み）：刀の表を上にして鉛筆のように持ち，左手で材料を押さえると同時に，その親指を刀の付け根に当て前へ押し出す．刃の立て方によって垂直にも斜めにも仕切り線を入れられる．長い線を引くときは，刀を右手で握り刃を立てて手前に引く．左親指を手前の付け根に当てて進みすぎないよう調節する．
- 片彫り：垂直な仕切り線に沿って，刀を寝かして斜めに彫ると，断面がレ型の片彫りができる．細かい部分などは刀の裏を上にして手前に引く．左親指は手前の付け根に当てがい動きを調節する．
- 削り：棒や小物を削るには，左手で材料を持つと同時に親指を付け根に当て，前へ押し出して削る．

　丸刀（まるとう）　丸笹ともよび，断面が半円形をしたもの．半円の大きさは大小さまざま．表（刃の付いている方）を下にして，

4. 木彫　159

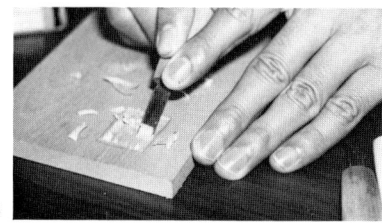

間透き

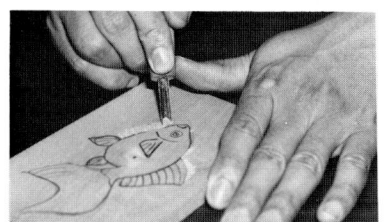

丸刀

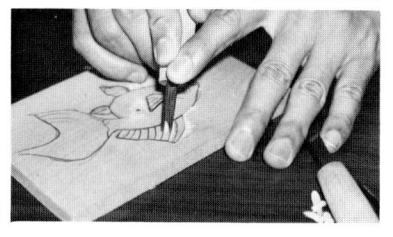

三角刀

糸のこの作業板

木彫の作業台

丸刀で連続に彫る場合，手前の方へ彫ってこないととうまく彫れない

角部は逆台形に彫ると欠けやすいので注意

印刀と同じように持ち，左親指で押し進める．小物で刀が進みすぎるときは，左人差し指・中指で刀を押さえ，動きを調節する．仕切り線の内側を凹めたり，石目彫りとよぶ楕円形の連続パターンを彫るのにも用いる．連続して前後に彫る場合，順次手前へ彫ってこないとやりにくい．

三角刀　薬研刀(やげん)ともよび，片彫りのようなV型を一度に彫ることができる．使い方は丸刀と同じ．

平刀　間透き(あいす)ともよび，くぼんだ部分を平らにするのに用いる．表を上に向けたときと下にしたときとでは木へのくい込み方が異なる．削りにも用いる．

彫刻刀使用上の注意　彫刻刀は刃物であるので，手を傷付けないよう十分な注意が必要．刃の進む方向には絶対に手を置かない．図のような作業台を用意すると，ふつうの机の上でも作業ができる．

彫刻刀を砥ぐにはほかの刃物と同様に砥ぐが，裏刃は最後に刃の返りを取る程度にしておく．丸刀は平らな砥石の上で砥ぐ場合と砥石に半円形の溝を作って砥ぐ方法とがある．最近彫刻刀用の合成砥石も市販されている．

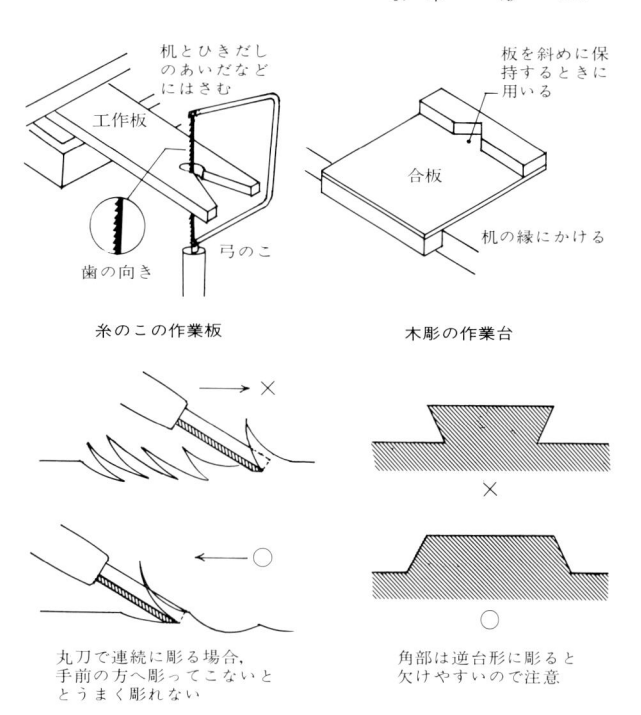

4.4　木彫の順序

ここではペン皿などレリーフ状の工芸品を作る場合について例をあげる．

節のない必要な大きさの材を選び，かんなを掛ける．デザインを直接またはカーボン紙などで木材に描き，必要なら輪郭を切り抜く．

彫刻は最初に仕切り線を入れ必要な部分を彫っていくが，一部を仕上げてから次という順でなく，全体を荒彫りしてから細部にかかる．必要ならのみを用いてもよい．彫る場合凸部が逆台形になると角部が欠けやすい．角部の丸味の取り方，ふくらみの形などで立体感が異なるので，彫りながらその効果を検討する．細部は刀が走って他の部分を傷つけることがないよう慎重な注意が必要．万一欠いた場合には木工用接着剤かごはん粒を練ったそくいで接着する．

彫刻が終わったら＃240程度のサンドペーパーを必要部分に掛けるが，あまり磨くと彫り味を失う．

仕上げは水で練った砥の粉で目留めをし，軽く透明ニス，ラッカーなどを塗っておくとよい．木材に染料・絵の具で着色したり，塗料でなくワックス仕上げ（ろう，家具用ワックスを摺り込む）の方法もある．

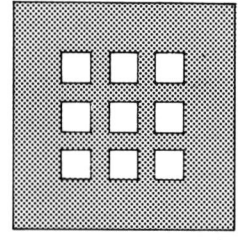

160　Ⅶ．クラフトデザインの基礎

補強を入れないときは型紙が破れないように紙のつながりを考えたパターンとする

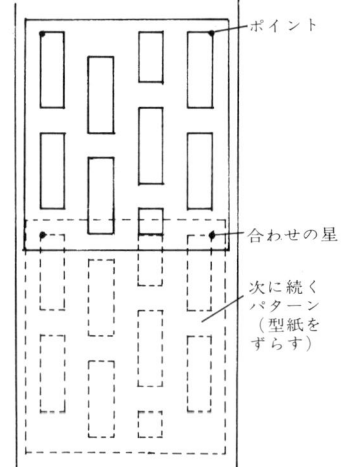

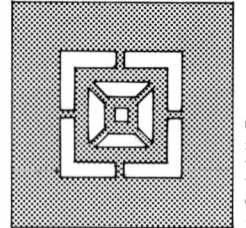

ポイント

合わせの星

次に続くパターン（型紙をずらす）

中央の島状の部分がとれないようにつながりをくふうする．このくらいの場合でも紗を張った補強が必要

型の送り

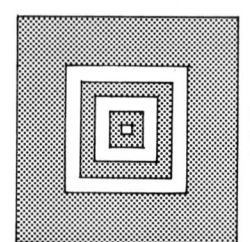

中央の島を保持するためには紗による補強を行う

型紙のパターンと補強

渋紙をカッターで切り抜き型紙を作る

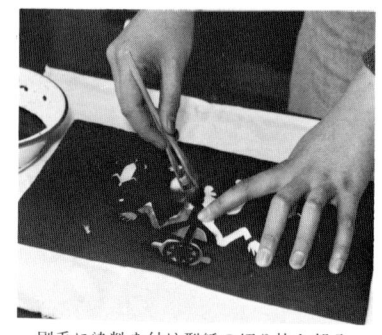

刷毛に染料を付け型紙の切り抜き部分にすり込む．模様の部分が染まる

5. 染色

5.1 染料

染料には数多くの種類があって，直接染料（木綿・麻・絹など）や酸性染料（毛・絹・ナイロンなど）が多く用いられるが，染料の種類によって染め方や処理方法，退色に対する堅牢度も異なるので，前もって十分な研究が必要である．クレヨン染めなど簡単な手芸材料も市販されているが，本格的な染めの効果は期待できない．ただ染色は布だけというのではなく，和紙などの繊維材料でも異なった味を出すことができる．

5.2 型染め

下図の上に美濃紙かトレーシングペーパーを当て，図を写す．これを型紙（渋紙をいぶしたもの）の上にろうを塗って張り付け，型彫用小刀（デザインナイフでもよい）で，下図ごと型紙を切り抜く．細かい図では型の補強のためラッカーで紗を張るが，初心者は中央に島を作らないパターンを考えた方が無難である．数色染めの場合は木版画のように色ごとの型紙が必要．ただ 2 色が完全に接した図では重なりが混色できたなくなりやすいので，あいだに地色の線が残るようにするとよい．また長い布などを染めるには，型紙の大きさには限界があるので，送りの目印の星を打ち，正確に合わせて送るようにする．

型染めには 2 つの方法がある．1 つは布の上に型紙を固定し，摺り込み刷毛で直接染料を摺り込む．刷毛には染料を含ませすぎないようにし，刷毛を直立させ円を描くように摺り込む．色によってパターンが表れる．

もう 1 つは防染糊をへらで摺り込み，全体を地染したのち糊を落として白抜きのパターンを作る方法である．

まず耐水合板などで作った型板に，もち粉をゆでて作った敷き糊をへらで塗る．乾燥後霧吹きで湿気を与え布を張る．型紙は十分に水で湿しておき，布に当て防染糊をへらでしごく．防染糊はもち粉（もち米の粉）と米ぬ

へらで防染糊を型にすり込む．後で全面を地染めし水洗で糊を落とすと模様の部分が白く残る．糊に染料を入れた写し糊を用いてもよい

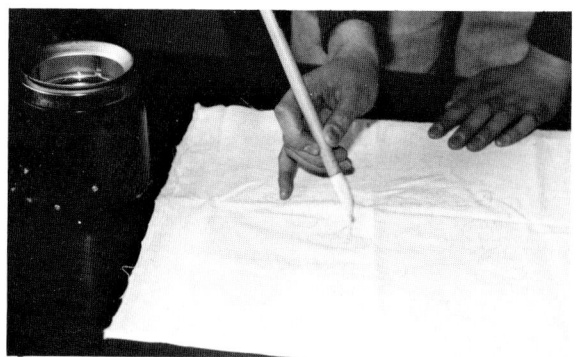

ろう染め　下図に従って溶かしたろうを筆に付けて描く．その後全体を染める

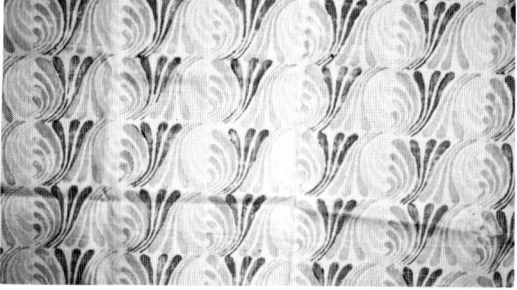

ブロックプリントによる作品例

かを水で練り，十分蒸して作る．糊置きの終わった布は伸子で張り乾燥させる．

　地染めの前に，にじみを防ぎ染め付きをよくするために，布に刷毛で豆汁を引く．豆汁は大豆を一晩水に浸しておき，摺り鉢で摺り布で漉したものである．乾燥後染料を溶き，刷毛で全体に地染めを行う．さらに乾燥後色を定着させるため蒸し器で40分程度蒸す．布に水滴が落ちたり容器に接触したりしないように注意する必要がある．最後に流れのなかで振り洗いを行い糊を落として仕上げる．

5.3　ろう染め（蠟纈染め）

　防染材としてパラフィンと白ろうを混ぜたろうを用いる方法．ろうはボールに入れ，電熱器などの上で100℃くらいに熱しておく．筆で描くが，布には市販の青花の液で下図を描くか，ライトテーブルを用いるかするとよい．部分的に染料で色差しを行い，その上をろうで防染することもできる．ろう描きができたら全体に地染めをする．乾いたら新聞紙のあいだに狭みアイロンを掛けてろうを溶かす．蒸熱処理で染料を定着させたのち，ガソリンで洗うとろうを完全に抜き取ることができる．

　ろう染めは，手がきの柔らかい味や，ろうのクラック（ひび割れ．冷水中で布をつかむようにして入れる）からくる面白さが特色である．また次項のブロックプリントのように版にろうを付けて押すことによっても独特の効果を生み出せる．

5.4　ブロックプリント

　木版（ゴム版・いも版でもよい）に，染料・防染糊・ろうなどを塗り，布の上に押していく方法．2色・3色とするときには，それぞれの版が必要．あまり大きな版では作業がやりにくいので，せいぜい葉書くらいの大きさまでがよいが，むしろ単位となるパターンを次々と並べていくリズム感がデザイン上の特色となる．間隔をずらしたり，重ねたり，方向を変えたり，くふうしだいでさまざまなパターンを1つの版から生み出すことができる．

鳳凰文様
（奈良時代）

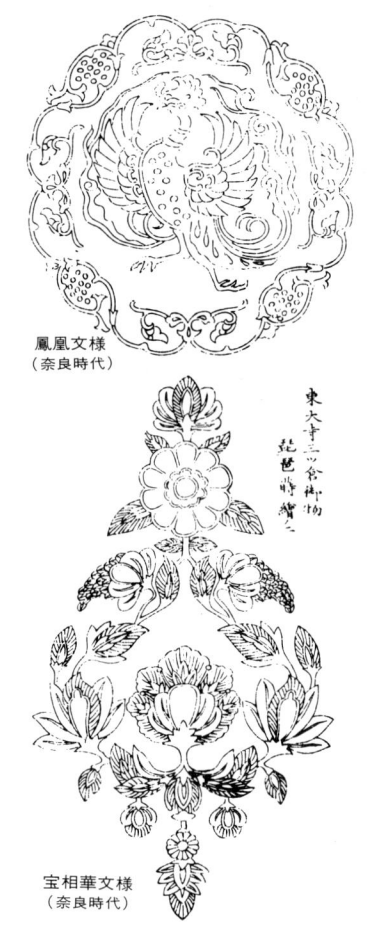

左の２点はギリシャ，上および右は法隆寺玉虫厨子より

忍 冬 文

宝相華文様
（奈良時代）

宝相華唐草文（正倉院）

高台寺文様（桃山時代）

6. 文 様

クラフトのデザインでは，伝統的な，あるいは新しい文様が創案されて用いられることが多い．

6.1 モチーフ

文様には抽象的なパターンをもち，模様としての美しさを表したものもあるが，自然のなかからモチーフ（主題）を取ったものが，とくに日本の伝統的な文様には多い．そしてそれらのなかには，ある特定の象徴的意味を担っているものも少なくない．

たとえば鶴亀と松や松食い鶴が描かれていれば，日本人であれば慶賀を象徴していることは誰もが読み取る．西洋でも花言葉・宗教的なシンボルなどそうした例が少なくない．また日本では芦手文様・歌絵文様のように，文字からモチーフを取った例も見られる．

このように文様にあっては，工芸品の目的や用途によって，どのようなモチーフを取り上げるかが大事な意味をもっている．

6.2 モチーフの表現

１つのモチーフも，写実的に表現する場合もあれば単純化して模様化する方法もある．単純化の場合でも，抽象化されているものから写実に近いものまで，さまざまなスタイルをもっている．装飾としての目的に応じて，その表現がなされている様を，伝統的な工芸品のなかに見受けることができる．

6.3 文様の構成

表現されたモチーフを，花びんのなかに１つだけ用いたり，二方連続して帯状あるいは円環状に並べたり，四方へ展開させたり，その工芸品の形状や用途に合わせてさまざまな構成がなされるわけである．

琳派の文様（光琳「八橋蒔絵硯箱」）

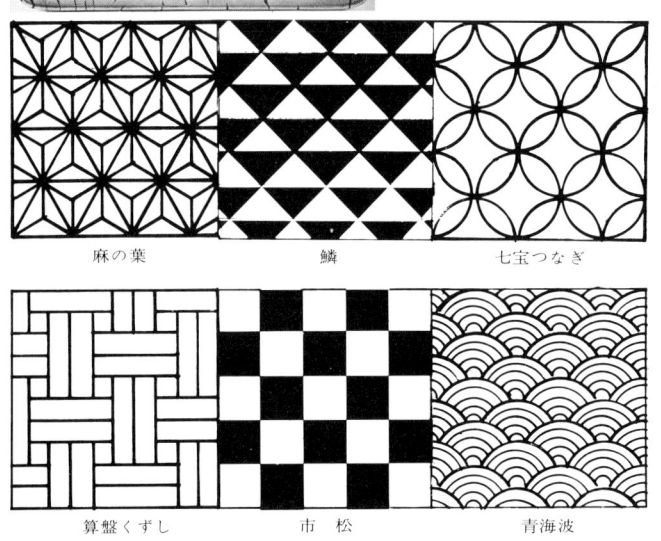

麻の葉　　鱗　　七宝つなぎ

算盤くずし　　市　松　　青海波

抽象的な構成文様

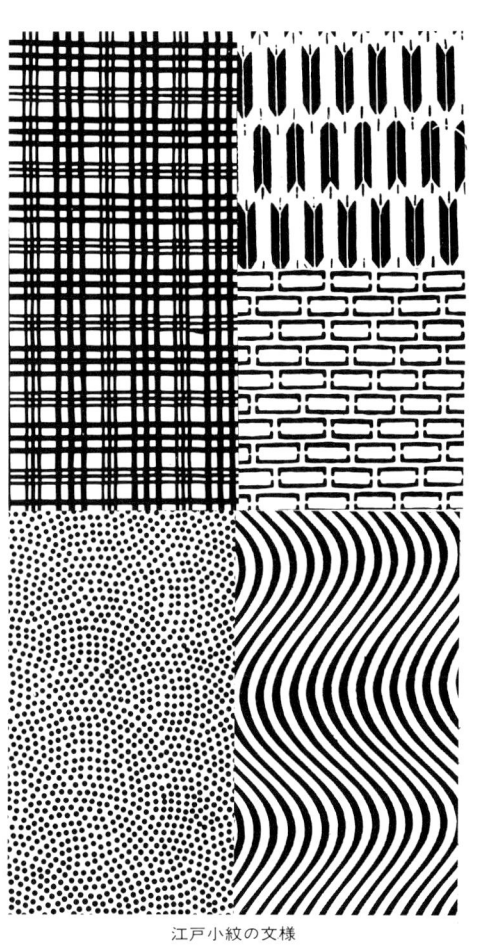

江戸小紋の文様

6.4　さまざまな文様

伝統的な文様も，現代の目から見ても新鮮なものが少なくない．数多い伝統的な文様のなかからいくつかの例を示す．

忍冬文（にんとうもん）　飛鳥・奈良時代に多く用いられた．モチーフは忍冬ともエジプトの睡蓮ともいわれ，国際的な交流を物語っている．パルメット（掌形）文様ともいわれるようにハート形の構成をもっている．

唐草文　アラビア風のつる草模様で，その名は唐から渡ったからとも絡み草模様の略ともいわれる．モチーフと用いられる植物により，菊唐草，宝相華唐草，ぶどう唐草などさまざまな種類がある．

高台寺文様　自然の絵画的な文様は平安時代から現れたが，自然の情感を優美に様式化した蒔絵が京都の高台寺に残されている．桃山時代を代表するばかりでなく，日本的情緒を代表する文様である．

琳派文様　江戸時代，宗達・光悦・光琳らは蒔絵や陶器にも，その独自な作品を残した．絵画的であるが，単なる装飾画にとどまらず芸術的な格調の高さを作り出している．

江戸小紋　型紙を用いて布を染めた文様で，江戸時代に流行した．大量生産に用いる型紙のデザイン上の制限を巧みに生かしたその文様は，現代的な美しさをもっている．

［参考図書］

〈クラフト全般にかかわるもの〉
前田泰次『工芸とデザイン』芸艸堂
吉田光邦『工芸と文明』日本放送出版協会
内田邦夫『クラフト入門』保育社（カラーブックス）
日野永一『デザインのたのしみ』筑摩書房

〈金属工芸に関するもの〉
大西甚平『アクセサリーのデザインと制作』理工学社
木全本『彫金』美術出版社
福永重樹『現代の金工』至文堂（近代の美術）
金丸峯雄編『金工』朝倉書店

〈七宝に関するもの〉
石山恵美子『七宝制作のすべて』理工学社
長谷川淑子『七宝焼』美術出版社

〈焼きものに関するもの〉
那須田茂『やさしい陶芸入門』造形社
森市松『土による造形―やきもの』開隆堂出版
里中英人『陶による新しい造形』グラフィック社
渡辺輝人『やきもの制作の実際』理工学社
東京芸大工芸科『陶芸の基本』美術出版社
技法叢書編集室『陶芸の用具と使い方』美術出版社

〈木彫に関するもの〉
伊藤隆一『木彫工芸』美術出版社
レットガー（宮脇・武藤訳）『木による造形』造形社
秋岡芳夫『木工・道具の仕立』美術出版社

〈染色に関するもの〉
岡村・四本『染めもの』美術出版社
技法叢書編集室『染物の用具と使い方』美術出版社
軍司敏博監『染・織』朝倉書店

〈文様に関するもの〉
溝口三郎『文様』至文堂（日本の美術）
ラシネ（甲田訳）『世界装飾図集成（1～4）』マール社
杉浦・渡辺『世界人物（動物・植物）図案集成』技報堂
小山・田中『装飾デザイン資料』アトリエ社（別冊アトリエ）

VIII. インテリアデザインの基礎

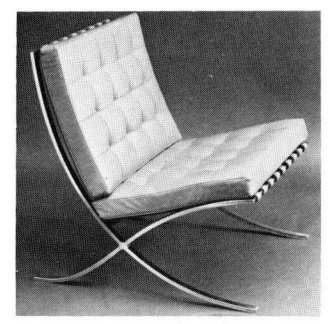

リートベエルト(1917)

ローエ(1929)

ベルトイヤ(1952)

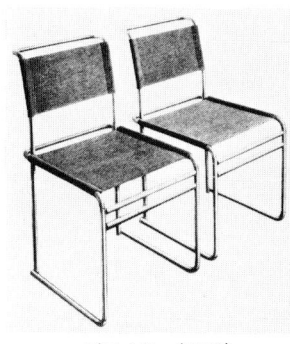

ブロイヤー(1926)

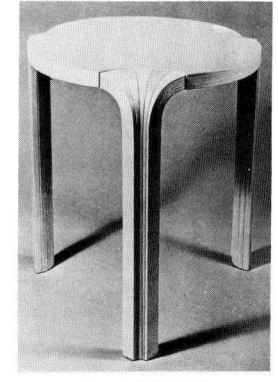

アールト(1954)

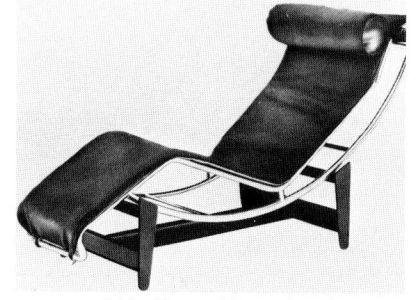

コルビュジエ, ペリアン(1927)

1. インテリアデザインの考え方

人間が生活を営むためには，ある一定の空間を必要とする．この空間は，雨や風，夏の暑さや冬の寒さ，ときには他の生物や外敵から住む人たちを保護するものでなければならない．こうした人間や空間を保護する構造物をシェルターとよぶが，住居にはシェルターとしての機能をもつことがまず要求される．

人類はこうした意味の住居を，それぞれの自然条件や社会条件のなかで発達させてきたが，それを進めてきたものは，より便利に，より快適にという人間の願いだったといえよう．人間が生活の本拠とし，生活時間の多くを過ごすこの住居の室内空間は，床・壁・天井などの構成要素をもち，数多くの家具や什器をもっている．これらは人間の肌に直接触れ，使用されたり眺められたりする．過去に室内装飾とよばれたような室内を飾りたてる技術ではなく，現代のインテリアデザインは現代デザインの他の分野と同様に，機能と美との有機的な結合を求め，さまざまな要素を構成していかねばならない．

とくにインテリアデザインでは，その室内空間の目的・性質によって構成の方法が異なるし，住む人の生活様式や行動・好みなども個人によって異なる．また用いられる材料の種類も多く，その構造も多様であるところにむずかしさがある．

なお室内空間は住居ばかりでなく，商店・工場・事務所からホテル・レストランなどさまざまな性格のものがあるが，ここでは住居を中心に述べていきたい．

人体の動作と必要空間

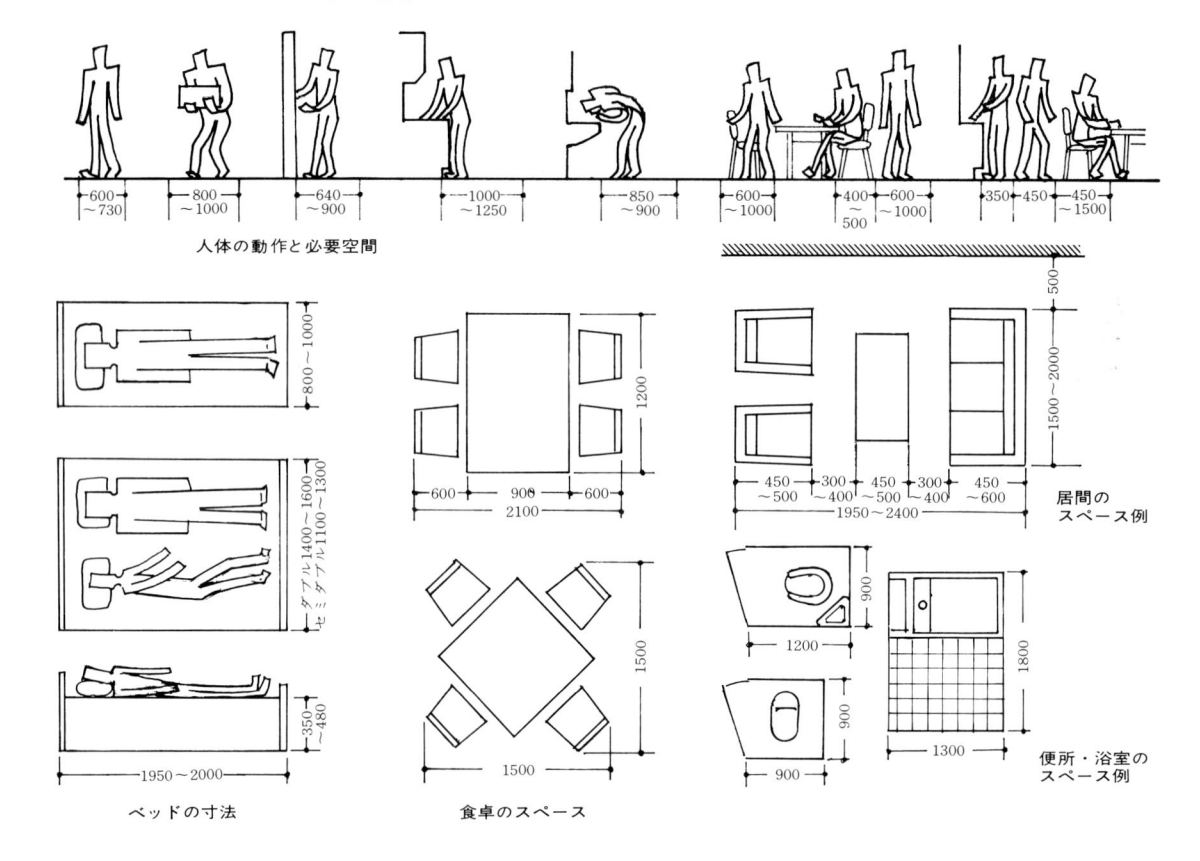

ベッドの寸法

食卓のスペース

居間のスペース例

便所・浴室のスペース例

2. 室内の計画

2.1 住居の構成

住居は食事・休息・睡眠・炊事など，さまざまな目的をもった住空間の結合によって構成されている．これを具体的にみると次のようなそれぞれの住空間をもっている．

玄関 玄関は単なる出入り口ではなく，外部の社会と1個の家との接点としての意味をもっている．そのため靴ぬぎや来客との対応，あるいは下駄箱のスペースといった物理的なスペースばかりでなく，心理的な印象も考慮しなければならない．その位置は敷地の形状と道路の方向により決められることが多いが，東側が理想とされる．

居間 家族のだんらんの場として住居の中心となる空間である．昼間もっとも使用される場なので南側がよい．広さはできれば8～10畳以上取りたい．洋式ではソファー・テーブル・飾り棚のほか，テレビ・ステレオ・ピアノなどのスペースも考える必要がある．

客間（応接間）を置かない場合は，来客との関係も考える．

食事室 独立した食事室を取ることは経済的にむずかしい．和式の場合は居間（茶の間）と兼用したり，洋式の場合でも居間と一諸にしたリビング・ダイニング（LD），あるいは台所と一諸のダイニング・キッチン（DK）形式が多い．テーブル，椅子，食器棚などが置かれるが，1人あたりの食卓面積は幅60～75cm，奥行40～50cm必要とされるし，食卓の端から壁までも1m以上欲しい．

台所 台所は流し・調理台・レンジ・食器棚・冷蔵庫など多くの設備を必要とする．主婦の作業量も多い場所なので，後述の動線にも十分考慮してこれらの配置を決める．また調理のさいの湿気や油などで汚れやすく，火気にも注意しなければならないので，内装材の選び方も考慮する．

また台所と接した場所に，裁縫・書きものなど主婦の家事を行う家事室やコーナーなど

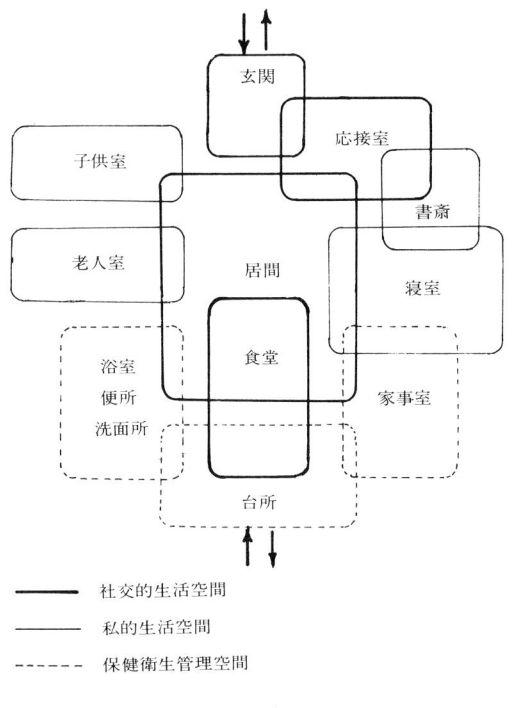

2. 室内の計画

住居の生活空間
― 社交的生活空間
― 私的生活空間
--- 保健衛生管理空間

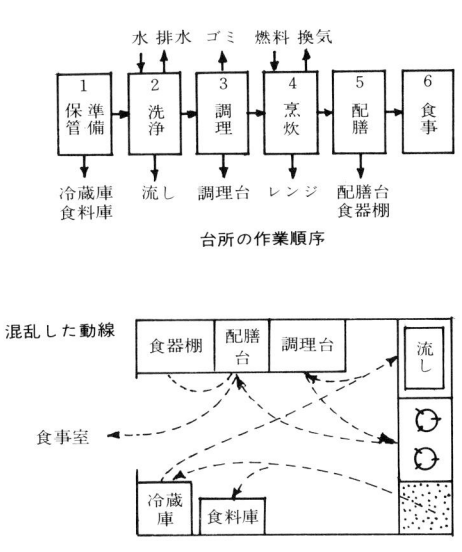

台所の作業順序
1 保管準備（冷蔵庫・食料庫）→ 2 洗浄（流し・水・排水）→ 3 調理（調理台・ゴミ）→ 4 烹炊（レンジ・燃料・換気）→ 5 配膳（配膳台・食器棚）→ 6 食事

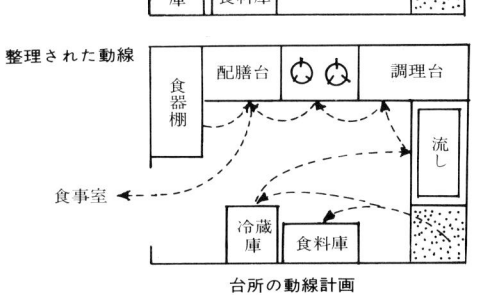

台所の動線計画
混乱した動線／整理された動線

を設けることもある．

浴室・便所 洗面・浴室・便所は給排水の便やスペースの節約の面からまとめて考えられることが多い．浴槽は洋式・和式，また外釜式・内釜式・給湯式などにより配置その他が異なる．便器も和式・洋式でスペースも異なる．これらの場所は水を用いるだけに，防水や換気を考慮する．また洗濯機のスペースを，これらと一諸に計画することも多い．

寝室 もっともプライベートな場でありくつろぎと安らかな眠りを誘う雰囲気を必要とする．しゃ光・防音・照明にも配慮が必要で，寝具のスペースのほか洋服だんす・整理だんすなども必要である．納戸を設けてこれらを整理してもよい．

書斎 仕事の関係で書斎を必要とする場合もあろう．書籍の重量に耐える構造と，しゃ音・防音が要求される．

子供室・老人室 子供の年齢によっても異なるが，睡眠・勉強など子供の生活の大部が行われるのに必要な設備・スペースを必要とする．幼児の場合には角のない家具や柔らかい内装材など安全を考慮する．老人のいる家庭では老人室も必要となる．

2.2 動線の検討

部屋の配置，家具・設備の配置には，人の空間内の動きの軌跡をとらえた動線により，合理的な検討を加えなければならない．動線は最短距離で，しかも同時に交錯しないよう単純化するのが望ましい．とくに台所では動線を考慮した設備の配置により，労力を減少させることが必要である．

2.3 間仕切り

家庭内であってもプライバシーを保つ空間や，他の機能をもつ空間と心理的に区切りたい時など，空間の間仕切りが必要となる．壁などで完全に仕切る方法から家具・カーテン・スクリーンなどで仕切る方法，あるいは内装材の違いによって心理的に区切る方法などさまざまな方法がある．機能面ばかりでなく，空間の演出まで考慮する．

VIII. インテリアデザインの基礎

人体の姿勢						
いすの種類		腰掛け(スツール)	小いす(チェア)	安楽いす(ソファ)	寝いす	寝台(ベッド)
作業例		製図・ミシン掛け	事務・学習・食事	休息・談話	休息	睡眠
座の前縁の高さ		仕事用 43～48　一般用 39～43	39～43	34～38	32～36	
座の奥行き		35～38　38～42	38～42	42～45	44～50	
座の前幅		35～38　38～42	40～42	45～47	45～50	
背もたれの高さ		―	39～42	45～48	48～	
背もたれの傾斜度		―	98°～102°	106°～112°	112°～120°	
座面の傾斜度		―	2°～9°	7°～16°	各種	

人体の姿勢といすの寸法

（寸法は参考例　単位cm）

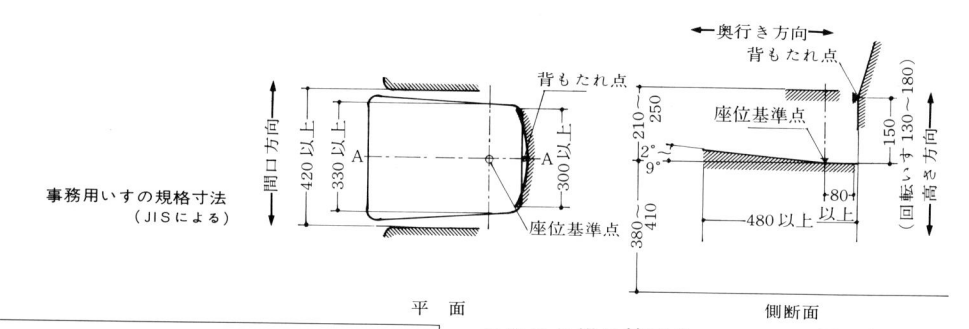

事務用いすの規格寸法（JISによる）

平面　　　側断面

3. 家具の計画

1つの空間も，それぞれの目的に応じた家具を配置することによって，はじめてその室内の機能を果たすことになる．

3.1 椅子・ベッド類

椅子は人体と直接に接し，休息や作業に適した姿勢を支持する道具であり，デザインの良し悪しが直接疲労と結びつくだけに，もっとも設計がむずかしい．

人間の姿勢と椅子・ベッドを考えてみるともっとも行動的な姿勢である立位では体重の全部を足や腰にかける．背を壁に寄せかけることにより疲労は多少減じる．ミシン・ピアノなどときには足を使う作業は，座の高いスツールが適している．事務・勉強・食事などでは，尻と同時に背もたれで腰をも支える．さらに作業量の少ない喫茶・読書・談話などにはひじ掛け椅子やソファーが用いられる．休息の度が加わると寝椅子があり，完全な休息の状態では，全身を支えるベッドとなる．

これらの関係をみると，休息の度が強くなるに従い，座が低くなり，座と腰の角度も大きくなる傾向がある．

また座の高さ・形・クッションなどは疲労にも関係が深く，ベッドでもクッションが柔らかすぎるとかえって安眠ができない．こうした面での人間工学的な研究も進んでいるので，その成果を十分に生かすことが望ましい．

3.2 机・テーブル・台類

机・テーブルは甲板の大きさ・高さが大切である．甲板の大きさは手の動作範囲や作業のために必要な道具や書類などの置き場によって決まる．高さは手の運動と目からの距離によって決められるが，椅子との関連が深い．

休息に用いるテーブルは低くなるが，その上で作業を行うということはなくなるので，

3. 家具の計画　169

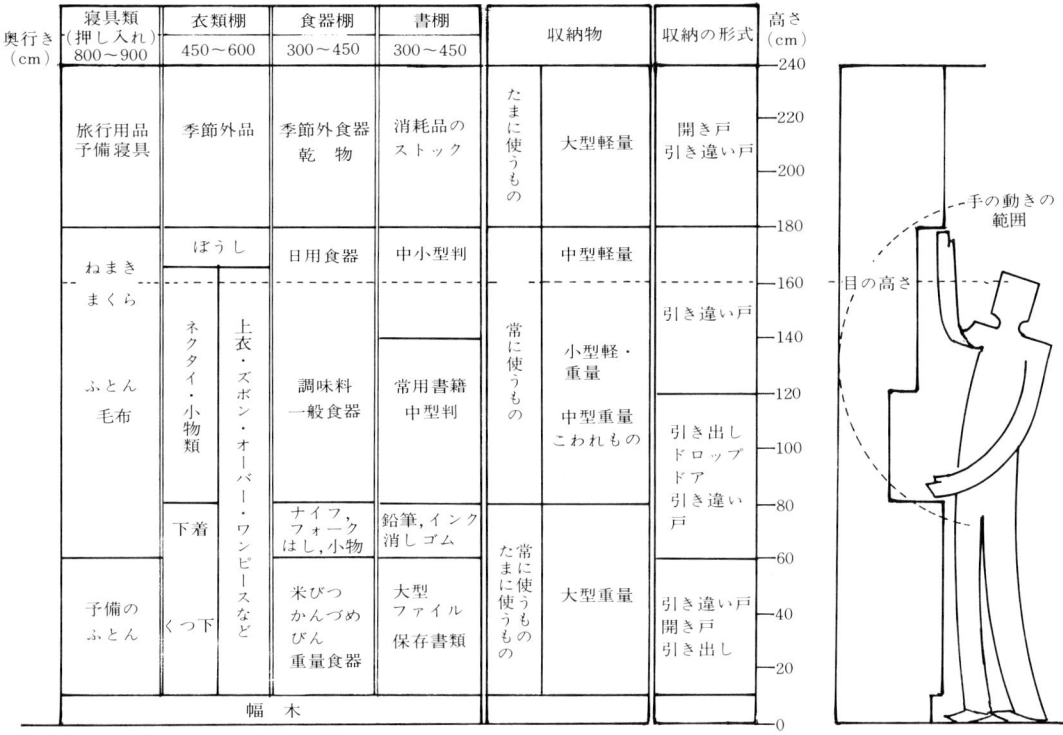

奥行き (cm)	寝具類 (押し入れ) 800〜900	衣類棚 450〜600	食器棚 300〜450	書棚 300〜450	収納物		収納の形式	高さ (cm)
	旅行用品 予備寝具	季節外品	季節外食器 乾物	消耗品のストック	たまに使うもの	大型軽量	開き戸 引き違い戸	240 220 200 180
	ねまき まくら ふとん 毛布	ぼうし	日用食器	中小型判	常に使うもの	中型軽量	引き違い戸	160 140
		ネクタイ・小物類	調味料 一般食器	常用書籍 中型判		小型軽・重量 中型重量 こわれもの	引き出し ドロップ ドア 引き違い戸	120 100 80
		上衣・ズボン・オーバー・ワンピースなど						
		下着	ナイフ、フォーク はし、小物	鉛筆、インク 消しゴム	常に使うもの たまに使うもの			60
	予備の ふとん	くつ下	米びつ かんづめ びん 重量食器	大型ファイル 保存書類		大型重量	引き違い戸 開き戸 引き出し	40 20
		幅 木						0

立ったときの収納品の整理位置

机上に置かれる物の配置によって甲板の大きさが決まり，一般に小さくなる傾向をもつ．

甲板の上面から椅子の座までの高さの差を差尺とよび，作業能率や疲労と関係がある．筆記作業のように能率に重点をおいたときには座高の1/3から2〜3 cmを引いた値，読書やゆるやかな作業の場合には，1/3がよいとされている．事務用の机や椅子にはJISにより規準が定まっている．

3.3 収納家具

箱物とよばれ，洋服だんす・整理だんすのたんす類，書棚・食器戸棚などの棚類のほか下駄箱・傘立てなどさまざまなものがある．

収納する場合，立位・座位などの用い方によっても異なるが，立位を考えた場合，手が楽にとどく70〜180 cmの高さの範囲は，使用頻度の多い小型・中型の品を引き出し・開き扉・引き違い開きなどで収納するのに適している．それより下の部分は，まれに使用するものや，常用するものでも大型の重量の重いものがよい．周囲に物が置かれることがあるので開き扉は避けた方が無難で，引き違い戸の方が適している．180 cm以上の高さは造り付け（ビルトイン）戸棚か重ね棚になるが，目の高さ以上になるので引き出しは不適である．まれに用いる大型の軽量品（カバンなど）を入れるのによく，引き違い戸・開き戸が一般的である．

収納する物によって当然奥行きも異なる．洋服だんすであれば60 cm，整理だんすは45 cm，書棚は30 cmが標準的なサイズである．

以上述べた脚物（椅子類），台物（テーブル類），箱物にしても，単に写真や図で見る外見だけにとらわれるのでなく，実際に自分が使用している家具の寸法を実測したり，構造を調べたりして，使いやすい家具を設計するようくふうすることが，初心者には大切である．

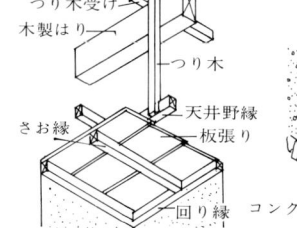

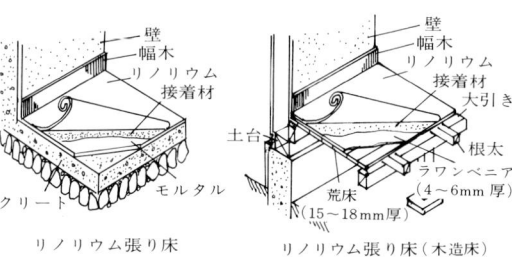

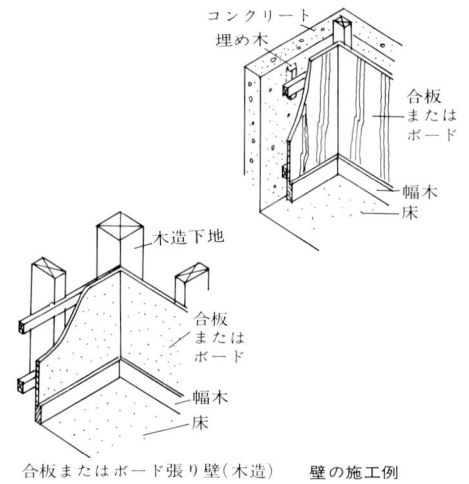

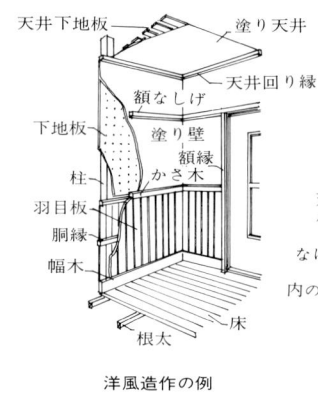

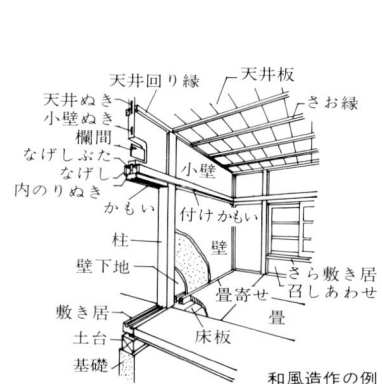

天井の施工例 / さお縁天井 / リノリウム張り床 / リノリウム張り床(木造床) / 床の施工例

合板またはボード張り壁(木造) / 壁の施工例 / 洋風造作の例 / 和風造作の例

4. 室内の材料と構造

4.1 床

床材は耐水・耐火・防音・断熱・耐摩耗性や足ざわり・滑らないことなどの条件が要求される．建築の構造材の種類によって，木造床，鉄骨床，土間（コンクリート）床があり，下地の構造も異なる．仕上げ材もモルタル仕上げ，石張り，軟質タイル（ビニタイルなど）仕上げ，タイル張り，木レンガ張り，フローリング張り，フローリングブロック張り，畳敷きなど，さまざまなものがある．しかもそれぞれいくつかの種類・等級・工法があるので，室の目的・用途や経費などの点から，もっとも適切な方法を選ぶようにする．

4.2 壁

壁も床と同様に各種の材料・工法があるが大別して，モルタルやしっくいなどの塗り壁（湿式工法）と，合板・繊維板などをはる張り壁（乾式工法）とに分けられる．いずれも断熱・防音などの役目を果たすことが必要で，不十分な場合は下地材と仕上げ材のあいだに断熱材や吸音材を入れる．

乾式壁の場合は下地に木材による胴縁を必要とするので，コンクリート壁では，最初から木レンガを埋め込むか，ドライビットなどで胴縁を取り付ける．平板・ボード（合板・繊維板・石こうボードなど）などの仕上げ材をその上に打ち付けていく．釘を表に出さないためにはくふうがいる．さらにその上に塗装・クロス張りなどで仕上げることもある．

湿式壁では，コンクリート壁には直接モルタルなどを塗り込めるが，木構造では日本古来の土塗が竹の小舞いを必要とするように，塗り込んだ壁が落ちないように，穴あき石こうボード，木ずり，金網のラスなどを張り，モルタル，しっくいなどで仕上げる．

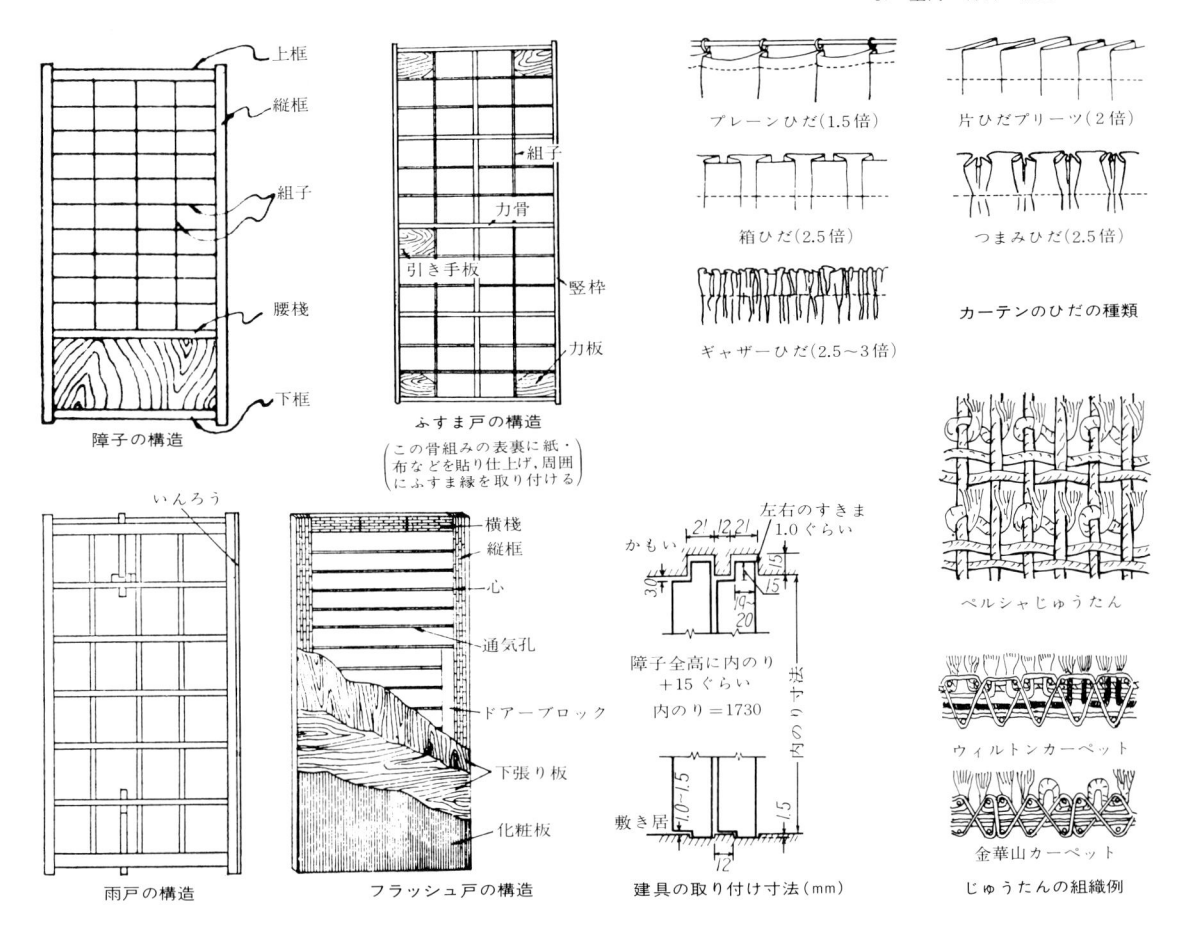

4.3 天井

天井は梁，配線などを隠し，屋根からの熱や上部からの音などをしゃ断する役目をもつ．構造体から吊り下げる吊り天井と，構造体をそのまま見せる場合とがある．

木構造の吊り天井では，梁のあいだに吊り木受けを渡し，吊り木を約 90 cm 間隔に下げ，下端を野縁受けに止める．これに野縁を打ち天井板を張る方法が一般的である．コンクリートや鉄骨構造では，吊りボルトを下げ，それに野縁受けや野縁を取り付ける．仕上げ材も木材・合板・ボード類など種々ある．

4.4 幅木・見切り

床と壁の境界には幅木が，天井と壁の境界の見切りには回り縁などを取り付け，室内の各面を線によって引き締めたり，異なった材質が用いられたときの調和にも配慮する．

4.5 建具

窓や出入り口には扉・サッシ，障子などの建具が取り付けられる．これも，開閉の仕方（片開き，引き戸など），材料・用途によって種々の形式のものがある．

4.6 カーテン

使用する裂地によりドレープ（ふつうのもの），レース，ケースメント（荒く織られたもの）があり，ひだのつけ方もプレーン，片ひだ，箱ひだ，つまみひだ，シャーリングなどがある．カーテンレールも C 形，D 形，I 形などがあるので，目的に応じて選ぶ．一般にはダブルブラケットを用い2重レールとし，ドレープとレースを用い，日中と夜と使いわける．カーテンは出火の原因となりやすいので大建築などでは防炎性をもったものでなければ使用できない．

4.7 敷き物

カーペットもその種類が多く，施工にもいくつかの方法がある．

木取りと板のそり／板目板は乾燥によって木表の方へそる／まさ目板／板目板／木裏／木表

普通合板　パーティクルコア合板（木材チップ）
ランバーコア合板　ハニカムコア合板（紙）

改良木材の例

板はぎ：いもはぎ／やといざねはぎ／あいがきはぎ／ほんざねはぎ

板継ぎ：打ち付け継ぎ／包み打ち付け継ぎ／片胴付け追い入れ継ぎ／あり形追い入れ継ぎ／2枚組み継ぎ（相欠き）／3枚組み継ぎ／包みあり組み継ぎ／留めかくしあり組み継ぎ

相欠き：相欠き継ぎ／留め相欠き継ぎ／あり形相欠き継ぎ／3枚組み継ぎ

ほぞ組み：平継ぎほぞ／寄せほぞ／2枚ほぞ／止めほぞ

木材の接合

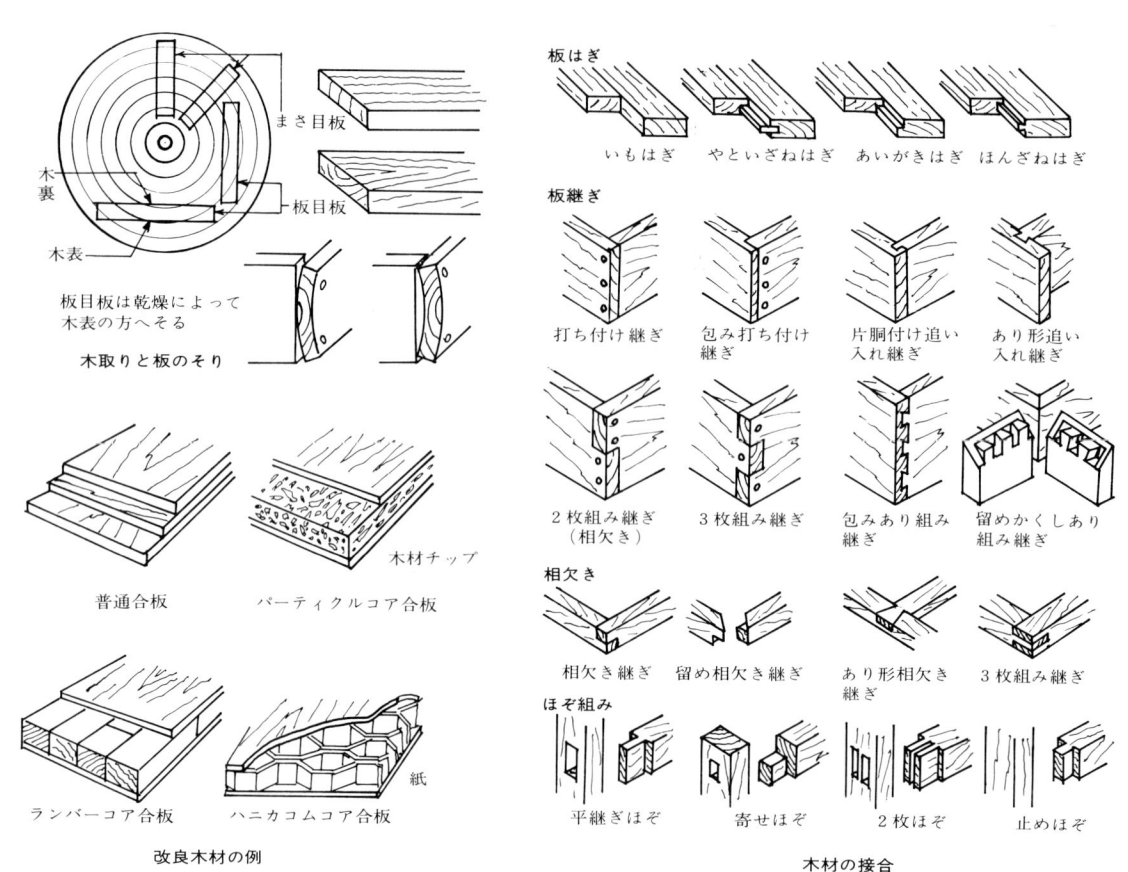

5. 家具の材料と構造

5.1 木　材

木材の性質　家具には昔から木材が中心として使われてきた．狂いやすい，不均一などの材料として欠点ももつが，手ざわりや質感，加工性などの優れた特色をもち，愛されてきた．

樹木は服を着重ねていくように外側へと成長する．したがって外側の方が水分が多く，乾燥による収縮も木表の方が激しい．製材によって板目や柾目ができるが，柾目の方が狂いが少ない．

改良木材　木材の欠点を補うため，木材を加工改良した材料が作られている．薄い板を奇数枚，木目方向を交互に直交させ接着した普通合板，合板にプリント紙やプラスチック材を張った化粧合板，木材の切削片を熱圧接着したパーチクルボードなど，さまざまな種類がある．なお曲面をもった成型合板とよばれるものは，接着剤を塗った薄板を合板のように重ねて型に入れ，高周波をかけて接着したものである．

木材の接合　木材を接合する方法として各種の組み継ぎが用いられている．図にそのいくつかを示す．

5.2 その他の材料

合成樹脂・金属・竹・籐（とう）などの材料が，その目的に応じて使われている．

5.3 椅子の構造

従来の木製椅子の構造は脚に座枠をほぞ組みし，座や背を取り付けたという形式が多かったが，現在では構造的な強度を満足させながらも，新しい形を取るものが少なくない．さらに金属，合成樹脂といった新しい材料では，座と背を一体化したものや，さらには脚部までをも一体化したものすら現れている．

椅子には座や背にクッションを与える椅子張りの構造が必要である．ふつうの椅子張り

小いすの構造

(図：かさ木、背板、背づか、背ぬき、後台輪、側台輪、後脚、台輪すみ木、前台輪、脚ぬき、前脚)

甲板の取り付け

(図：甲板留め金具、甲板留めひる金具、木製こま留め、木ねじ留め)

引き出しの構造例

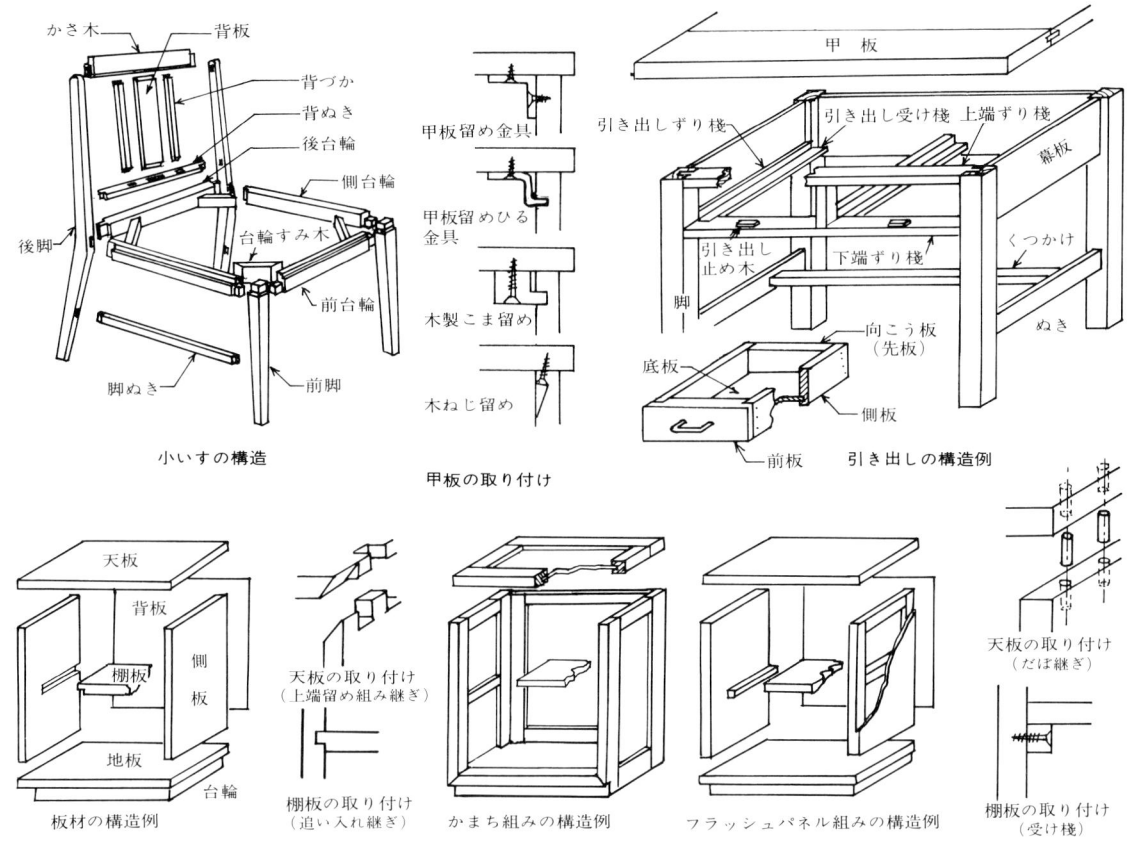

(図：甲板、引き出しずり桟、引き出し受け桟、上端ずり桟、幕板、脚、引き出し止め木、下端ずり桟、くつかけ、ぬき、底板、向こう板（先板）、側板、前板)

収納家具の基本構造

板材の構造例（天板、背板、棚板、側板、地板、台輪）
天板の取り付け（上端留め組み継ぎ）
棚板の取り付け（追い入れ継ぎ）
かまち組みの構造例
フラッシュパネル組みの構造例
天板の取り付け（だぼ継ぎ）
棚板の取り付け（受け桟）

は大別して，ウレタンホームなどのクッション材をビニルレザー・皮などの上張り材でくるんだ薄張りと，スプリングの上にクッション材を置き，それを上張り材で包んだ厚張りとに分けることができる．

そのほか，椅子には使用しないときに積み重ねられるよう考慮されたスタッキングチェアー，同様に折りたためる椅子，連結ができる椅子など，目的に応じてさまざまな構造が考えられたものがある．

5.4 テーブル類の構造

テーブルは甲板，脚，幕板によって構成され，事務・勉強の机には引き出しを持つそでが付けられる．

甲板は，無垢（ソリッド）材は狂いも大きく高価となることもあるので，前述の改良木材や，枠組みの両面に合板や化粧板を張ったフラッシュ構造のものも軽いので用いられている．脚部は木材・金属などが多い．

特殊な構造としては折りたたみのものや，甲板がスライドして大きくなるものなどがある．

5.5 収納家具の構造

木製箱物の構造は次の3種に大別できる．
- ソリッド材の板組み法
- かまち（框）組み：柱材を主に枠組みを構成し，内側に鏡板をはめ込む方式．
- フラッシュパネル組み：もっとも狂いが少なく，軽量の割には強度も強い．格子組みなどの両面に合板などを張ったもので，接合部はだぼ組みが主体となる．

収納家具にはほかに戸や引き出しの構造がある．戸にはかまち組み戸・フラッシュ戸・ガラス戸などがあり，開き方も引き違い・開き戸などがある．引き出しの仕込みも，受け桟・すり桟によるものと，吊り桟によるものに大別できる．

最近は金属パイプをおもな構造体とした家具も多く用いられ，ユニット式の組み立て棚などに用いられている．

6. 色彩計画・照明計画

6.1 色の計画

同じ空間であっても，用いる色彩によって部屋の感じがまったく変わってしまう．色彩はその空間のイメージを決定する大きな要素の1つである．

各部屋の目的や各面（床・天井など）の性格によって決められる機能的な側面の制限を受けるが，色は単にそれだけで決定されるものではない．住む人の性格・好みを反映しながらも，空間全体として色彩の調和が取れ，しかもイメージを表現していなければならない．さらには1つの建物全体として，統一を保ちながらも変化をもつことが要求される．

まずその空間をどのような色調で統一を取るかを考える．明るい色か暗い色か，暖色か寒色か，活気のある感じか落ち着いた感じかなど．そしてそれらの感じを表し，調和を得るために，具体的な配色（同一色相か類似色相か，明るいトーンか暗いトーンかなど）を考えカーペット，ペイントなど実際の素材から選び全体の調和をはかっていくのである．

6.2 部屋の機能と配色

部屋の目的・機能によっても色彩の用い方は異なる．一般に人が集まって談話などを楽しむ場では，比較的高彩度の色・高明度の色・暖色などが多く使われ，色相・トーンの差も比較的大きなものが用いられる．反対に落ち着いた安らぎを求める場では，比較的低明度の色・低彩度の色・中間色および寒色系の色などが多く用いられる．

事務所など長時間人が居住する場では，強い刺激を避け，明るい無彩色や灰緑などが用いられる．和室では木材・畳など，素材の色がそのまま用いられるが，木材は暖色系の色なので，それを考慮して配色を考える．

6.3 各面の色彩

- 床：床は一般に壁よりも濃い色が用いられる．色が暗い場合には，彩度が多少高くなっても強い刺激として感じられないので，カーペットなどは低明度で比較的彩度の高い色が用いられる．壁と同系の暗い色にする場合も多い．なお狭い部屋では壁が，広い部屋では床と天井がもっとも目に入りやすい面であるので，これらの点も考慮する．
- 幅木：壁と床を明確にし引き締める点と汚れの点から，壁と同系で濃い色が一般に用いられる．
- 壁：狭い部屋では部屋の雰囲気をもっとも左右する．壁が暗いと落ち着いた気分にさせる．しかし暗い灰色では陰うつな気持ちとなる．ふつうは天井よりやや暗い低彩度の明るい色が無難である．北向きの部屋では暖色系にするなどの配慮も必要となる．

なお壁とは限らないが，小さな色見本で色を選ぶと，大面積では彩度・明度が色の面積効果によって高く感じられる．このことは十分に承知しておかねばならない．

腰壁を付けるときは，汚れを目立たせないためにも少し明度を下げる．
- 天井：室内の照明効果の点からは，白またはこれに近い色がよい．壁より明るくするのが無難である．
- 窓枠・出入り口：出入り口枠・窓枠は不調和とならない程度に目立たせてよい．扉はその位置を示す意味からも部屋のアクセントとしても壁と色を違えるが，枠より明るい色がよい．窓・障子は日中逆光で見ることになるので，暗い色では対比がきつすぎる．
- 家具：事務室など機能を重視する場では，目を刺激しない明るい灰色系が望ましい．書類棚・ロッカーは壁の役目を果たすのでその点を注意する．

居間などの小椅子によく高彩度の色が用い

照明の基本形式

直接光 — 明るいがまぶしい
間接光 — やわらかい光になるが暗い
拡散光 — やわらかな光になるがやや暗い

られるが、これは人が座れば見えなくなるし（とくに座った人には目に入らない）、部屋のアクセントともなる。クッションもこれらの効果を生かすのによい。

6.4 採光

自然の採光は一般に窓から行われる。建築基準法では窓その他の採光用開口部を、居室では床面積の1/7以上としている。同じ開口面積であれば上部の方が採光量は多くなる。

6.5 照明計画

裁縫・勉強のような細かい作業は明るさを必要とするが、廊下・階段などはそれほど明るくなくてよい。それぞれの作業には適切な照度が必要である。種々の照明器具を用いて機能的要求を満足させ、同時に室内の効果的演出をもたらす照明の計画が必要となる。

光源 ①白熱電球：赤色光を多く含んでいるので暖かい雰囲気を盛りあげるため、家庭では中心に用いられてよい。点滅の激しい玄関・階段・便所にも適している。
②蛍光灯：消費電力が少なく寿命が長いが、点滅により寿命は落ちる。改良はされているが演色性に劣るので、事務所・学校など長時間連続使用の場に適する。
③水銀灯：水銀蒸気の放電によるもので、非常に明るく緑味が強いので、道路や庭園の照明に用いられる。

照明の方式
①直接照明：光源からの直接光を用いる。金属などのかさを用いるが、強い影ができる。
②半直接照明：半透明のかさなどを通して、光の一部を天井などへ投影するため、まぶしさが少ない。
③全般拡散照明：乳白グローブのように、全体を均一な明るさとする。
④半間接照明：光の一部は直接照らすが、大部分は天井・壁などで反射される方式。
⑤間接照明：天井・壁などで拡散された光のみを利用する。柔らかい光を得られるがやや不経済である。

全般照明と局部照明 全般照明とは天井からの光源などによって部屋全体を明るくする方法で、局部照明とは卓上スタンドで机上を明るくするように室内の特定の場所を照明する方式であり、人の気をそこへ集中させる作用をもつ。一般にこれらが併用されるが、明るさの差は10：1以下とすることが目のためによい。

6.6 照明器具

照明器具には、天井に照明器具を埋め込んだ埋め込み灯、天井に直接取り付ける直付け灯、コード・パイプ・チェーンなどで吊り下げるペンダント・シャンデリアなどの吊り下げ灯、壁に取り付ける壁付け灯、卓上スタンド・フロアースタンドなどのスタンド類などさまざまな種類がある。

6.7 配線計画

平面計画に従い、家具の配置・電気器具の位置などを考慮して、照明器具の取り付け位置、スイッチ、コンセントなどの種類・位置などを決めていかねばならない。これらの計画は、電気容量や配線などを考え、配線計画図によって表される。

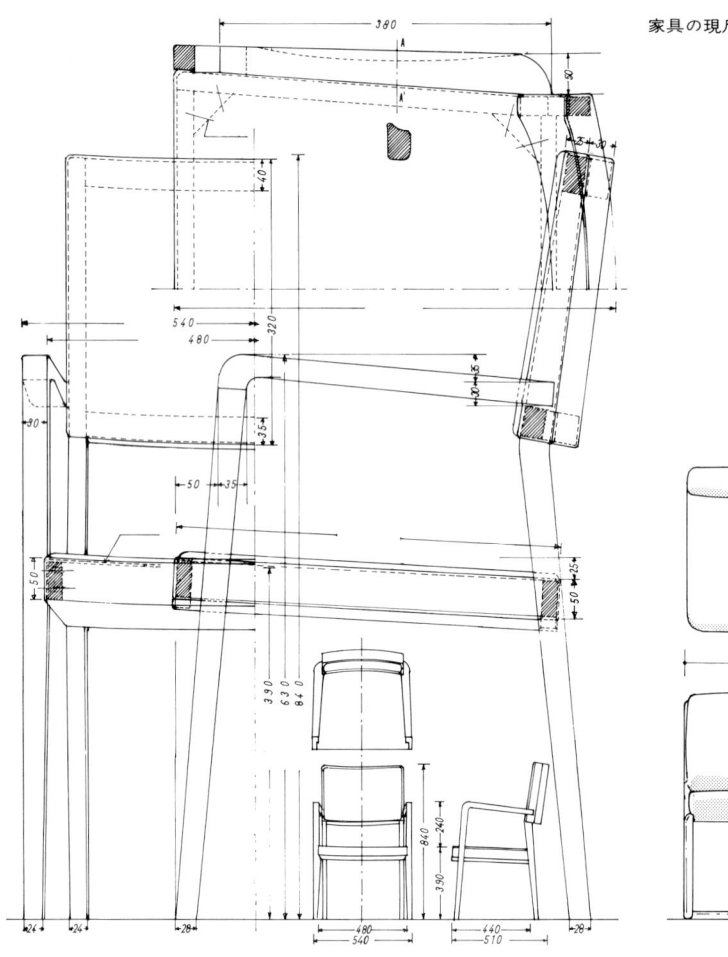

家具の現尺図

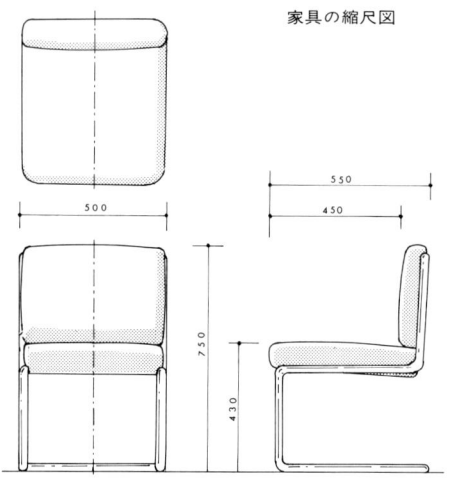

家具の縮尺図

7. 家具の製図

　家具の図による表し方は，基本的にはⅣ章で述べたような規則にのっとり，他の分野のそれと同じであるが，独自の表し方が用いられる部分も多い．

　家具の製図では，ふつう1/5または1/10の縮尺で外観図がまず描かれる．図は三角法で描かれ，基準となる基線を太い実線で表し，正面図を中心に横に側面図，上に平面図を描く．側面図上方の空白部に見取り図（レンダリング）を描くことも多い．外観図は単に外形や寸法の表示だけでなく，材料や仕上がりも引き出し線を用い図に直接記入したり，部品表に記入したりすることもある．

　デザイン的側面を重視する外観図では木材の材質感をフリーハンドの木目で表したり，陰影・ハイライトを濃淡や線の太さを変えるなどして表す手法もよく取られる．画用紙・ケント紙などの図では，淡色で彩色しレンダリングに代える場合もある．

　実際の製作に必要な寸法・構造などを示す図として，1/1の現尺図（原寸図）がある．これも製図の規則にのっとって描くが，一般に家具の大きさに比し紙の大きさが小さいので，不要な中間部分を中断して省略したり，正面・側面・平面の図を重複して記すことが少なくない．

　なお寸法記入のさいの矢印は，建築系の製図では点・白矢なども多く用いられる．白矢は図のように，基準となる線（中心線など）からの寸法を示す場合に使用される．

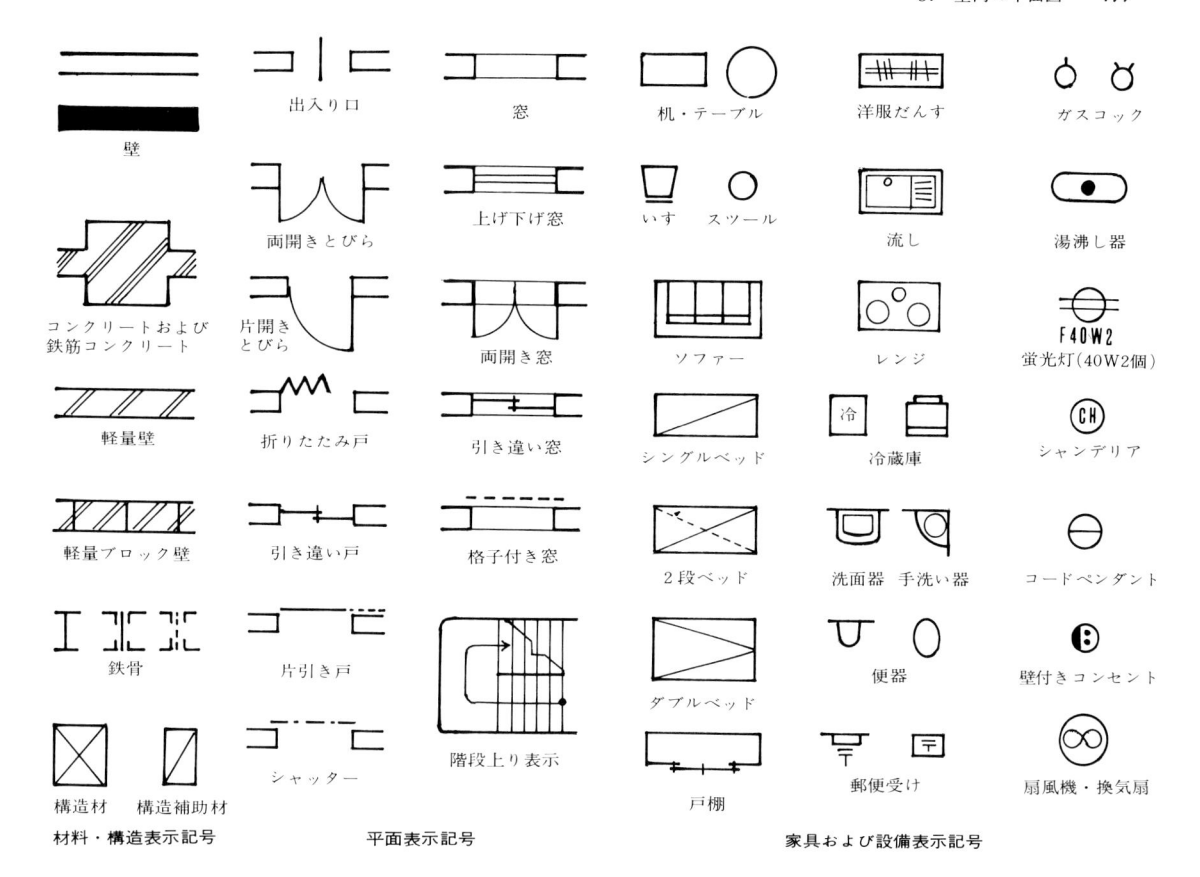

8. 室内の平面図

平面を示すプランという言葉が，計画の意味にも使われることからも知れるように，平面図は建築・インテリアの計画のもっとも基本となる図である．

平面図はふつう1/20，1/50の縮尺で描かれるが，ときには尺貫法との換算に便利な1/30を用いることもある．室内の床面の平面の形や寸法と，壁面の断面によって出入り口や窓を表すが，家具や備品などの配置を記入し，室内配置図を兼ねる場合が多い．

平面図には図のような記号が用いられるが縮尺に応じた寸法で描かれねばならない．これらの記号からもわかるように，この段階で窓や壁体の構造なども表示される．また床の材質，畳・板敷き・ビニタイルなども，その目地の形を示して（必ずしも縮尺の寸法にならなくともよい）材質を暗示することがある．

寸法は，機械製図のように図から直接寸法引き出し線を引き出して寸法を記入するという方法でなく，図の周囲に記入する．

図を描く順序は概略次のとおりである．
① 縮尺と紙面の大きさを決め，輪郭を取る．
② 図をかくために便利な基準寸法を単位とし，薄く基盤上の網目を引く．
③ 図の周囲に寸法を記入する．寸法は柱の芯間で出すことが多い．
④ 壁の厚さを取り，柱を記入する．
⑤ 出入り口・窓・壁体の構造などを記入する．
⑥ 家具の配置，床材の目地線，その他の記号などを記入し，説明の文字を記入する．
⑦ 図面をチェックし，ミスを訂正し，完了したら標題欄に署名を行う．

これらの図でも文字や植木などの表示を，図の雰囲気にあった，独自のスタイルを用いて個性を表現することがある．

PLAN

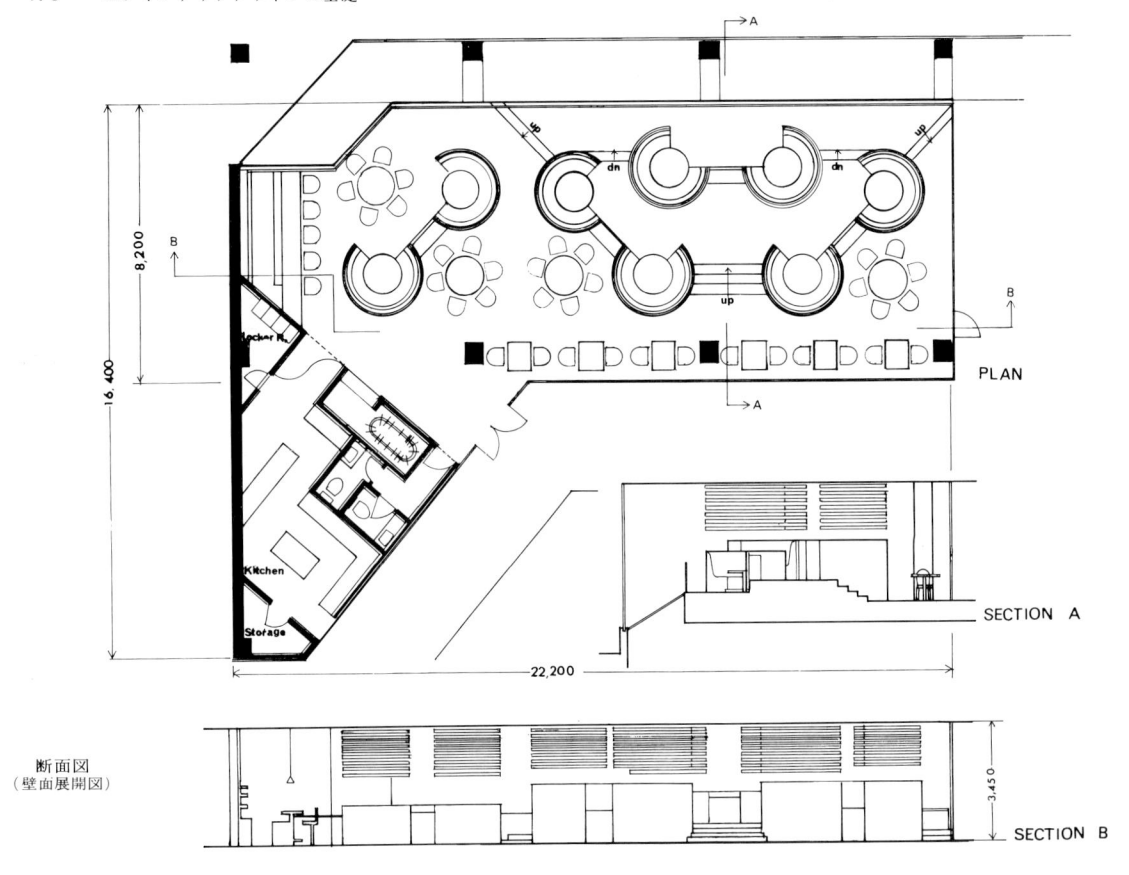

SECTION A

SECTION B

断面図
(壁面展開図)

9. その他の図面

9.1 インテリアの図面

インテリアの設計を行う場合には，前記の平面図・配置図以外にも多数の図面を必要とする．その設計の範囲・規模・目的などによって異なるが，次のような図が必要となる．

展開図　室内の4つの壁面を展開した図（次項で説明）．

天井伏せ図　天井・軒裏などの形状・寸法・仕上げなどを表す図．下から見上げた図では，図の向きが平面図と反対になるので，平面と同じ向きに直して描く．天井に取り付ける照明器具・換気孔なども忘れずに．

詳細図　他の図では十分に表しきれない細かな部分を，部材の詳細な寸法，部材の結合，仕上げ法などを詳細に表した図．縮尺も部分の精密さに応じて異なるが，1/10～原寸，ときには倍尺で描くことがある．図の余白やいくつもの詳細図を並べて描くことも多いが，それぞれの図に縮尺の尺度（S＝1/5などと表示される）を明示することを忘れないように．断面の形状で示されることも多いが，元の図に切断個所を明示する．必要に応じて何枚も描かねばならないことはいうまでもない．

設備図　電気設備図，給配水設備図（配管図），冷暖房および空気調節設備図などの設備関係の明細図で，各設備の寸法・容量・取り付け位置などを示す．

家具図　前項で述べた家具の図面．

建具図　出入り口，窓，戸棚などに使われる建具の図．建具職に製作させるので，一括して別図面とする．

備品図・備品表　敷き物・カーテン・時計・灰皿など，小備品の図．市販品を用いる場合は一覧表にして，寸法・材料・仕上げ・数量などを記入することもある．

その他の図　住宅の場合など，建物の位置を示す配置図，構造を示す基礎伏せ図，床

ブース部分図

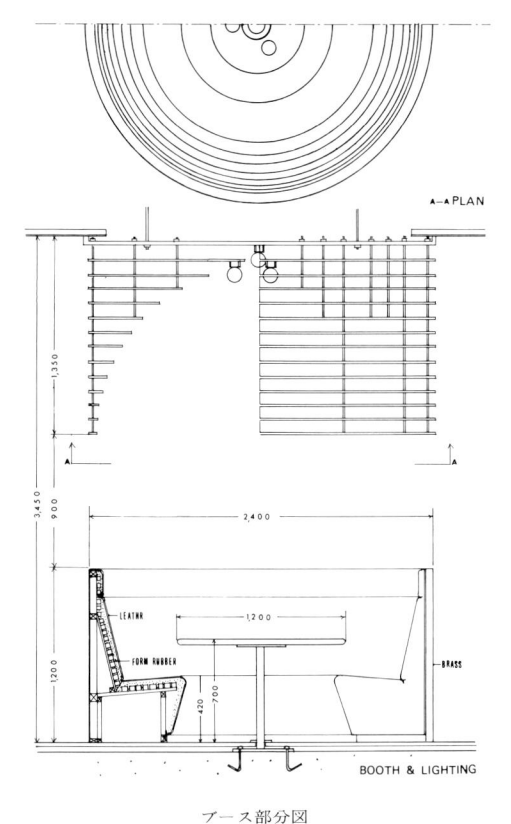

斜投影図

中華飯店のデザイン（駒田楊子）

伏せ図，小屋伏せ図などがある．

9.2 壁面展開図

インテリア製図において，建築の立面図に相当するのが壁面展開図である．単に展開図ともよぶ．

縮尺は 1/20，1/50 が多く使われる．

4つの面の配置は，平面図とは直接関係なく，北面・東面，南面・西面を上下2段に並べてかく方法が，紙面の節約と読み取りに便なため，多く取られている．

実際のデザインの場ではトレーシングペーパーに線で描き，寸法・材料の仕上げなどを記入し，青図にして製作の便をはかるが，学校の実習などでは画用紙・ケント紙に描き，透視図のように彩色して仕上げる場合も多い．このとき，木目・ガラスなどの材料感の表現，陰影（光の方向を想定する），植木・本・額などの点景を書き込まないと，平板で雰囲気の乏しいものとなってしまう．青図にする場合は移動できる家具類は描かないが，デザインを見せることを主体とした彩色図では，上述のように家具類も描き込まねば雰囲気が出ない．

9.3 模型による表現

室内や家具のデザインを，図面だけでなく立体的な模型にして形を検討したり，表示したりする方法も取られる．

スタディモデル　紙・木材・金属など，加工が容易にできる材料が望ましい．木目紙・粘着金属箔などを利用して簡単に質感も表現できる．

プレゼンテーションモデル　（ダミーモデル）家具では 1/2，1/5，1/10，室内で 1/10，1/20，1/50 などの縮尺が一般的で，正確な寸法と，材質や色彩も最終的な仕上げにできるだけ近付ける．材料も必要に応じて適切なものを選ぶ．市販の型付けバルサ材・アルミ管・アクリル板・布など，目的に応じてさまざまなものが使われる．

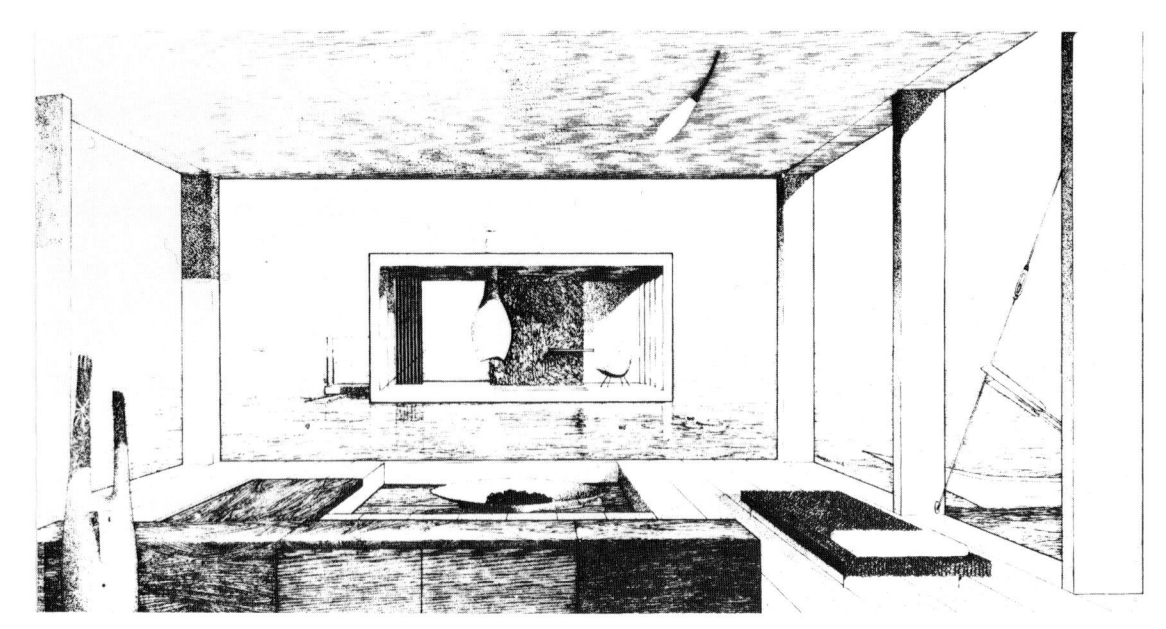

1点透視による室内透視図(Perspective Drawing Handbook より)

10. 透視図と彩色

10.1 レンダリングの技法

Ⅳ章で透視図法について述べたが,この図法によって描かれた透視図を基に,種々の技法を用いて描いた見取り図がレンダリングである.透視図(パースペクティブ)を略してパースとよばれることもある.図法としては1点透視・2点透視が多く用いられ,前面の壁を取り払った状態で描かれるが,消点を上下に取り,天井を取り払って描く図法も,間取りなどを同時に示したいときなどに用いられる.技法には次のような方法がある.

- ペン:Gペン・丸ペンと墨を用いて描く方法.一般に彩色はしないが,味のある表現ができる.種々の質感を表現したスクリーントーン,転写シートなども併用できる.
- ハイライト法:工業デザインの場合と同様に,色ペーパーの上に地色を生かして,色鉛筆・パステル・マーカーなどを用いて描く.切り抜いて別な紙に張ることもある.
- 透明水彩:もっとも一般的な技法(次項).
- 不透明水彩:ガッシュ・ポスターカラーなどによるもの.

10.2 透明水彩レンダリング

紙は丈夫で発色の良いものがよく,水彩画用紙・木炭紙・ケント紙などを水張りして使う.イラストレーションボードを用いれば,水張りは不要である.比較的強い調子に仕上げるには吸水性のある紙がよく,ケント紙では色を薄く用いないとムラになりやすい.

下図は直接あるいは別紙から写すなどの方法で描くが,硬い鉛筆で薄書きにしておいた方がよい.床上などにできる影の部分も,初心者はその境界の線を前もって引いておく方が無難である.

彩色は一般に次の順序で行う:① いちばん奥の壁,② 両側の壁,③ 床・天井,④ 大きな家具類,⑤ 小さな家具やアクセサリー類,⑥ 各部の陰影,⑦ 細部の仕上げ,⑧ 必要があれば鉛筆で強弱の調子をつけながらふたたび輪郭線を引く(線でしめる).

彩色のさいには次のような注意をする必要がある.

- 絵の具は清潔な水でパレットや絵の具皿の上に,適度の濃さで少し多めに溶いておく.
- チューブから出した色をそのまま使う場合もあるが,別の色(色を落とす場合には補色を用いることもある)を少量混ぜると,色が

ペン画による2点透視室内透視図（前掲出典）

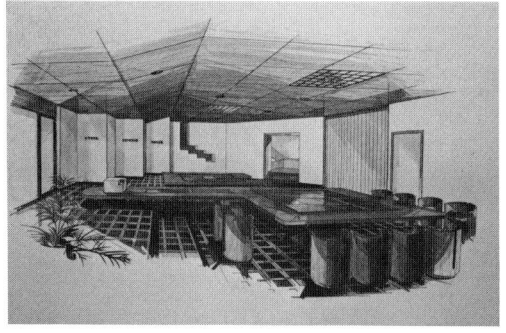

水彩による透視図（大阪デザインセンター附設研修所生徒作品）

落ち着く．ただしあまり多くの色を混ぜると濁った色となる．
- 色を薄めるときは，白を用いない．水で薄める．
- 混ぜた色をいきなり画面に塗らない．同質の紙の上で色を確かめる．乾くと発色が異なる場合もある．
- 筆に絵の具を十分含ませ，一度絵の具皿の縁でしごいてから塗るが，紙の上に色を置くつもりで．やたらに色を伸ばすと塗りむらの原因となる．
- にじみは，絵の具または水を塗り，乾かないうちに次の絵の具を重ねて作る．
- ぼかしは塗った絵の具を，水をつけた筆で少しずつ薄めて作る．
- 色を重ねるときは，下の色が十分乾いてから重ねる．
- 色の境目に塗り残しを作らないためには，最初に明るく薄い方の色を少しはみ出す程度に塗り，後で暗く濃い色をきっちり塗る．
- 暗いからといってやたらに黒を用いない．茶・紺系統の色などを混ぜるとよい．
- 陰影は，陰の部分はその物の明るい部分の色を暗くしたものを用い，影の部分は投影された場所の色を暗くした色を用いる．ここでも影を黒で塗らない方が美しい．
- 一般に床・壁・天井とも手前をやや明るめに，奥をやや暗めにする．
- ガラスの部分はガラスを通して見える景色を，色調をわずかに変えて塗ったり，斜めの帯状に塗り残しておくなどの方法が多く取られる．
- 光沢感のある材質は，光の反映を表すことにより表現できる．
- 筆で直線状に色を付ける場合は，溝引きの技法を用いる．
- 筆のタッチの跡は丸筆と平筆とで効果が異なる．筆使いに慣れたら，背景や観葉植物など点景の表現に用いると効果的である．
- 全体の配色が弱い場合，小椅子，アクセサリー類や点景などのなかの数点に，アクセントとして鮮やかな色を用いて，全体を引きしめるとよい．
- 最後によく乾いてから，強調したい部分などを鉛筆の線で引き直して引き締める．この線も遠近感などを表すため，強弱の調子を付けるとよい．

　以上のような注意であるが，上達するためには優れた作例を研究し，数々の技法を自分のものとしていくことである．

［参考図書］

〈インテリア全般にわたるもの〉
狩野雄一編『インテリアデザインの実際』理工学社
豊口克平監『インテリアデザイン事典』理工学社
清家清監『インテリアデザイン辞典』朝倉書店
内堀・藤城編『現代のインテリア』朝倉書店
フィッシャー（上松正直訳）『現代のインテリアデザイン』美術出版社
プラム（二井篤子訳）『インテリアのカラーデザイン』美術出版社
三輪正弘『これからの住いとインテリア』日本放送出版協会
鍵和田務『家具の歴史西洋』近藤出版社
小泉和子『家具と室内意匠の文化史』法政大学出版局

〈計画・設計・製図に関するもの〉
河合・有田『建築設計製図』理工学社
荒川善夫『エスキスから現寸図まで』彰国社
内堀繁生他『インテリア製図—基礎編』実教出版
内堀繁生他『インテリア製図—応用編』実教出版

〈透視図に関するもの〉
福岡喜久雄『パースペクティブ入門』学芸出版社
彰国社編『パースペクティブスタディ』彰国社
大田・草薙『透視図と彩色の技法』理工学社
田中薫『ペン画淡彩による建築写生』美術出版社
熊谷常雄『インテリアパースの描法』グラフィック社
光藤俊夫『デザイナーのためのプレゼンテーションテクニック』商店建築社

〈材料・技術に関するもの〉
尾上孝一『図解木造建築の技術』理工学社
平井信二監『木工』朝倉書店（技術シリーズ）
石塚末豊他『塗装』朝倉書店（技術シリーズ）
小原・今泉・宇野編『建築内装技術ハンドブック』朝倉書店

索引

ア

アイデアスケッチ　130, 132
亜鉛凸版　118
アクセント　29
アクリル絵の具　42
アクリル板　53
アセンダーライン　102
アーツ・アンド・クラフト運動
　　127
アッセンブリ　141
アートディレクター　107
アートペン　37
アナモルフォシス　63
アニメーション　64
網伏せ凸板　118
アルキメデスのうずまき　11, 73
アール・ヌーボー　127
アンダーカット　55, 143
アンチック体　100

イ

椅子張り　172
板づくり　156
板　目　172
1角法　74
一体式構造　13
1点透視図　88
一般色名　16
移　動　63
糸のこ　158
イラストレーション　99
色
　――の後退　18
　――の3属性　16
　――の視認性　18
　――の象徴　19
　――の進出　18
　――の対比　18
　――の連想　19
色温度　14
陰　影　133, 141
インスタンテックス　44

ウ

ウォッシング　49
動　き　31
打ち木　152
釉　薬　154
運　動　66

エ

描き版　119
エジプシアン体　102
絵図表　110
絵地図　111
江戸小紋　163
塩化メチレン　53
円グラフ　110
円錐曲線　9
円の透視　92
鉛　筆　70

オ

黄金分割　10
応用美術　2, 26
オストワルトの色立体　24
オフセット　119
折り台　152
折れ線グラフ　110

カ

外観図　176
外形図　131, 140
階段断面　79
改良木材　172
カキヘラ　138
家具図　178
拡大図法　92
角の2等分　72
架構式構造　12
型染め　160
形の発見　60
型取りの技法　55
片ひだ　171
片彫り　158
カタログ　109
活　字　116
ガッシュ　41
活　版　124
金切りばさみ　152
金べら　54
金やすり　152
カーペット　171
加法混色　17
かまち(框)組み　173
紙の仕上がり寸法　34
カ　ム　67
唐草文　163
烏　口　38, 70
カラーテープ　44
カラートーン　44
カラー・ハーモニーマニュアル
　　24
カリグラフィ　104
カルトグラフ　110

環境デザイン 2
寒色 19
間接照明 175
慣用色名 16
慣用図 83

キ

機能 129
逆勾配 143
脚物 169
キャピタルライン 102
キャプション 109
行間 108, 117
極グラフ 110
局部照明 175
切り金 55

ク

組み合わせ(図形の) 61
組み立て図 140
組み継ぎ 172
雲形定規 39, 135
クラインのびん 11
グラデーション 29
グラビア 119
グラフィックデザイン 97
繰り返し 62
クレイモデル 131, 138, 140

ケ

形成 60
系統図 110
罫がきコンパス 152
罫がき針 152
化粧合板 172
ケースメント 171
ゲラ刷り 125
原型 55
現尺図 176
原色 17
原色版 118
減法混色 17

コ

甲板 168
虹彩 6
恒常 18
　——現象 15
校正刷り 125
高台寺文様 163
合板 172
ゴシック体 100, 102
豆汁 161
コラージュ 47
コロタイプ 119
混色 17
コンセプト 107
コンパス 70

サ

採光 175
材質感 133
彩度 16
サイン 98
錯視 7
差尺 169
三角グラフ 110
三角刀 159
3角法 74
サンセリフ体 102

シ

シェル構造 13
シェルター 165
視覚伝達デザイン 2, 95
直付け 54
字間 108, 117
視感比色方法 20
色相 16
仕切り 158
刺激値直読方法 21
字消し板 71
室内配置図 177
字詰め 108

弱者のためのデザイン 3
写真植字(写植) 117, 124
写真版 118
斜投影図法 74
シャーリング 171
住空間 166
収縮色 18
収納家具 169
主と従 31
順応 18
商業デザイン 96
商業美術 96
詳細図 178
商標 98
照明 175
　——器具 175
省略図 83
シルクスクリーン 120
白抜き 40
白矢 176
シンボル 98
シンメトリー 30
CMC 153

ス

水銀灯 175
水晶宮 127
水晶体 6
スクラッチボード 46
スクリプト体 102
スクリーントーン 44
スケルトン図 141
スタッキングチェアー 173
スタッフ 55
図と地 7, 28, 61
図の大きさ 84
スパッタリング 47
スプリンクリング 47
スプレイング 47
スペーシング 44, 103
墨入れ 85, 101, 140, 141

索引

墨流し 48
摺り込み刷毛 37, 160
寸法記入 81
寸法数字 80, 82
寸法線 80
寸法補助線 80

セ
成型合板 172
製図器械 70
製図の順序 84
製図板 71
製図用テープ 71
正多角形 72
清朝体 100
正投影 74
製本 125
ゼセッション 127
石こう 54, 139
設備図 178
説明図 111
セパレーション 29
セリフ 102
線図 75
全体色調 28
全般拡散照明 175
全般照明 175

ソ
象嵌 150
装丁 108
測色 20
測点 91
組積式構造 12
ソリッド材 173

タ
対数うずまき 11
タイポグラフィ 104
台物 169
楕円定規 39, 141
たがね 150

タタラ板 156
断ち切り 124
建具 171
建具図 178
だぼ組み 173
タマ 107
ダミーモデル 179
多様の統一 31
単純化 60
暖色 19
断面図 78

チ
鋳造 143, 145
彫刻刀 158
彫金 150
調和 31
直射サイン 115
直接照明 175

ツ
槌起 150
造り付け 169
つまみひだ 171
吊り天井 171

テ
T定規 71
デカルコマニー 48
テクニカルイラストレーション 75, 141
テクニカルペン 38
デザインプロセス 130
鉄道定規 39
ディバイダー 38, 70
デフォルメーション 63
転移 64
展開図 178
転写レタリング 44
天井伏せ図 178
伝導機構 66
テンプレート 57, 138

ト
ドイツ工作連盟 127
投影図 74
等角うずまき 11
等角図（法） 74, 141
等角投影図（法） 74, 141
透過サイン 115
透視図 86, 180
　　――ガイド板 134
動線 167
胴縁 170
透明水彩 180
凸版 118
ドミナントカラー 29
ドラフティングテーパー 143
ドリッピング 48
鳥目箱 57
トレードマーク 98
ドレープ 171
トーン 26
トンボ 120

ニ
にじみ 49
2点透視図 90
人間工学 142
忍冬文 163

ヌ
抜き勾配 143
塗り分け 41

ネ
ネガ 61
ネジの略図 83
練りゴム 135
粘土 156

ノ
ノベルティ 107

ハ

ハイコントラストフォト 50
ハイライト版 118
ハイライト描法 136
ハウスオーガン 109
バウハウス 128
白色光 14
白熱電球 175
バケット 122
箱ひだ 171
箱物 169
パース 180
パステル 43, 134
破線 76
破断面 78
パッケージ 112
ハッチング 79
パーティングライン 143
バーニシャー 45
羽根ぼうき 71
幅木 171, 174
バランス 30
張り壁 170
半間接照明 175
反射光 14
反射サイン 115
パンダグラフ 67
はんだ付け 152
半直接照明 175
反転図形 7
ハンドスカルプチュア 61

ヒ

挽き型 57, 150
引き出し線 82
ピクトグラム 110
比色 20
ひもづくり 156
標高投影法 75
標題欄 84
ヒラー 122

平刀 159
平塗り 40
平刷毛 42
ビルトイン 169
PCCS 26
POP 114

フ

ファサード 114
ファミリー（英文字の） 103
ファンシー体 102
フィクサチフ 135
フィボナッチの級数 10
フォトグラム 50
フォトペンジュラム 51
ブックレット 109
部分図 140
フラックス 153
フラッシュ構造 173
プラン 177
プリンティング 46
プレス 143, 145
プレゼンテーションモデル 131, 139
プレーン 171
プロダクトデザイン 2
ブロックプリント 161
フロッタージュ 47
プロポーション 30
分解図 141
分割 62
分割線 143
分光測色方法 21
分光分布 21

ヘ

併置混色 17
平版 119
平面図 177
壁面展開図 179
ベースライン 102
ベッド 168

ペーパースカルプチュア 52
ベルト 66
便化 60
変化と統一 31
変換 65
変形 63

ホ

棒グラフ 110
防染糊 160
膨張色 18
ポジ 61
ポスター 105
ホルダー 109

マ

マウント 51
マーカー 43, 136
マーク 98
摩擦車 66
柾目 172
間仕切り 167
マスキングペーパー 41
丸刀 158
丸ペン 37
マンセルの色立体 22

ミ

見切り 171
水張り 42
溝引き 39
見取り図 176
明朝体 100

ム

無彩色 16
ムーン-スペンサーの配色理論 23

メ

明度 16
雌型 55

メ

メタメル性　21
メビウスの帯　11
メンバー（英文字の）　103

モ

網　膜　6, 15
モチーフ　162
モックアップ　131
モビール　66
モンタージュ　47

ヤ

焼きなまし　151

ユ

釉　薬　154
油　土　55

ラ

楽焼き　156
ラフスケッチ　130, 140

リ

離型剤　56
リサージュの図形　10, 51
リズム（感）　29, 30
立体グラフ　110
立体視　6
立体写真　6
立方体の増加法　93
立方体の分割　93
リトグラフ　119
リーフレット　109
略設計図　140
リンク　67
琳派文様　163

ル

√比長方形　73

レ

レイアウト　104
レイアウトペーパー　43, 134, 137
レース　171
レタリング　100
レンダリング　131, 134, 176, 180

ロ

ろう染め　161
ろう付け　145, 153
ローマン体　102

ワ

割り付け　124

MEMO

MEMO

MEMO

著者略歴

日_ひ野_の永_{えい}一_{いち}

1934年　神奈川県に生まれる
1958年　東京教育大学卒業
1972年　京都教育大学助教授
1982年　兵庫教育大学教授
1996年　実践女子大学教授

技術シリーズ
デ ザ イ ン（普及版）　　　定価はカバーに表示

1981年11月1日　初版第1刷
2005年3月20日　普及版第1刷

著　者　日　野　永　一
発行者　朝　倉　邦　造
発行所　株式会社　朝倉書店
　　　　東京都新宿区新小川町6-29
　　　　郵便番号　162-8707
　　　　電　話　03(3260)0141
　　　　ＦＡＸ　03(3260)0180
　　　　http://www.asakura.co.jp

〈検印省略〉

ⓒ 1981〈無断複写・転載を禁ず〉　　中央印刷・渡辺製本

ISBN 4-254-20514-7　C 3350　　Printed in Japan

産業技術総合研究所人間福祉医工学研究部門編

人間計測ハンドブック

20107-9 C3050　　　B5判 928頁 本体36000円

基本的な人間計測・分析法を体系的に平易に解説するとともに，それらの計測法・分析法が製品や環境の評価・設計においてどのように活用されているか具体的な事例を通しながら解説した実践的なハンドブック。〔内容〕基礎編（形態・動態，生理，心理，行動，タスクパフォーマンスの各計測，実験計画とデータ解析，人間計測データベース）／応用編（形態・動態適合性，疲労・覚醒度・ストレス，使いやすさ・わかりやすさ，快適性，健康・安全性，生活行動レベルの各評価）

武庫川女大 梁瀬度子・和洋女大 中島明子他編

住 ま い の 事 典

63003-4 C3577　　　B5判 632頁 本体22000円

住居を単に建築というハード面からのみとらえずに，居住というソフト面に至るまで幅広く解説。巻末には主要な住居関連資格・職種を掲載。〔内容〕住まいの変遷／住文化／住様式／住居計画／室内環境／住まいの設備環境／インテリアデザイン／住居管理／住居の安全防災計画／エクステリアデザインと町並み景観／コミュニティー／子どもと住環境／高齢者・障害者と住まい／住居経済・住宅問題／環境保全・エコロジー／住宅と消費者問題／住宅関連法規／住教育

前東工大 清家 清監修

インテリアデザイン辞典

68004-X C3570　　　A5判 420頁 本体16000円

インテリアデザインの目標や内容，それに領域などを示すとともに，インテリアにかかわる歴史・計画・設計・構造・材料・施工および関連用語など，広範に及ぶインテリアデザインの全分野にわたって基礎的用語を約4000項目えらんで，豊富な写真・図によりビジュアルに解説した。インテリアデザイナー，建築家，工業デザイナーや学生・生徒諸君，インテリア産業・住宅関連産業にたずさわる方々および広くインテリアデザインに関心をもつ一般の方々の座右の書

共立女短大 城 一夫著

西 洋 装 飾 文 様 事 典

68009-0 C3570　　　A5判 532頁 本体22000円

古代から現代まで，西洋の染織，テキスタイルデザインを中心として，建築，インテリア，家具，ガラス器，装幀，グラフィックデザイン，絵画，文字，装身具などにみられる様々な装飾文様，図像およびそれに関するモチーフ，様式名，人名，地名，技法など約1800項目を50音順に平易に解説〔項目例〕アイリス／インカ／渦巻水波／エッシャー／黄道帯十二宮／ガウディ／奇想様式／孔雀／月桂樹／ゴシック様式／更紗／獅子／ストライプ／聖書／象眼／太陽／チェック／壺／庭園／他

実用インテリア辞典編集委員会編

実 用 イ ン テ リ ア 辞 典

68010-4 C3570　　　A5判 520頁 本体20000円

インテリアコーディネーター，インテリアプランナーの資格制度が発足して，インテリアを学ぶ方々が増えつづけている。本書は，長年インテリアの教育・研究に携わった筆者らが，インテリアの計画と設計，歴史，構造と材料，施工と生産，インテリアエレメント，住宅政策および関連法規などの諸分野から，内容の検討を重ねて約4300項目を選び，図を多数使ってビジュアルにわかりやすく解説した用語辞典。インテリア資格試験の受験者，学生，インテリア産業界の方々の座右書

日本デザイン学会編

デ ザ イ ン 事 典

68012-0 C3570　　　B5判 756頁 本体28000円

20世紀デザインの「名作」は何か？―系譜から説き起こし，生活〜経営の諸側面からデザインの全貌を描く初の書。名作編では厳選325点をカラー解説。［流れ・広がり］歴史／道具・空間・伝達の名作。［生活・社会］衣食住／道／音／エコロジー／ユニバーサル／伝統工芸／地域振興他。［科学・方法］認知／感性／形態／インタラクション／分析／UI他。［法律・制度］意匠法／Gマーク／景観条例／文化財保護他。［経営］コラボレーション／マネジメント／海外事情／教育／人材育成他

上記価格（税別）は 2005 年 2 月現在